에듀윌과 함께 시작하면,
당신도 합격할 수 있습니다!

목표한 대학에 진학하기 위해
대학 입시를 준비하는 고등학생

졸업을 앞두고 취업을 하기 위해 시간을 쪼개어
KBS한국어능력시험 공부를 하는 취준생

원하는 일과 삶을 찾기 위해
회사 생활과 병행하며 이직을 준비하는 직장인

누구나 합격할 수 있습니다.
해내겠다는 '열정' 하나면 충분합니다.

마지막 페이지를 덮으면,

에듀윌과 함께
KBS한국어능력시험 합격이 시작됩니다.

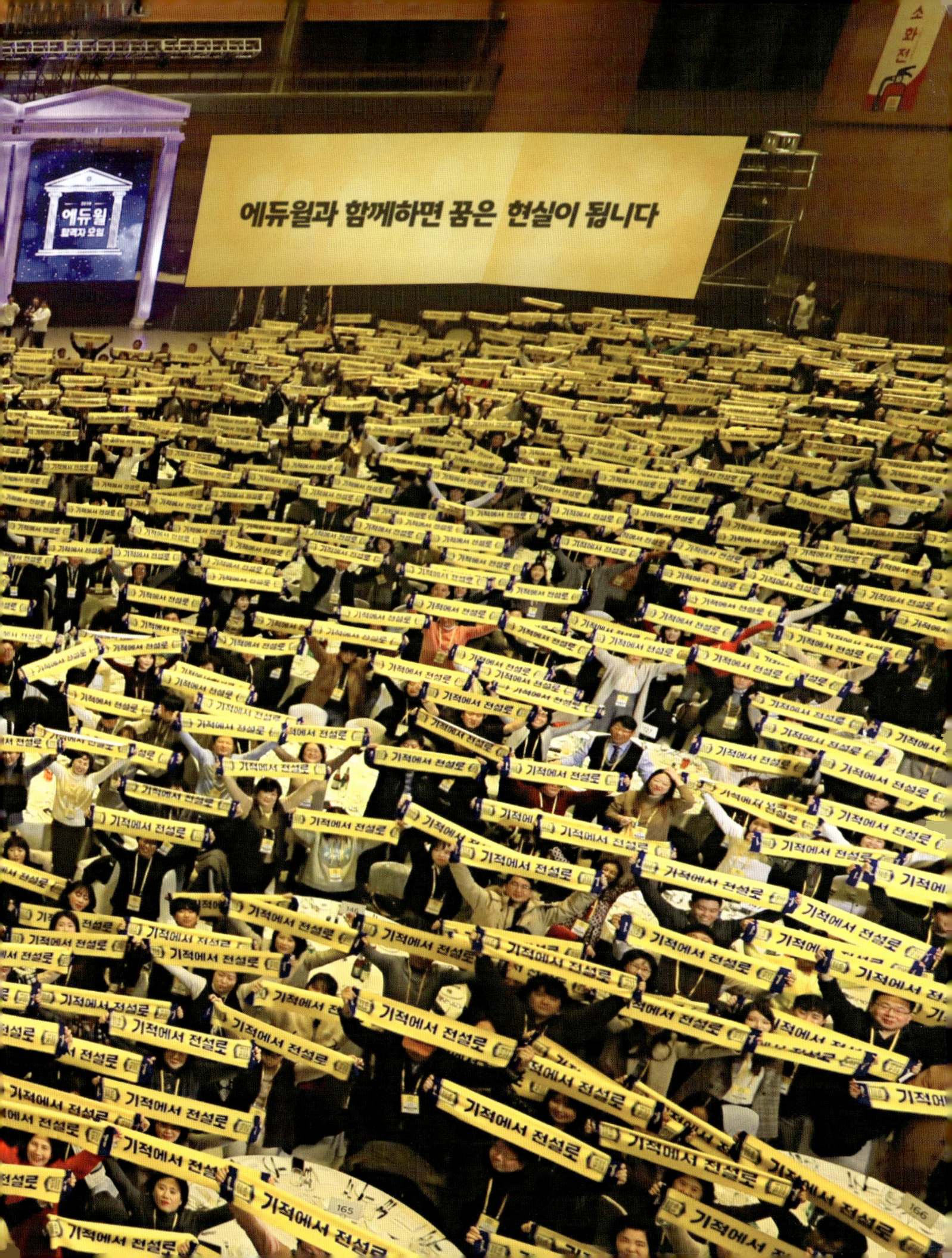

에듀윌을 선택한 이유는 분명합니다

수강생 폭발적 증가

1,837%

한국어 교재 누적 판매량

35만 부

베스트셀러 1위

84개월

KBS한국어시험 교육
1위

> 에듀윌 한국어를 선택하면
> 합격은 현실이 됩니다.

* 에듀윌 KBS한국어/실용글쓰기 유료 수강생 수 증가율 (2019년 5월~2021년 1월)
* 에듀윌 KBS한국어능력시험 한권끝장/2주끝장/더 풀어볼 문제집, ToKL국어능력인증시험 한권끝장/2주끝장, 한국실용글쓰기 2주끝장, TOPIK한국어능력시험 TOPIK I / II / II 쓰기 (이하 '에듀윌 한국어 교재') 누적 판매량 합산 기준 (2014년 7월~2022년 1월)
* 에듀윌 한국어 교재 YES24 베스트셀러 1위 (2015년 2월, 4월~2022년 2월 월별 베스트. 매월 1위 아이템은 다를 수 있으며, 해당 분야별 월별 베스트셀러 1위 기록을 합산하였음)
* 2022, 2021 한국브랜드만족도 KBS한국어시험 교육 1위 (한경비즈니스)
* 2020, 2019 한국브랜드만족지수 한국어능력시험 교육 1위 (주간동아, G밸리뉴스)

한국어 1위

수강생 1,837%* 폭발적 증가!
매년 놀라운 성장!

 한국어시험도 에듀윌인 이유
수많은 수험생의 선택이 증명합니다

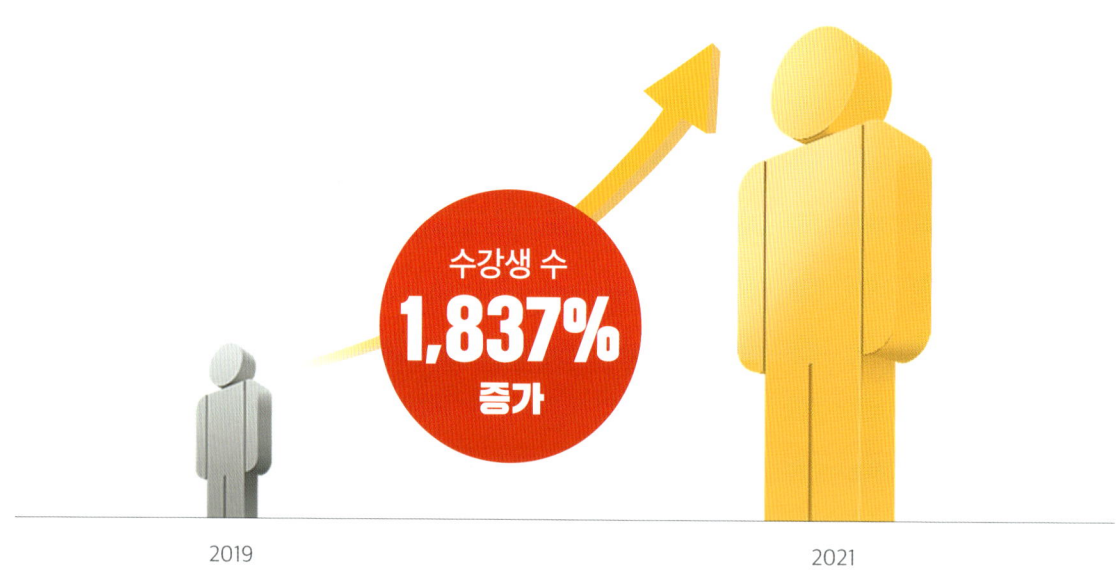

폭발적인 수강생 수 증가의 비밀! 초단기 1급 완성반

| 베스트셀러 1위 교재 강의 | ▶ | 고득점 핵심 3종 콘텐츠 무료 제공 | ▶ | 특급 지원 30만 원 상당 추가 혜택 |

* 위 내용은 KBS한국어능력시험 초단기 1급 완성반 수강 시 혜택으로, 서비스 개선을 위해 예고 없이 변경될 수 있습니다.

* 에듀윌 KBS한국어/실용글쓰기 유료 수강생 수 증가율 (2019년 5월~2021년 1월)

에듀윌 한국어

한국어 교재 35만 부* 판매 돌파
84개월* 베스트셀러 1위

에듀윌이 만든 한국어 BEST 교재로
합격의 차이를 직접 경험해 보세요

KBS한국어능력시험

한국실용글쓰기

ToKL국어능력인증시험

TOPIK한국어능력시험

* 에듀윌 KBS한국어능력시험 한권끝장/2주끝장/더 풀어볼 문제집, ToKL국어능력인증시험 한권끝장/2주끝장, 한국실용글쓰기 2주끝장, TOPIK한국어능력시험 TOPIK Ⅰ/Ⅱ/Ⅱ 쓰기
  (이하 '에듀윌 한국어 교재') 누적 판매량 합산 기준 (2014년 7월~2022년 1월)
* 에듀윌 한국어 교재 YES24 베스트셀러 1위 (2015년 2월, 4월~2022년 2월 월별 베스트. 매월 1위 아이템은 다를 수 있으며, 해당 분야별 월별 베스트셀러 1위 기록을 합산하였음).
  YES24 국내도서 해당 분야별 월별, 주별 베스트 기준

한국어 1위

KBS한국어 1위*의 이유
출제 적중으로 검증!

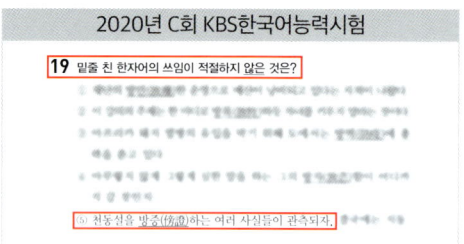
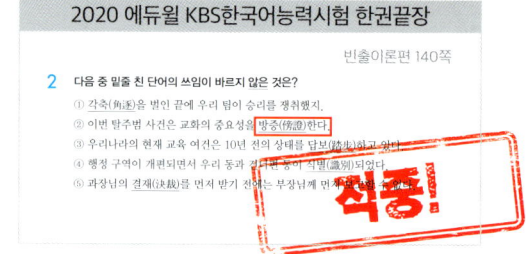
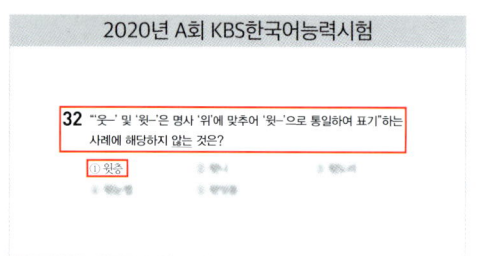
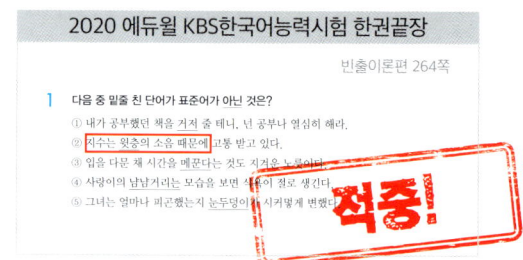
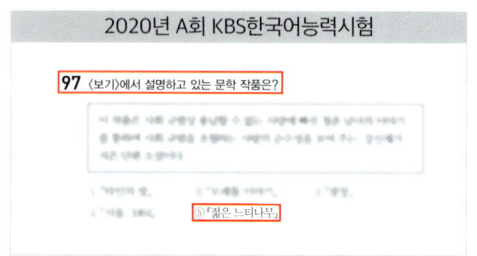
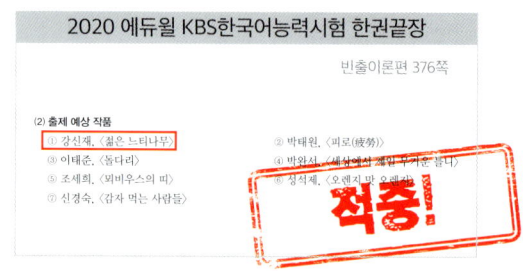
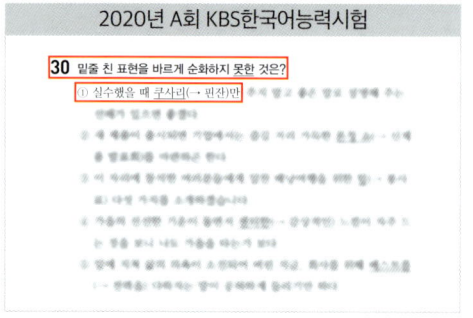

* 에듀윌 KBS한국어능력시험 한권끝장/2주끝장: YES24 국어 외국어 사전 한국어 능력시험 베스트셀러 1위 (2015년 2월, 4월~10월, 12월, 2016년 1월~2022년 2월 월별 베스트, 매월 1위 아이템은 다름)

에듀윌 한국어

에듀윌 KBS한국어능력시험
합격 스토리

최고난도 시험에서 전보다 향상된 등급을 받았어요!

한O희 합격생

제61회 KBS한국어능력시험을 준비하면서 기출문제에서 자주 출제된 어휘를 반복적으로 살펴보았습니다. 낯선 어휘 문제와 생소한 현대 소설 문제가 출제되어 난도가 높은 시험이었는데, 저는 2-급을 취득했습니다. 아쉽다면 아쉬운 등급이지만 처음 시험을 쳤을 때보다 에듀윌 강의를 들은 후 향상된 등급을 받아 이렇게 합격후기를 남깁니다. 앞으로 KBS한국어능력시험의 문제 유형이 더 다양해지리라고 예상합니다. 점점 더 어려워지는 KBS한국어능력시험에 대비하기 위해 에듀윌 오선희 교수님의 강의 커리큘럼을 따라가시는 것을 추천드립니다!

에듀윌 '2주 플랜' 따라 1급 취득했어요!

김O원 합격생

시험을 제대로 준비하기 위해 앞서 시험을 본 친구가 추천해 준 <에듀윌 KBS한국어능력시험 한권끝장>을 구매하였습니다. 교재 구성이 좋았는데, 특히 교재에 수록된 플래너가 한 달 플랜과 2주 플랜으로 나눠져 있다는 점이 좋았습니다. 공부 계획을 세우기 어렵다면 상황에 따라 교재에서 제시하는 대로 따라도 좋을 것 같다는 생각이 들었습니다. 저는 기본적으로는 '2주 플랜'을 따르되, 빈출이론편과 기출변형 문제편을 모두 꼼꼼히 봤습니다. 제 버킷리스트 중 하나가 'KBS한국어능력시험 2급 이상 취득하기'였는데요. 결과는, '1급'으로 기분 좋게 초과달성했습니다!

비전공자도 고등급 취득 가능해요!

김O은 합격생

저는 국어 관련 전공자가 아니고, 다른 일들과 병행하여 준비하느라 KBS한국어능력시험에 올인할 수 없었습니다. 그래서 독학보다는 인강을 듣는 게 더 효율적이라고 보았습니다. 저는 에듀윌 오선희 교수님의 KBS한국어능력시험 초단기 1급 완성반 커리큘럼을 따라 시험을 준비했습니다. 가장 도움이 되었던 부분은 고득점 특강이었는데, 소름 돋을 정도로 적중률이 좋았어요. 실제 시험에서 어휘·어법 영역을 문제당 약 10초 만에 풀어내어 다른 영역에서 풀이 시간을 활용할 수 있었습니다. 그 결과, 저는 2+급을 취득했습니다. 여러분도 모두 목표하는 등급에 도달할 수 있기를 바랍니다.

다음 합격의 주인공은 당신입니다!

eduwill

한국어 1위

회원 가입하고
100% 무료 혜택 받기

가입 즉시, KBS한국어능력시험 공부에 필요한 모든 걸 드립니다!

무료 혜택 1	무료 혜택 2	무료 혜택 3	무료 혜택 4
어휘·어법 기초특강	어휘·어법 BEST 기출특강	KBS한국어 초보수험가이드	1:1 무료 상담 서비스

저자 직강 어휘·어법 기초 완성 (수강 신청일로부터 7일)	최빈출 어휘·어법 모음 총 5강 제공 (수강 신청일로부터 7일)	시험 개요, 학습 포인트, 학습 노하우 제시 (PDF 제공)	학습 매니저의 시험 준비법 안내와 강의 추천

* 조기 소진 시 다른 자료로 대체 제공될 수 있습니다.   * 서비스 개선을 위해 제공되는 자료의 세부 내용은 변경될 수 있습니다.

신규 회원 가입하면
5,000원 쿠폰 바로 지급

* 해당 이벤트는 예고 없이 변경되거나 종료될 수 있습니다.

무료
회원가입

더 많은 혜택이 궁금하다면 1600-6700

에듀윌이
너를
지지할게

ENERGY

시작하는 방법은
말을 멈추고
즉시 행동하는 것이다.

– 월트 디즈니(Walt Disney)

2022
에듀윌 KBS
한국어능력시험

더 풀어볼 문제집

더 풀어볼 문제집

머리말

　상경 후 현대판 디아스포라처럼 거처를 계속 옮기며 살았습니다. 작은 고시원을 시작으로 조금씩 평수를 넓혀가긴 했지만 따라다니던 책들이 문제였습니다. 빚더미처럼 불어난 책들이 수백 권이 되자 잠시 머뭇하다 중고 책방에 모두 처분해버렸습니다.

　그때 처분한 책 중에는 'KBS한국어능력시험'을 준비하느라 사들였던 온갖 교재들도 있었습니다. 당시에는 시험 초창기라 어떤 교재로 공부해야 할지 막막하여 수능 교재, 공무원시험 교재, 한국어능력시험용 교재를 몽땅 사들였던 것으로 기억합니다. 성적이 꼭 필요한 상황이라 닥치는 대로 공부를 했지만 제대로 된 교재가 하나도 없다는 것을 깨달았습니다.

　최근까지도 수험생들의 고민이 교재인 것을 보면서 효율적인 길잡이가 되는 수험서를 제공하고 싶었습니다. 그 생각의 '시작'에서 베스트셀러가 된 《2주끝장》이, '완성'으로 《KBS한국어능력시험 더 풀어볼 문제집》이 나왔습니다. KBS한국어진흥원에서 'KBS한국어능력시험'을 가장 가까이에서 지켜보며 쌓았던 노하우를 모두 이 책에 담았습니다.

　우리말과 글을 다루는 밥벌이를 생각보다 꽤 오래하고 있습니다. '밥벌이'야말로 사람을 단단하게 하는 일이겠지만, '밥벌이'를 시작하는 것조차 힘겨운 세상입니다. 취업 때문에 수많은 자격증을 따야 하는 청춘들에게 제값은 하는 교재로 다가갔으면 하는 바람입니다.

신은재 저자

서울대학교 국어교육과 졸업
현) KBS한국어학당 강사
전) KBS한국어진흥원 연구원
　　CBS 기자 입사

안녕하세요. 김지학입니다.

KBS한국어능력시험은 언중의 언어 사용을 적절하게 수행할 수 있는지 확인하는 것을 목표로 합니다. 우리가 살아가는 환경의 변화에 따라, 언중의 언어 사용도 변화하고 있습니다. 이에 따라 KBS한국어능력시험의 문항 유형, 문항의 내용에도 변화가 있습니다. 예를 들어 듣기 영역에서 기존에는 없던 갈등이 있는 대화를 들려주고, 이 갈등의 원인을 해결하는 방법을 묻는 문항이 출제되기 시작했습니다. 인간관계가 다양해지면서 발생하는 사회 안의 갈등을 수험에서도 주요한 항목으로 바라보고 있는 것입니다. 매체 자료를 활용하는 문항들도 더 다양하게 출제되는 경향이 있습니다. 함께 살아가고 소통하는 언어 생활을 위해 수어, 점자 관련 유형의 문항도 등장했습니다. 매년 꼼꼼한 기출 분석을 바탕으로 교재를 개정하는 것은 이러한 변화를 충실히 반영하기 위함입니다. 문항의 유형에 담긴 언어 사용의 변화 양상을 교재를 통해 함께 파악해 나갈 수 있기를 기대해 봅니다.

감사합니다.

김지학 저자

가톨릭대학교 한국어교육학과 박사 수료

현) 상명대학교 인더스트리얼디자인 전공 한국어 교과 특임 교수
　　경희대학교 글로벌미래교육원 한국어교원양성과정 외래 교수
　　숭실대학교 베어드교양대학 외래 교수
　　숭실사이버대학교 한국어교육학과 외래 교수
　　중국 과학기술대학교 특임 교수
　　시원스쿨 KBS한국어능력시험 온라인 강사
　　뉴엠 평생교육원 한국어교원양성과정 온라인 강사
　　토픽 코리아 한국어교원양성과정 온라인 강사
　　탑에듀 원격평생교육원 온라인 강사

전) 아이디자인랩 콘텐츠개발팀 수석 연구원
　　상명대학교 교양대학 외래 교수
　　공주대학교 교양대학 외래 교수
　　대림대학교 NCS센터 외래 교수

저서) 《KBS한국어능력시험 2주끝장》(에듀윌),
　　《ToKL국어능력인증시험 2주끝장》(에듀윌),
　　《한국어능력시험 한입토픽 TOPIK II, II 쓰기》(에듀윌)
　　《대학생활이 쉬워지는 한국어》(박이정)

더 풀어볼 문제집

탄생 History

KBS한국어능력시험
절대강자 에듀윌!

기록으로 입증된 베스트셀러!

1 단기 베스트셀러
KBS한국어능력시험 2주끝장
(YES24 한국어 능력시험 베스트셀러 2015년 2월, 4월~10월, 12월, 2016년 1월~12월, 2017년 1월~12월, 2018년 2월~12월, 2019년 2월~11월, 2020년 2월~3월, 5월~11월, 2021년 3월~8월 월별 베스트)

2 기본서 베스트셀러
KBS한국어능력시험 한권끝장
(YES24 한국어 능력시험 베스트셀러 1위 2018년 1월, 2019년 1월, 12월, 2020년 1월, 3월, 12월, 2021년 1월~2월, 9월~12월, 2022년 1월~2월 월별 베스트)

3 기출 베스트셀러
단 하나의 기출, KBS한국어능력시험 12, 13
(단 하나의 기출 12 YES24 한국어 능력시험 월별베스트 3위 2018년 3월 기준)
(단 하나의 기출 13 YES24 한국어 능력시험 월별베스트 4위 2019년 8월 기준)

KBS한국어능력시험 교재 선택의 기준, 에듀윌!
또 다른 기준을 제시합니다.

에듀윌은 《KBS한국어능력시험 2주/한권끝장》 1위에 안주하지 않고,
수험생들의 목소리를 지속적으로 모니터링하고,
더 쉽게, 더 빠르게 급수를 취할 수 있는 방법을 연구했습니다.

다수의 수험생들의 목소리

"기출로는 부족해요."
"문항 수가 더 많았으면 좋겠어요."
"문제를 풀면서 동시에 출제유형까지 파악할 수 있으면 좋겠어요."

수험생의 목소리를 담은
《KBS한국어능력시험 더 풀어볼 문제집》이 탄생했습니다.

문제를 더 많이 풀고 싶을 때,

기출변형 문제를
영역별로 **확실하게!**

더 풀어볼 문제집
이 책의 강점

영역별 집중 문제풀이

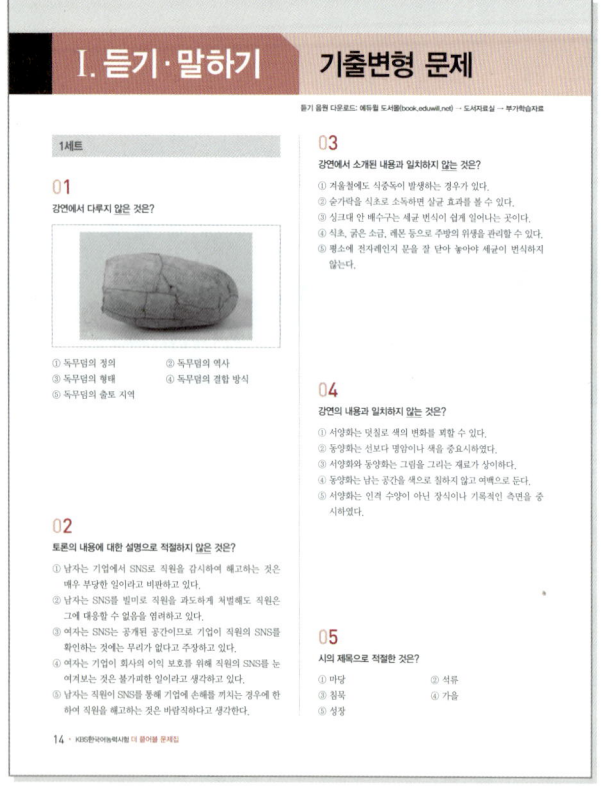

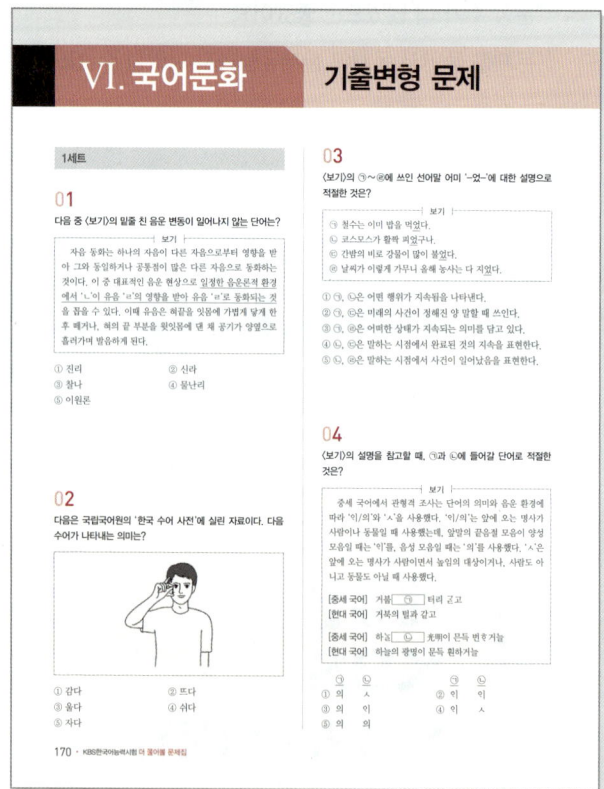

아무 문제나 풀지 말라! 기출변형 문제를 풀라!

기출 일치율 100%의 기출변형 문제를 영역별로 배열하였어요.
영역별 집중 문제풀이를 하며 최종 실력 점검을 할 수 있어요.

문제가 더 필요할 때 !
더 풀어보기!

바로 확인하는 오답률 줄이는 해설

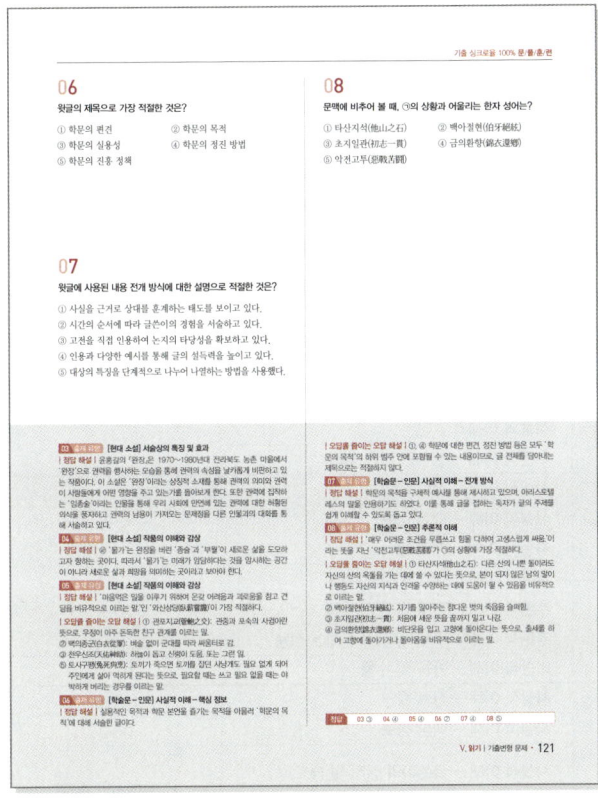

실력 점검 & 실력 향상을 위해서는 오답해설까지 꼼꼼하게 확인하라!

[출제유형]
해당 문제의 출제 유형을 알아보세요!

[정답해설] & [오답률 줄이는 오답해설]
해설을 꼼꼼하게 확인하고, 고등급을 놓치지 마세요!

영역별 취약유형 체크표

단기 고등급 취득의 핵심, 반드시 취약유형을 보완하라!

[취약유형 체크표]
영역별로 집중적으로 문제풀이를 한 후, 취약유형을 파악하고 보완할 수 있어요.
집중적으로 틀리는 유형이 있다면, 이론서를 다시 펼쳐 해당 개념을 확인하세요.

더 풀어볼 문제집

기출분석의 모든 것

출제영역 한눈에 보기

영역(출제비중)		유형	문항 수
[1~15] 듣기·말하기 15%		듣기	5
		듣기+말하기(통합 문제)	10
[16~30] 어휘		고유어의 사전적 의미	1
		한자어의 사전적 의미	1~2
		고유어의 문맥적 의미	1~2
		한자어의 문맥적 의미	2~4
		어휘 간의 의미 관계	3~5
		한자어 표기와 병기	1~2
		관용 표현(속담, 한자 성어)	2~3
		순화어	1
[31~45] 어법		표준어	1~4
		띄어쓰기	1
		문장 표현	3
		문법 요소	1~2
		문장 부호	1
		표준 발음법(사이시옷)	0~2
		외래어 표기법	1
		로마자 표기법	1
[46~50] 쓰기 5%		글쓰기 계획	1
		자료 활용 방안	1
		개요 수정 및 상세화 방안	1
		논지 전개	1
		퇴고	1
[51~60] 창안 10%		시각 자료를(유비 추론을) 통한 내용 생성	2~5
		조건에 따른(맞는) 내용 생성	7~8
[61~62] 현대시		작품의 이해와 감상	2
		시어의 의미와 기능	
		화자의 정서 및 태도	
[63~65] 현대 소설		서술상의 특징 및 효과	3
		인물의 심리 및 태도	
		작품의 이해와 감상	
		추론적 이해 - 생략된 내용 추리	
[66~75] 학술문 인문1·예술1· 과학1·사회1순		사실적 이해 - 정보 확인	4~5
		사실적 이해 - 핵심 정보	
		사실적 이해 - 전개 방식	
		추론적 이해 - 생략된 내용 추리	3~5
		추론적 이해 - 전제 및 근거 추리	
		추론적 이해 - 구체적(다른) 사례에 적용	
		비판적 이해 - 반응 및 수용	0~1
[76~90] 실용문 -교술1 -설명서(인터넷 게시글) 1~2 -안내문 1~3 -평론 1 -자료 2~3 -보도 자료 2순		사실적 이해 - 정보 확인	8~10
		사실적 이해 - 핵심 정보	0~2
		사실적 이해 - 글쓴이의 심리 및 태도	1 (교술에서만 출제)
		추론적 이해 - 구체적(다른) 사례에 적용	2~4
		추론적 이해 - 숨겨진 내용 추리	
		비판적 이해 - 반응 및 수용	0~1
		어휘의 문맥적 의미	0~1
[91~100] 국어문화 10%		국어 생활 - 일상어	1~3
		국어 생활 - 매체 언어	1
		국어학 - 문법	0~3
		국어학 - 북한어	0~1
		국어학 - 근대 국어	1
		국어학 - 순화어/외래어/신조어	1
		국문학 - 작가	1~2
		국문학 - 작품	

어휘·어법 30%

읽기 30%

영역별 고등급 공략TIP

15% 듣기·말하기

출제유형 듣기, 듣기+말하기(통합 문제)

고등급 공략TIP 듣기·말하기의 모든 내용은 단 한 번밖에 들을 수 없기 때문에 다시 생각해 볼 시간적인 여유가 없다. 듣기 방송이 시작되기 전에 해당 문제의 선지를 보고 앞으로 들을 내용에 대해 추측하고, 추론을 요하는 문제에서는 화자의 입장에서 생각해야 한다. 후반부로 갈수록 난도가 높아짐에 유의하자.

30% 어휘·어법

출제유형 [어휘] 고유어의 사전적 의미, 한자어의 사전적 의미, 한자어의 문맥적 의미, 고유어의 문맥적 의미, 어휘 간의 의미 관계, 한자어 표기와 병기, 속담, 한자 성어, 관용구, 순화어
[어법] 한글맞춤법, 띄어쓰기, 문장 부호, 표준어, 표준발음법, 외래어표기법, 로마자표기법, 문장 표현, 문법 요소

고등급 공략TIP 가장 많은 수의 문항이 출제되며 정답률은 가장 낮은 영역이다. 고유어는 출제 범위가 방대하기 때문에 단기간에 성적을 올리고자 하는 수험생은 고유어를 제외한 나머지 영역에 무게를 두고 학습하는 것이 좋다. 어법은 원리를 이해하면 충분히 풀 수 있는 문항이 출제되니 4대 어문 규정을 꼼꼼히 학습하는 것이 필요하다.

5% 쓰기

출제유형 글쓰기 계획, 자료 활용 방안, 개요 수정 및 상세화 방안, 논지 전개, 퇴고

고등급 공략TIP 쓰기 영역에서는 5문제가 1개의 주제로 긴밀하게 연계되어 있거나 2문항 1주제 또는 3문항 1주제 형태로 출제되고 있다. 최근 사회적인 이슈, 정부의 정책에 관심을 가지면 문제 푸는 데 도움이 된다. 대체적으로 정답률은 높은 편이나 자료 활용 방안, 개요 수정 및 상세화 방안의 정답률은 상대적으로 낮은 편이므로 주의하자.

10% 창안

출제유형 텍스트 창안(조건에 맞는 내용 생성, 유비 추론을 통한 내용 생성), 그림 창안(추상적 그림을 활용한 내용 생성, 구체적 그림을 활용한 내용 생성, 시각 리터러시)

고등급 공략TIP 창안 영역은 대체적으로 정답률이 높은 편이다. 유비 추론과 관련된 문항이 많이 출제되니 유비 추론의 개념을 명확하게 이해해야 한다. 또 〈보기〉의 제재와 선지의 핵심 내용을 잘 연결해서 파악하는 것이 중요하다.

30% 읽기

출제유형 [현대시] 작품의 이해와 감상, 시어의 의미와 기능, 화자의 정서 및 태도
[현대 소설] 서술상의 특징 및 효과, 인물의 심리 및 태도, 작품의 이해와 감상, 추론적 이해 – 생략된 내용 추리
[학술문 – 인문/예술/과학/사회] 사실적 이해(정보 확인, 전개 방식), 추론적 이해(생략된 내용 추리, 전제 및 근거 추리, 구체적(다른) 사례에 적용), 비판적 이해(반응 및 수용)
[실용문 – 교술/안내문/평론/자료/보도 자료] 사실적 이해(정보 확인, 핵심 정보), 추론적 이해(구체적(다른) 사례에 적용, 숨겨진 내용 추리), 비판적 이해(반응 및 수용), 어휘의 문맥적 의미

고등급 공략TIP 어휘·어법 영역과 함께 가장 많은 수의 문항이 출제되는 영역이다. 장르별 출제 유형은 고정되어 있으나, 텍스트의 주제가 매회 달라지고 글의 길이도 만만치 않기 때문에 텍스트를 빠르게 분석하는 능력이 필요하다. 문학 장르는 대체적으로 난도가 높지 않은 편이며, 학술문의 경우 수능 국어 독서 영역과 유사하다고 보면 된다. 실용문에서는 자료, 보도 자료 문제가 까다로우므로 주의하자.

10% 국어문화

출제유형 [국어 생활] 일상어, 매체 언어
[국어학] 문법, 북한어, 근대 국어, 순화어, 외래어, 신조어
[국문학] 작가, 작품

고등급 공략TIP 국어문화 영역은 어휘·어법 영역만큼 정답률이 낮고, 출제 범위를 예측하기 어려운 영역이다. 하지만 남북한 언어의 공통점을 중심으로 접근한 북한어의 이해 문항이나 국어 순화와 관련된 유형은 대다수의 수험생에게 생소한 내용인 것을 감안하여 문항 텍스트 속 단서에 집중하면 쉽게 답을 찾을 수 있다.

더 풀어볼 문제집

이 책의 차례

- 머리말
- 탄생 History
- 이 책의 강점
- 기출분석의 모든 것

| PART Ⅰ. 듣기·말하기 | 14쪽 |

| PART Ⅱ. 어휘·어법_어휘 | 42쪽 |

| PART Ⅱ. 어휘·어법_어법 | 66쪽 |

| PART Ⅲ. 쓰기 | 90쪽 |

| PART Ⅳ. 창안 | 102쪽 |

| PART Ⅴ. 읽기 | 118쪽 |

| PART Ⅵ. 국어문화 | 170쪽 |

PART I

듣기 · 말하기

출제비중 **15%**

공략TIP

듣기 · 말하기의 모든 내용은 단 한 번만 들을 수 있으므로, 다시 생각해 볼 시간적인 여유가 없다. 듣기 전에 선지를 보고 들을 내용에 대해 추측하고, 추론을 요하는 문제에서는 화자의 입장에서 생각해야 한다. 후반부로 갈수록 난도가 높아짐에 유의하자.

I. 듣기·말하기 기출변형 문제

듣기 음원 다운로드: 에듀윌 도서몰(book.eduwill.net) → 도서자료실 → 부가학습자료

1세트

01

강연에서 다루지 <u>않은</u> 것은?

① 독무덤의 정의
② 독무덤의 역사
③ 독무덤의 형태
④ 독무덤의 결합 방식
⑤ 독무덤의 출토 지역

02

토론의 내용에 대한 설명으로 적절하지 <u>않은</u> 것은?

① 남자는 기업에서 SNS로 직원을 감시하여 해고하는 것은 매우 부당한 일이라고 비판하고 있다.
② 남자는 SNS를 빌미로 직원을 과도하게 처벌해도 직원은 그에 대응할 수 없음을 염려하고 있다.
③ 여자는 SNS는 공개된 공간이므로 기업이 직원의 SNS를 확인하는 것에는 무리가 없다고 주장하고 있다.
④ 여자는 기업이 회사의 이익 보호를 위해 직원의 SNS를 눈여겨보는 것은 불가피한 일이라고 생각하고 있다.
⑤ 남자는 직원이 SNS를 통해 기업에 손해를 끼치는 경우에 한하여 직원을 해고하는 것은 바람직하다고 생각한다.

03

강연에서 소개된 내용과 일치하지 <u>않는</u> 것은?

① 겨울철에도 식중독이 발생하는 경우가 있다.
② 숟가락을 식초로 소독하면 살균 효과를 볼 수 있다.
③ 싱크대 안 배수구는 세균 번식이 쉽게 일어나는 곳이다.
④ 식초, 굵은 소금, 레몬 등으로 주방의 위생을 관리할 수 있다.
⑤ 평소에 전자레인지 문을 잘 닫아 놓아야 세균이 번식하지 않는다.

04

강연의 내용과 일치하지 <u>않는</u> 것은?

① 서양화는 덧칠로 색의 변화를 꾀할 수 있다.
② 동양화는 선보다 명암이나 색을 중요시하였다.
③ 서양화와 동양화는 그림을 그리는 재료가 상이하다.
④ 동양화는 남는 공간을 색으로 칠하지 않고 여백으로 둔다.
⑤ 서양화는 인격 수양이 아닌 장식이나 기록적인 측면을 중시하였다.

05

시의 제목으로 적절한 것은?

① 마당
② 석류
③ 침묵
④ 가을
⑤ 성장

06

강연의 내용과 일치하지 않는 것은?

① 물방울 및 얼음 알갱이인 빙정은 구름씨가 된다.
② 구름 속에 빙정이 충분히 있어야 비가 내릴 수 있다.
③ 인공 강우는 인위적으로 자연 현상을 조절하는 것이다.
④ 빙정이 떨어지는 도중 대기의 온도에 따라 비 혹은 눈이 형성된다.
⑤ 인공 강우 기술은 비용 대비 효과가 뛰어나지만 장점만 있는 것은 아니다.

07

이 강연의 특징에 대한 설명으로 가장 적절한 것은?

① 인공 강우 기술의 장점을 극대화하기 위한 방법을 강조하고 있다.
② 비유적 표현을 활용하여 빙정과 인공 강우의 연관성을 소개하고 있다.
③ 인공 강우가 만들어지는 과정과 방법을 구체적으로 알기 쉽게 설명하고 있다.
④ 다른 대상과의 차이점을 제시하여 인공 강우의 가치를 효과적으로 드러내고 있다.
⑤ 인공 강우의 문제점을 지적하고, 이를 위한 개선이 시급하다는 것을 강조하고 있다.

---

01 출제 유형 사실적 이해(그림)
정답 해설 강연에서 독무덤의 정의, 역사, 형태, 출토 지역 등은 언급하였으나, 독무덤의 결합 방식은 언급하지 않았다.

02 출제 유형 사실적 이해(토론)
정답 해설 남자는 개인의 SNS는 사적인 영역이라고 주장하고 있다. 또한 업무와 무관한 문제에 대해 직원들이 부정적인 글을 남겼다고 해서 해고하는 것은 불합리하며, 다른 방법으로 경고나 징계를 해도 충분하다고 말하고 있다.

03 출제 유형 사실적 이해(강연)
정답 해설 강연에서 전자레인지는 평소에 문을 닫아 놓는 경우가 많아 곰팡이와 세균이 쉽게 번식할 수 있기 때문에 꼼꼼히 청소하고 청소가 끝난 후에는 문을 활짝 열어 물기를 말려야 한다고 하였다.

04 출제 유형 사실적 이해(강연)
정답 해설 선의 예술이라고 불리는 동양화와는 달리, 서양화는 선보다는 명암과 색을 중시한다고 하였다.

05 출제 유형 추론적 이해(문학)
정답 해설 이 시는 안도현 시인의 「석류」로, 석류나무를 통해 시련을 극복하고 성취하는 삶의 아름다움을 노래하고 있다. 석류나무가 시련을 겪은 후 열매를 맺으며 성숙하는 과정을 그려 내고 있으며, 화자와 자연이 하나의 세계를 형성하는 기쁨을 석류 열매로 형상화하고 있다.

06 출제 유형 사실적 이해(강연)
정답 해설 구름씨는 빙정이 잘 형성될 수 있도록 돕는 중심 물질이므로, 빙정이 구름씨가 될 수는 없다.

07 출제 유형 추론적 이해(말하기 전략)
정답 해설 강연에서 인공 강우가 형성되는 과정을 구체적으로 설명하고 있다.

오답률 줄이는 오답 해설 ① 인공 강우 기술의 장점을 극대화하기 위한 방법은 제시되지 않았다.
② 비유적 표현을 사용하지 않았다.
④ 인공 강우와 다른 대상의 차이점을 제시하지 않았다.
⑤ 인공 강우의 부작용을 제시하였으나, 문제의 개선을 위한 방안이나 대책 마련을 촉구하지는 않았다.

정답 01 ④ 02 ⑤ 03 ⑤ 04 ② 05 ② 06 ① 07 ③

08

등장인물의 생각으로 적절하지 않은 것은?

① 아내: 빈곤층의 어려움이 심각하다.
② 남편: 사회 복지 예산을 줄여야 한다.
③ 아내: 최근 우리 경제는 지속적으로 성장해 왔다.
④ 아내: 소득이 올라도 부부의 살림은 더 어려워졌다.
⑤ 남편: 빈곤층을 위한 사회 복지보다 경기를 활성화하는 것이 더 급하다.

09

등장인물 간 미묘한 갈등의 근본적인 원인으로 가장 적절한 것은?

① 복지 예산 사용처에 대한 시각 차이
② 경기 활성화 방안에 대한 시각 차이
③ 최저 생계비의 상승에 대한 시각 차이
④ 빈곤층 문제의 해결 방법에 대한 시각 차이
⑤ 대기업의 불법적 이익 취득 문제의 해결에 대한 시각 차이

10

강연의 내용을 잘못 이해한 것은?

① 뇌가 퇴행하면 뇌의 조직이 위축되어 버린다.
② 최소한 20분 이상 낮잠을 자야 뇌가 활력을 얻는다.
③ 유산소 운동을 하면 시냅스의 숫자가 늘어나게 된다.
④ 뇌에 영양이 잘 공급되게 하려면 유산소 운동을 해야 한다.
⑤ 노화 방지를 위해 황산화 성분이 풍부한 음식을 먹는 것이 좋다.

11

강연에서 사용된 말하기 전략으로 보기 어려운 것은?

① 다양하고 구체적인 예를 제시하여 청중의 이해를 돕고 있다.
② 설명하는 내용에 대한 객관적인 자료를 제시하여 신뢰성을 높이고 있다.
③ 중심 화제에 대한 기존의 통념을 반박하며 이와 다른 견해를 제시하고 있다.
④ 인과의 방법을 활용하여 중심 화제와 관련된 정보를 청중에게 전달하고 있다.
⑤ 중심 화제에 대한 구체적 설명과 근거를 함께 제시하여 설득력을 높이고 있다.

12

두 사람의 입장으로 적절하지 않은 것은?

① 남자: 파렴치한 범죄를 저지른 사람의 인권도 보장되어야 한다.
② 여자: 청소년 대상 성범죄자의 신상을 공개하는 것은 마땅한 처벌이다.
③ 남자: 헌법보다는 국민의 정서에 공감하며 법을 해석하는 관점이 필요하다.
④ 남자: 청소년 대상 성범죄자의 신상 공개는 성범죄 근절에 도움이 되지 않는다.
⑤ 여자: 청소년 대상 성범죄자의 신상을 공개하면 범죄자 가족의 명예가 훼손될 수 있다.

13

두 사람의 상반된 입장을 중재하기 위해 제공되어야 할 자료로 적절하지 않은 것은?

① 다른 나라의 청소년 대상 성범죄자 명단 공개 현황에 관한 분석 자료
② 신상 공개와 청소년 대상 성범죄자 발생률의 상관관계에 대한 통계 자료
③ 청소년 대상 성범죄자와 가정 파괴범의 불기소 처분 결과에 관한 전문가 의견
④ 청소년 대상 성범죄자의 가족이 범죄자의 신상 공개로 겪는 어려움에 대한 분석 자료
⑤ 신상 공개가 된 경우와 되지 않은 경우 각각에서 청소년 대상 성범죄의 재범률에 관한 통계 자료

---

08 출제 유형 추론적 이해(인물의 생각)
| 정답 해설 | 남편은 사회 복지 예산을 대폭 늘리기로 한 것에는 회의적인 시각을 갖고 있으나, 사회 복지 예산을 줄이자는 말은 하지 않았다.

09 출제 유형 추론적 이해(인물 간의 갈등)
| 정답 해설 | 남편과 아내는 빈곤층 문제의 해결 방법에 대해 이견이 있다. 남편은 경제가 성장하면 자연스럽게 문제가 해결될 것이라고 보고 있는 반면, 아내는 정부가 문제의 해결을 위해 나서야 하며 경제 성장이 빈곤층의 문제를 해결하는 방법이 되기는 어렵다고 보고 있다.

10 출제 유형 사실적 이해(강연)
| 정답 해설 | 20분 이하의 짧은 낮잠이 뇌에 활력을 준다고 하였다.

11 출제 유형 추론적 이해(말하기 전략)
| 정답 해설 | 중심 화제에 대한 기존의 통념이나 이에 대한 반박은 제시되지 않았다.
| 오답률 줄이는 오답 해설 | ① 뇌 기능을 원활하게 하는 구체적인 행동이나 운동을 제시하여 청중의 이해를 돕고 있다.
② MRI 촬영 결과 등 객관적인 자료를 제시하여 신뢰성을 높이고 있다.
④ 숙면과 운동, 영양 섭취가 뇌 기능에 어떤 긍정적 결과를 가져오는지를 청중에게 전달하고 있다.
⑤ 뇌 기능을 원활하게 하는 행동을 구체적으로 설명하며 이에 대한 근거를 함께 제시하여 설득력을 높이고 있다.

12 출제 유형 사실적 이해(대화)
| 정답 해설 | 남자는 감정에 따라 즉흥적으로 법을 만들고 해석하는 것은 위험하다고 하면서, 헌법 위에 '국민 정서법'이 있다는 말이 나온 현실을 비판하며 자신의 주장을 강조하고 있다. 따라서 ③은 남자의 입장과 정반대의 내용이다.

13 출제 유형 사실적 이해(자료 제시)
| 정답 해설 | 남자와 여자의 대화는 '청소년을 대상으로 한 성범죄자'로 범주를 제한하고 있으므로, 다른 유형의 범죄를 저지른 범죄자의 불기소 처분 결과에 관한 전문가 의견을 제시할 이유가 없다.

정답 08 ② 09 ④ 10 ② 11 ③ 12 ③ 13 ③

14

이 발표에서 제시한 정보로 옳지 않은 것은?

① 사람은 잠이 들면 우선 렘수면 상태에 빠진다.
② 잠을 자는 사람을 깨우기 힘들어지는 것은 비렘수면의 2단계부터이다.
③ 렘수면의 네 단계가 한 번 끝나면 수면의 한 주기가 끝난 것으로 본다.
④ 하루에 8시간을 잔다고 가정할 때, 비렘수면의 한 주기가 5~6회 반복하여 나타난다.
⑤ 비렘수면의 한 주기가 끝나고 다음 주기가 시작되기 전 꾸는 꿈은 시각적으로 선명하다.

15

꿈을 꾸는 시기를 그림에서 고르면?

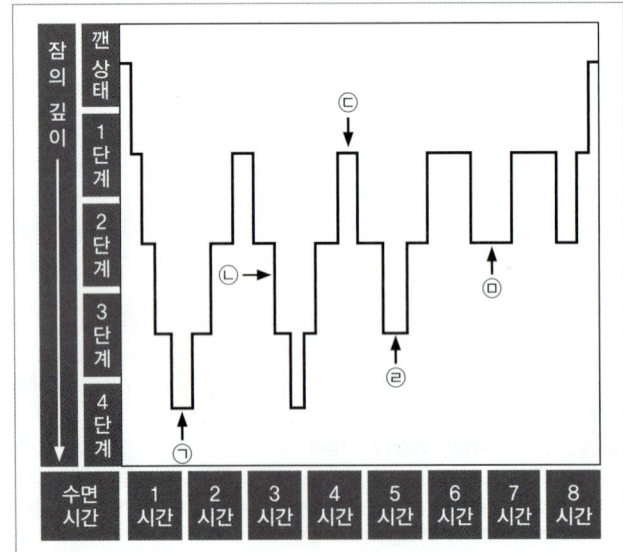

① ㉠　　② ㉡　　③ ㉢
④ ㉣　　⑤ ㉤

2세트

16

강연에서 언급한 그림으로 적절한 것은?

① 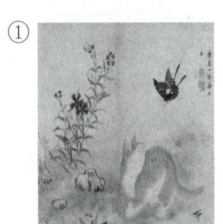　②

③ 　④

⑤

17

드라마 속 남녀의 대화에 대한 설명으로 적절하지 않은 것은?

① 여자는 남자가 자신에게 숨기고 있는 것을 알고자 추궁하고 있다.
② 남자는 여자에게 면박을 주는 것 같지만 위로의 뜻을 내비치고 있다.
③ 여자는 남자가 하는 말을 믿지 않으며 원망하는 마음을 가지고 있다.
④ 남자는 여자가 자신에게 한 행동에 대해서 서운함을 토로하고 있다.
⑤ 여자는 남자가 자신의 과거 사건 일부분과 관련이 있다고 확신하고 있다.

18

강연의 내용과 일치하지 <u>않는</u> 것은?

① 동조 현상은 자신의 판단에 확신이 들지 않을수록 강하게 나타난다.
② 동조 현상은 소수의 이탈자가 생기는 것에는 그다지 영향을 받지 않는다.
③ 동조 현상이 일어날 때는 자신의 주관과 다른 경우에도 집단의 의견을 따르게 된다.
④ 동조 현상을 이용하여 선거에서 더 큰 지지를 받으려면 지지자 집단의 규모가 큰 것이 좋다.
⑤ 동조 현상은 긍정적인 상황에서만 작용하지 않고 부정적인 상황에서도 작용하는 경우가 있다.

19

강연의 내용과 일치하지 <u>않는</u> 것은?

① 화초가 시드는 것은 영양분이 부족해서만이 아니라 환기와도 연관성이 있다.
② 물을 너무 많이 주는 것도 화분에 좋지 않을 수 있으므로 적절한 양을 주어야 한다.
③ 병충해는 화초의 뿌리에 병이 들게 하고 영양을 빼앗기 때문에 적절하게 관리해야 한다.
④ 화초가 휴면기에 들어가면 많은 영양분이 소모되므로 영양제 등을 주는 것이 필수적이다.
⑤ 화초의 잎의 두께가 얇아졌다면 햇빛이 모자란 것이므로 햇빛을 골고루 쐬게 해 주어야 한다.

---

14 출제 유형 사실적 이해(강연)
정답 해설 렘수면이 아니라 '비렘수면'의 네 단계가 한 번 끝나면 수면의 한 주기가 끝난 것으로 본다고 하였다.

15 출제 유형 추론적 이해(그림)
정답 해설 이 강연의 설명에 의하면 1단계에서 4단계로 가면서 점점 깊은 잠이 드는 비렘수면 단계가 되며, 이 네 단계를 잠의 한 주기로 본다. 이와 같은 잠의 주기는 5~6회 반복되는데, 한 주기에서 다음 주기로 넘어가기 전, 즉 깬 상태와 가장 가까운 단계에서 꿈을 꾸게 된다고 하였다. 따라서 그림에서 위로 솟아 있는 지점이 꿈을 꾸는 단계가 되는데, 그중 선지에 표시가 되어 있는 것이 ㉢이므로 답은 ③이다.

오답률 줄이는 오답 해설 ① 비렘수면의 4단계로, 가장 깊게 잠든 때이다.
② 비렘수면의 2~3단계로, 점점 깊은 잠에 빠져드는 때이다.
④ 비렘수면의 3단계로, 깊이 잠이 든 때이다.
⑤ 비렘수면의 2단계로, 깊은 잠에 빠져들기 시작하는 때이다.

16 출제 유형 사실적 이해(그림)
정답 해설 나비가 고양이를 희롱하듯 날고 있고, 고양이가 이를 호기심 가득하게 바라보고 있는 그림은 ①이다.

17 출제 유형 사실적 이해(대화)
정답 해설 남자는 여자가 자신에게 한 행동에 대해 서운함을 말하고 있지 않다. 남자는 여자의 질문에 대한 답변을 회피하고 다른 이야기를 하면서 대화의 초점을 흐리고 있을 뿐이다.

18 출제 유형 사실적 이해(강연)
정답 해설 어떤 문제에 대한 집단 구성원들의 만장일치 여부도 동조에 큰 영향을 미치게 되는데, 만약 이때 단 한 명이라도 이탈자가 생기면 동조의 정도가 급격히 약화된다고 하였다.

19 출제 유형 사실적 이해(강연)
정답 해설 화초의 휴면기에는 영양분이 크게 필요하지 않다고 하였다.

| 정답 | 14 ③ | 15 ③ | 16 ① | 17 ④ | 18 ② | 19 ④ |

20
시의 제목으로 가장 적절한 것은?

① 숨결
② 한숨
③ 성에꽃
④ 전람회
⑤ 실업자

21
강연의 내용과 일치하지 않는 것은?

① 광고는 우리의 소비를 촉진하는 역할을 담당하고 있다.
② 광고는 매체의 특성상 제한된 시간에 상품에 대한 정보를 모두 전달하기는 어려운 부분이 있다.
③ 프로그램과 광고의 구분이 어려워지는 것은 각 매체의 이미지를 교차적으로 이용하기 때문이다.
④ 상품의 이미지를 전달하는 것이 상품의 과학적 정보의 전달보다 더 중요한 광고의 본래적 기능이다.
⑤ 어떤 광고는 상품에 대한 정보를 왜곡해 전달하고 있다.

22
강연에서 사용된 말하기 전략으로 가장 적절한 것은?

① 다양한 자료를 제시하여 신뢰성을 높이고 있다.
② 가설을 제시한 후 구체적인 사례를 통해 이를 검증하고 있다.
③ 구체적인 사례를 제시한 후 일반적인 법칙으로 구체화하고 있다.
④ 중심 화제와 관련하여 발생하고 있는 다양한 문제점을 청중에게 알려 주고 있다.
⑤ 구체적인 사례와 문제의 해결 방법을 제시하여 청중이 이해하기 쉽도록 돕고 있다.

23
대화를 통해 알 수 있는 등장인물의 생각으로 볼 수 없는 것은?

① 남자: 영화는 인간의 삶을 소재로 만들어지는 것이다.
② 여자: 최근 사회의 여러 문제가 사람들에게 스트레스를 준다.
③ 남자: 대중들이 진지한 메시지가 담긴 영화를 외면하고 있다.
④ 여자: 영화는 본질적으로 인간의 삶을 성찰하게 만드는 것이다.
⑤ 남자: 영화를 오락으로만 즐기는 것은 진정한 영화의 발전이 아니다.

24
대화의 갈등이 생긴 근본적인 원인으로 가장 적절한 것은?

① 영화의 발전에 대한 시각 차이
② 영화의 역할에 대한 시각 차이
③ 영화의 장르에 대한 시각 차이
④ 인터넷의 역할에 대한 시각 차이
⑤ 평론가들의 평가에 대한 시각 차이

25

강연을 듣고 이해한 내용으로 적절하지 <u>않은</u> 것은?

① 해양 생물들은 탄소를 증발시켜 온실가스로 축적되게 한다.
② 자연의 생물권이 완충할 수 있는 이산화 탄소의 양에는 한계가 있다.
③ 해양 생물 안에 있던 탄소는 대기로 나갔다가 땅으로 다시 돌아온다.
④ 식물이나 해양의 생물은 기후의 안정성을 유지하는 데에 도움이 된다.
⑤ 인간의 산업 활동은 자연이 제대로 처리할 수 없을 정도로 많은 양의 탄소를 대기 중으로 방출한다.

26

이 강연에 사용된 말하기 전략으로 적절하지 <u>않은</u> 것은?

① 비유를 통해 두 대상의 차이를 분명히 보여 준다.
② 전문가의 의견을 인용하여 신뢰성을 높이고 있다.
③ 일반적 견해를 먼저 제시한 후 이와 다른 견해를 제시하고 있다.
④ 인과 관계를 중심으로 과정의 전후를 구체적으로 밝히고 있다.
⑤ 주제와 관련한 구체적인 사례를 통해 독자의 이해를 돕고 있다.

---

20 출제 유형 추론적 이해(문학)
| 정답 해설 | 1990년에 발표된 최두석의 「성에꽃」이라는 작품으로, 시내버스 차창의 성에꽃을 중심으로 어렵게 살아가는 사람들에 대한 연민의 감정을 노래하면서 차갑고 고통스러운 사회 현실을 형상화하고 있다. 시적 화자는 성에를 꽃처럼 아름답게 인식하는데, 서민들의 '한숨'과 '숨결', 즉 삶의 고뇌와 삶에 대한 열정이 이러한 성에꽃을 탄생시켰다고 여긴다. 이 시는 이처럼 고달프고 힘든 현실 속에서도 삶에 대한 열정을 잃지 않고 살아가는 서민들의 모습을 노래하고 있다.

21 출제 유형 사실적 이해(강연)
| 정답 해설 | 광고의 중요한 기능 중 하나는 상품에 대한 과학적 정보를 전달하는 것이지만, 그런 본래 기능을 하지 못하고 상관없는 이미지만을 전달하거나 왜곡된 내용을 전달하는 광고가 있다고 하였다.

22 출제 유형 추론적 이해(말하기 전략)
| 정답 해설 | 현대 사회에서 광고가 초래하는 다양한 문제점을 언급하고 있다.

23 출제 유형 추론적 이해(인물의 생각)
| 정답 해설 | ④는 여자가 아닌 남자의 생각이다.

24 출제 유형 추론적 이해(인물 간의 갈등)
| 정답 해설 | 남자는 영화의 예술적 역할, 여자는 영화의 오락적 역할에 주목하여 말하며 갈등이 발생하고 있다.

25 출제 유형 사실적 이해(강연)
| 정답 해설 | 해양 생물들은 탄소가 증발하여 온실가스로 축적되는 것을 막아 준다고 하였다.

26 출제 유형 추론적 이해(말하기 전략)
| 정답 해설 | 비유의 방법을 사용하지는 않았다.
| 오답률 줄이는 오답 해설 | ② 영국 기상대 전문가의 의견을 인용하였다.
③ "우리는 흔히 나무와 같은 식물이 대기 중에 이산화 탄소로 존재하는 탄소를 처리해 주는 것으로 알고 있지만"에서 일반적 견해를 제시한 후에 이와 다른 견해를 제시하였다.
④ 탄소의 순환 과정을 인과 관계로 제시하였다.
⑤ 탄소의 처리 과정과 관련한 구체적인 사례를 제시하였다.

정답 20 ③ 21 ④ 22 ④ 23 ④ 24 ② 25 ① 26 ①

27

두 사람의 입장과 일치하지 않는 것은?

① 남자: 사회의 발전을 위해서는 엘리트를 양성해야 한다.
② 남자: 조기 유학에는 단점이 있지만 장점이 훨씬 크다.
③ 여자: 엘리트를 양성하는 방법은 조기 유학 이외에도 있다.
④ 여자: 우리 사회의 엘리트는 우리나라에서 교육을 해도 된다.
⑤ 여자: 올바른 인성 형성을 위해서는 선진국의 교육 방법을 따라야 한다.

28

두 사람의 상반된 입장을 중재하기 위해 제공되어야 할 자료로 적절하지 않은 것은?

① 국내와 국외에서 진행되는 인성 교육 프로그램 자료
② 엘리트 위주의 교육과 관련된 사회 인식에 대한 통계 자료
③ 청소년 시기에 필요한 교육의 목적에 대한 교육 전문가의 의견
④ 조기 유학으로 양성된 인재가 국가에 기여한 내용과 적용 사례
⑤ 국내와 국외에서 사회의 엘리트 양성을 위해 시행하는 교육에 관한 분석 자료

29

이 발표에서 제시한 정보로 옳지 않은 것은?

① 무게 중심은 물체의 각 부분의 중간 지점을 의미한다.
② 물리적 원리가 일상생활에 반드시 필요한 것은 아니다.
③ 물체의 무게 중심이 윗부분에 있으면 수평을 유지하기 어려워진다.
④ 보트에서 어느 한쪽의 사람이 일어나면 보트 전체의 무게 중심이 높아진다.
⑤ 보트는 무게 중심을 아래로 하여 균형을 유지하려고 노력할 때 뒤집어지지 않는다.

30

이 발표에서 제시한 정보를 참고할 때, 무게 중심이 가장 불안정한 형태는?

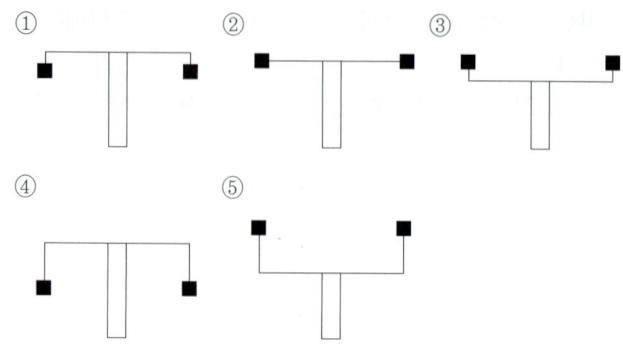

3세트

31

강연에서 다루지 않은 것은?

① 옹기의 의미
② 옹기의 제작 방법
③ 옹기의 다양한 종류
④ 옹기의 다양한 이름
⑤ 옹기의 자연 환원적 특성

32
등장인물의 생각으로 적절하지 않은 것은?

① 남자는 여자가 말하는 내용에 대해 질문을 이어 가며 속마음을 말하도록 하고 있다.
② 여자는 남자에게 자신의 가족에 대해 어려운 마음을 이야기하며 동의를 구하고 있다.
③ 남자는 여자가 여자 자신의 사생활을 이야기하는 것에 대해 부담을 느끼지 않고 있다.
④ 여자는 남자가 자신의 건강을 염려해 주는 것에 대해 행동이 과도하다고 생각하고 있다.
⑤ 남자는 여자가 가진 불만을 해소해 주기 위해 자신의 경험을 예로 들어 이야기하고 있다.

33
강연의 내용과 일치하지 않는 것은?

① 정보 테크놀로지 사회가 될수록 인간은 정신적 자원을 개발하도록 해야 한다.
② 개방 사회에서는 정보의 양이 과다하게 많으므로 이를 그대로 받아들여서는 안 된다.
③ 정보화 시대는 우리에게 자유를 주었지만 인간에게 더 창조적인 역할을 요구하고 있다.
④ 전자 미디어 문화가 지속되면 남녀노소 사이에 신비감과 외경의 마음은 사라지게 된다.
⑤ 개방 사회에서는 예술적 창작과 지적인 모험을 하기 위해 컴퓨터를 적극적으로 활용해야 한다.

---

27 출제 유형 사실적 이해(대화)
| 정답 해설 | 여자는 엘리트 양성과 같은 지적인 요소보다도 올바른 인성 형성이 더 근본적인 교육의 목적이 되어야 한다고 주장하고 있을 뿐, 그 방법이 선진국의 교육 방법을 따르는 것이라고는 이야기하지 않았다.

28 출제 유형 추론적 이해(자료 제시)
| 정답 해설 | 여자만이 인성 교육에 대해 강조하고 있다. 따라서 국내·국외의 인성 교육 프로그램 자료가 있다고 하더라도 그것은 남자의 가치관 범주에 아예 없는 내용이므로 두 사람의 입장을 중재하는 데 도움이 될 수 없다.

29 출제 유형 사실적 이해(강연)
| 정답 해설 | 무게 중심은 물체의 각 부분의 중간 지점이 아니라, 물체가 가진 무게의 중간 지점이다.

30 출제 유형 추론적 이해(그림)
| 정답 해설 | 발표자는 무게 중심이란 물체의 각 부분에 작용하는 중력이 합해져서 작용하는 점이라고 하면서, 무게 중심이 물체의 윗부분에 있을 때 물체가 매우 불안정한 상태가 되어 쓰러지기 쉽다고 하였다. 따라서 무게 중심이 가장 높이 있는 ⑤ 그림이 무게 중심이 가장 불안정한 형태이다.

31 출제 유형 사실적 이해(강연)
| 정답 해설 | 옹기의 의미, 종류와 이름, 특성에 대해서는 언급하고 있으나 옹기를 제작하는 방법에 대한 설명은 다루지 않았다.

32 출제 유형 추론적 이해(대화)
| 정답 해설 | 여자는 자신이 담배를 피우는 것에 대해 남자가 염려하는 것이 과도하다고 생각하지 않는다. 오히려 앞으로도 이렇게 말려 달라고 말하며 자신의 건강을 걱정하는 남자의 마음을 받아들이고 있다.

33 출제 유형 사실적 이해(강연)
| 정답 해설 | 개방 사회에서 사람들은 컴퓨터가 할 수 없는 일을 찾아 나서야 하며, 컴퓨터가 흉내낼 수 없는 발산적 사고를 이용해 예술적 창작과 지적 모험을 해야 한다고 하였다.

| 오답률 줄이는 오답 해설 | ① 정보 테크놀로지 시대가 될수록 인문 교육 등을 통해 인간의 정신적 자원을 개발해야 한다고 하였다.
② 정보의 홍수 속에 있으므로 그 정보를 재주조하고 통찰력 있게 다루어야 함을 강조하고 있다.
③ 정보화 시대가 인간에게 해방과 자유를 주었으나 이로 인해 인간은 더 넓은 공간을 떠돌아다녀야 하는 신세가 되었고 이 시대가 하나의 운명처럼 사람들에게 좀 더 창조적인 역할을 담당하도록 요구하고 있음을 밝히고 있다.
④ 개방 사회에서는 모두의 정보를 공개, 전달함에 따라 어른과 아이들 사이, 남자와 여자 사이에 신비와 외경의 베일이 없어진다고 하였다. 그리고 전자 미디어 문화를 지속하는 한 이를 막을 수 없다고 하였다.

| 정답 | 27 ⑤ | 28 ① | 29 ① | 30 ⑤ | 31 ② | 32 ④ | 33 ⑤ |

34

강연을 듣고 이해한 내용으로 적절하지 않은 것은?

① 감기는 크게 상기도 염증 질환과 하기도 염증 질환으로 나눌 수 있다.
② 감기에 걸린 후, 회복 속도에 차이가 있는 것은 면역력과 관계가 있다고 볼 수 있다.
③ 한약을 처방할 때에는 효과도 중요하지만 독성이 없어야 하는 점을 중요하게 여겼다.
④ 1차 의료 기관에서는 염증의 침범 위치가 어디까지인지 확인하는 것이 수월하지 않다.
⑤ 과거에는 감기를 관리하기 위한 한방차가 남성 전용과 여성 전용으로 나누어진 적도 있었다.

35

시의 제목으로 가장 적절한 것은?

① 이슬   ② 허공
③ 당신   ④ 석문
⑤ 손길

36

강연에서 언급한 내용으로 적절하지 않은 것은?

① 응급실에서는 의료진의 판단으로, 응급 환자부터 치료를 받게 된다.
② 응급실에 가더라도 해당 진료과가 병원에 없거나 입원실이 없을 수 있다.
③ 입원을 하기 위해 응급실을 이용하는 경우 오히려 불편함이 클 수 있다.
④ 응급실을 이용할 때에는 기존에 진료를 받았던 곳을 이용하는 것이 좋다.
⑤ '응급의료정보제공' 앱을 이용해 신속하게 응급실 진료 예약을 할 수 있다.

37

대화를 통해 알 수 있는 등장인물의 생각으로 볼 수 없는 것은?

① 어머니: 컴퓨터 게임을 하는 것은 쓸데없는 일이다.
② 아들: 자신의 또래에는 부모 세대와 다른 기준의 직업이 있다.
③ 어머니: 컴퓨터를 할 때 쓰는 장비는 굳이 고가일 필요가 없다.
④ 아들: 자신이 하는 일은 이후에 수익이 늘어날 가능성이 있다.
⑤ 어머니: 방에서 컴퓨터 등으로 하는 일은 제대로 된 일이라고 볼 수 없다.

38
대화의 갈등이 생긴 근본적인 원인으로 가장 적절한 것은?

① 좋은 회사에 대한 시각 차이
② 직업의 기준에 대한 시각 차이
③ 인터넷 게임에 대한 시각 차이
④ 적절한 수입에 대한 시각 차이
⑤ 컴퓨터 사용 시간에 대한 시각 차이

39
강연에 사용된 말하기 전략으로 적절하지 <u>않은</u> 것은?

① 특정한 결과에 대한 의학적 원인을 규명하여 제시한다.
② 대조의 방법을 사용하여 대상의 의의를 효과적으로 설명한다.
③ 질문을 제시하고 그에 대해 답하면서 내용을 자연스럽게 전개한다.
④ 글의 내용에 대한 독자의 이해를 돕기 위해 일상의 사례를 들어 설명한다.
⑤ 중심 화제와 관련하여 발생할 수 있는 다양한 상황을 청자에게 알려 준다.

---

34 출제 유형 사실적 이해(강연)
| 정답 해설 | 감기는 상기도 염증 질환이며, 하기도 염증 질환은 기관지염이라고 설명하고 있다.
| 오답률 줄이는 오답 해설 | ② 일찍 귀가해 땀 흘리면서 푹 자고 일어나면 그 다음 날 가뿐해지는 것과 감기로 한 달 이상 고생하기도 하는 것의 차이를 면역력이라고 해석하기도 한다고 하였다.
③ 어디에 좋다는 효과보다 독성이 없어야 한다는 전제 조건이 더 중요하다고 하였다.
④ 1차 의료 기관에서는 염증이 목까지 있는지, 기관지까지 침범되어 있는지가 불명확하기 때문에 통상적으로 기관지염까지 감기라고 한다고 하였다.
⑤ 조선 시대에는 남성 전용 사군자탕, 여성 전용 사물탕이 있었다고 하였다.

35 출제 유형 추론적 이해(문학)
| 정답 해설 | 조지훈의 「석문」이라는 작품으로, 화자는 자신을 당신의 손끝만 스쳐도 열릴 돌문이라고 하며, '당신'을 기다리는 마음을 드러내고 있다. 그러나 '당신'은 검푸른 이끼가 앉도록 오지 않았고, 화자는 이제 '당신'이 와도 열리지 않을 돌문이라며 자신의 슬프고 사무치는 마음을 표현하고 있다.

36 출제 유형 사실적 이해(강연)
| 정답 해설 | '응급의료정보제공' 앱을 통해 가까운 병원의 응급실과 명절에 이용할 수 있는 병·의원·약국 정보, 응급 처치 요령 등을 확인할 수 있다고 하였을 뿐, 응급실 진료 예약을 할 수 있다고 하지는 않았다.

37 출제 유형 추론적 이해(인물의 생각)
| 정답 해설 | 어머니는 컴퓨터할 때 쓰는 장비의 가격에 대해 이야기하지 않았다.

38 출제 유형 추론적 이해(인물 간의 갈등)
| 정답 해설 | 어머니는 회사에 나가서 하는 일이어야 제대로 된 직업이라고 보는 반면, 아들은 그렇지 않은 입장이어서 갈등이 발생하고 있다.

39 출제 유형 추론적 이해(말하기 전략)
| 정답 해설 | 대조의 방법으로 대상의 의의를 설명하지 않았다. 강연은 의학적인 견해를 바탕으로 청자가 이해하기 쉬운 사례를 들어 내용을 전개하고 있다.

| 정답 | 34 ① | 35 ④ | 36 ⑤ | 37 ③ | 38 ② | 39 ② |

40
강연의 내용과 일치하지 않는 것은?

① 문화 예술이 발전한 고려 시대의 기생은 짙은 화장을 즐겨 했다.
② 신분에 따라 화장하는 방법에 차이가 생긴 것은 고려 시대부터였다.
③ 신라에서는 화랑들이 얼굴에 분을 바르고 구슬로 장식한 모자를 쓰기도 하였다.
④ 조선 시대에는 사대부 여인들이 색깔 있는 화려한 화장을 하여 화장품이 발전했다.
⑤ 옛날 사람들이 백옥 같은 피부를 원했던 것은 흰 피부가 고귀한 신분을 의미했기 때문이다.

41
강연을 들은 청중의 반응으로 적절하지 않은 것은?

① 삼국 시대에도 화장을 했다니 화장의 역사가 길구나.
② 남자가 화장하는 일은 요즘에만 있는 일이 아니었구나. 놀라운데?
③ 신분에 따라 화장법이 다른 것은 고구려 시대부터 조선 시대까지였군.
④ 고귀한 신분을 상징하는 하얀 피부를 만들고자 했던 것은 여성만이 아니었네.
⑤ 이력서 사진에 보정을 하지 말라고 하는 것과 비슷한 일들이 옛날에도 있었다니 재미있어.

42
두 사람의 입장과 일치하지 않는 것은?

① 여자: 고액권 발행으로 얻게 되는 효과가 그다지 크지 않다.
② 남자: 고액권 발행은 부패 방지 효과는 물론 경제적 효과도 뛰어나다.
③ 남자: 물가가 오르고 경제 규모가 커질 때 고액권 발행의 필요성이 커진다.
④ 여자: 고액권은 제작뿐만 아니라 사용을 준비하는 과정에서도 많은 비용이 든다.
⑤ 남자: 고액권은 초기 발행 비용이 수표보다 비싸지만 수표에 비해 오래 사용할 수 있다.

43
두 사람의 상반된 입장을 중재하기 위해 제공되어야 할 자료로 적절하지 않은 것은?

① 고액권의 제작 비용과 사용 가능 기간에 관한 통계 자료
② 음성적인 자금의 흐름을 막기 위해 활용된 부패 방지법에 관한 전문가의 의견
③ 경제적 거래에 고액 화폐의 발행이 필요하다고 여기는지에 관한 설문 조사 결과
④ 고액권이 발행된 이후 현금 지급기의 센서를 바꾸는 데 드는 비용에 대한 조사 자료
⑤ 물가 상승과 경제 규모의 성장에 따라 고액권을 발행해 온 해외 사례에 관한 조사 자료

44

강연의 내용과 일치하지 않는 것은?

① 단수 가격의 예로는 990원, 9,900원 등을 들 수 있다.
② 단수 가격의 효과는 미국의 의류 회사 실험으로 증명되었다.
③ 준거 가격은 소비자가 가격을 평가할 때 비교하는 기준점이 된다.
④ 준거 가격을 이용해 판매할 때 정가와 할인가를 함께 표시할 때가 있다.
⑤ 준거 가격은 소비자가 물건을 구입할 때 실제로 지출 가능한 가격을 뜻한다.

45

다음 중 '준거 가격'과 관련이 없는 것은?

①

28,000원
20% 할인
22,400원

②
휴대 전화 특가!
814,000

385,200원

③
반값할인

100,000원
50,000원

④
포테이토 피자L(오리지널)

19,900원

⑤
60% 할인
1,240,000원
476,000원

---

40 출제 유형 **사실적 이해(강연)**
| 정답 해설 | 조선 시대에는 기생들이 화려한 색조 화장을 하였고, 사대부 여인들은 최대한 본인의 얼굴 생김새를 바꾸지 않는 화장을 했다고 하였다.

41 출제 유형 **추론적 이해(청중의 반응)**
| 정답 해설 | 고려 시대에 처음으로 신분에 따라 화장법이 나뉘었다고 하였다.
| 오답률 줄이는 오답 해설 | ① 고구려 시대의 고분 벽화를 통해 고구려 사람들도 화장을 했다는 사실을 유추할 수 있고, 백제, 신라의 화장 문화를 소개하였다.
② 신라에서는 남성들도 화장을 했다고 하였다.
④ 남성과 여성 모두 백옥 같은 피부를 갖고 싶어 했다고 하였다.
⑤ 연산군이 간택을 할 때 분칠을 하지 말라고 했다는 내용에 대한 반응으로 적절하다.

42 출제 유형 **사실적 이해(대화)**
| 정답 해설 | 남자는 고액권을 발행하는 것이 경제적 효과 면에서 도움이 된다고 했을 뿐, 부패를 방지하는 데에 효과적인 방법이라는 언급은 하지 않았다.

43 출제 유형 **추론적 이해(자료 제시)**
| 정답 해설 | 부패 방지 제도는 고액권이 부패를 확산시킬 우려가 있다는 여자의 의견에 남자가 반박하며 언급한 사항일 뿐이다. 두 사람의 견해 차이의 핵심은 '고액권 발행'이다.

44 출제 유형 **사실적 이해(강연)**
| 정답 해설 | 준거 가격이란 소비자가 어떤 제품을 사려고 할 때 심리적으로 적정하다고 생각하는 수준의 가격을 말한다고 하였다.

45 출제 유형 **추론적 이해(그림)**
| 정답 해설 | ④는 '준거 가격'이 아니라 '단수 가격'에 대해 확인할 수 있는 자료이다. 소비자들에게 딱 떨어지지 않고 그에 조금 못 미치는 가격을 제시하여 가격이 저렴하다는 느낌을 전달하는 것이다.

정답 40 ④ 41 ③ 42 ② 43 ② 44 ⑤ 45 ④

듣기·말하기 취약유형 체크표

문항번호	정답	유형	맞고틀림
01	④	사실적 이해(그림)	
02	⑤	사실적 이해(토론)	
03	⑤	사실적 이해(강연)	
04	②	사실적 이해(강연)	
05	②	추론적 이해(문학)	
06	①	사실적 이해(강연)	
07	③	추론적 이해(말하기 전략)	
08	②	추론적 이해(인물의 생각)	
09	④	추론적 이해(인물 간의 갈등)	
10	②	사실적 이해(강연)	
11	③	추론적 이해(말하기 전략)	
12	③	사실적 이해(대화)	
13	③	사실적 이해(자료 제시)	
14	③	사실적 이해(강연)	
15	③	추론적 이해(그림)	
16	①	사실적 이해(그림)	
17	④	사실적 이해(대화)	
18	②	사실적 이해(강연)	
19	④	사실적 이해(강연)	
20	③	추론적 이해(문학)	
21	④	사실적 이해(강연)	
22	④	추론적 이해(말하기 전략)	
23	④	추론적 이해(인물의 생각)	
24	②	추론적 이해(인물 간의 갈등)	
25	①	사실적 이해(강연)	
26	①	추론적 이해(말하기 전략)	
27	⑤	사실적 이해(대화)	
28	①	추론적 이해(자료 제시)	
29	①	사실적 이해(강연)	
30	⑤	추론적 이해(그림)	
31	②	사실적 이해(강연)	
32	④	추론적 이해(대화)	
33	⑤	사실적 이해(강연)	
34	①	사실적 이해(강연)	
35	④	추론적 이해(문학)	
36	⑤	사실적 이해(강연)	
37	③	추론적 이해(인물의 생각)	
38	②	추론적 이해(인물 간의 갈등)	
39	②	추론적 이해(말하기 전략)	
40	④	사실적 이해(강연)	
41	③	추론적 이해(청중의 반응)	
42	②	사실적 이해(대화)	
43	②	추론적 이해(자료 제시)	
44	⑤	사실적 이해(강연)	
45	④	추론적 이해(그림)	

듣기 대본

01 먼저 독무덤에 대한 강연을 들려드립니다.

　독무덤은 시신 또는 화장한 뼈를 담아 매장하는 데 쓰는 도기를 총칭하는 것인데, 옹관이라고 부르기도 합니다. 독무덤은 매우 오래전부터 있었습니다. 한국에서는 독무덤이 청동기 시대 이래 사용되었는데, 청동기 시대와 초기 철기 시대의 유적으로는 평안남도 강서 태성리, 황해도 안악 복사리 등이 있습니다.

　이러한 독무덤은 역사 시대에 이르면서 하나의 고분 형식으로 조성되었습니다. 역사 시대의 독무덤은 근래에 많은 발굴 조사가 이루어져 상당수에 달하고 있습니다. 신라 지역에서는 경주 조양동·인왕동·황남동, 가야 지역에서는 김해 예안리, 부산광역시 오륜대·괴정동, 대구광역시 복현동, 경산 내리리·임당리, 백제 지역에서는 부여 송국리·염창리, 서울특별시 석촌동·가락동, 남원 두락리, 고창 신월리, 공주 봉정리, 나주 반남면 일대, 영암 내동리, 함평 마산리 등 여러 유적지에서 발굴 조사되었습니다.

　이러한 형태의 옹관은 모양이 긴 타원형으로, 주로 강과 하천가에서 발견되고 있습니다. 점토질 태토로 성형이 되었고, 표면에 규칙적인 길이의 타날문이 시문되었으며, 적갈색의 색조에 부분적으로 검은 반점이 나타납니다.

　특히 영산강 유역의 독무덤은 다른 지방의 고분들과는 달리 독자성이 뚜렷하고 고도의 도기 제작 기술이 아니면 만들 수 없는 특수한 대형의 전용 옹관을 주된 매장 시설로 하고 있어 백제의 지방 토착 세력 및 마한 토착 집단과 관련하여 중요한 자료를 제공하고 있습니다. 이러한 독무덤이 삼국 시대를 지나서도 계속 채택되었는지는 잘 알려져 있지 않습니다.

　다만 조선 시대에 이르러 생활 용기로 오랫동안 쓰였던 옹기로 된 소형 독무덤이 조사되기도 하여 어린아이의 주검을 매장하는 데 독무덤이 쓰였음을 보여 주고 있습니다. 광주광역시 신창동의 옹관처럼 두 개를 합친 길이가 50~130cm 범위이면서 60cm 정도가 가장 많기 때문에 어린이를 묻기 위해 사용된 관이 있었다고 추측을 하게 되는 것입니다. 김해 예안리의 독무덤에서는 실제로 어린아이의 유해가 발견되어 소아장임을 알 수 있습니다. 이 독무덤은 일본에 건너가 규슈 지방에 독무덤을 조성하게 하였으며, 중국·일본을 연결하는 동아시아 독무덤 문화권을 형성하게 하였습니다.

02 이번에는 토론의 일부를 들려드립니다.

남자: 모바일 시대에 SNS 활동이 폭발적으로 늘어나고 있습니다. 사람들이 자신을 더 적극적으로 표현하고 소통하고자 만든 이런 소셜 네트워크 서비스가 기업이 직원의 사생활을 엿보고 판단하는 용도로 사용되는 현실이 안타까울 따름입니다.

여자: SNS는 일기처럼 혼자만 보는 글이 아니라, 누군가가 볼 것을 알고 올리는 글입니다. 모두가 보는 공간에 글을 올린다면 회사가 그것을 보는 것도 당연한 일이 아닐까요? 글을 쓸 때 타인을 의식하는 SNS의 영역은 공적인 부분을 필연적으로 지니고 있는 것입니다.

남자: 그러나 기업이 회사를 벗어난, 즉 업무와 무관한 문제에 대해 직원들이 부정적인 글을 남겼다고 해서 해고를 한다는 것은 불합리한 일이 아닐 수 없습니다. 다른 방법으로 경고를 하거나 징계를 해도 충분할 것입니다. 한 예로 미국에서는 술을 먹고 있는 사진을 SNS에 올린 여교사가 해고된 일이 있었습니다. 이런 일은 월권행위지요.

여자: 기업이나 해당 기관도 스스로를 지키기 위해 불가피하게 택한 방법이 아닐까요? 여론에 민감한 제품 또는 서비스와 관련된 기업일수록 회사 직원의 개인적인 의견이 드러나는 것이 회사에 악영향을 끼치거나 손해를 끼치는 행위가 될 수도 있으니 말입니다. 고의든 실수든 기업의 비밀 등을 올리는 것을 방지하기 위해서라도 기업은 직원의 SNS를 눈여겨볼 이유가 있다고 봅니다.

남자: 개인의 SNS는 어디까지나 사적인 영역입니다. 업무와 무관한 개인의 정보를 수집한다는 것 자체가 문제의 소지가 되는 것입니다. 개인의 정보와 의견은 그 자체로 존중이 되어야 합니다. 만약 이에 대한 규정 등이 만들어지지 않는다면, 기업이 직원을 과도하게 처벌해도 직원은 아무런 대응도 할 수 없지 않겠습니까?

여자: 현재든 향후든 회사에 안 좋은 영향을 끼칠 가능성이 높은 부적절한 의도의 지원자를 사전에 걸러내는 것은 타당한 처사입니다.

03 다음은 강연을 들려드립니다.

　겨울철 식중독 바이러스인 노로바이러스가 잇달아 발생하면서 기승을 부리고 있습니다. 노로바이러스는 일반 세균과 달리 낮은 기온에서도 오래 생존하고 쉽게 전파됩니다. 식중독 피해를 줄이기 위해 가장 먼저 신경 써야 할 곳은 주방입니다. 입에 직접 닿는 식기 및 주방 용품 관리를 소홀히 하면 식중독의 발생 위험이 크게 높아지기 때문입니다. 이를 예방하기 위해서는 음식뿐만 아니라 입에 직접 닿는 수저 용품, 도마, 주방 용품 등의 청결 관리에 각별한 주의를 기울여야 합니다. 특히 매일 사용하는 수저는 사용 전에 식초를 이용해 간단하게 소독하는 것이 좋습니다. 수저가 들어갈 수 있는 크기의 냄비에 물과 약간의 식초를 넣고, 물이 끓기 시작할 때 스테인리스 숟가락을 넣고 삶으면 살균 효과를 볼 수 있습니다. 기름때와 곰팡이가 생기기 쉬운 도마는 주방 전용 세제로 세척한 후, 건조시키거나 솔을 이용해 구석구석 닦아 주는 것이 좋습니다. 주방 용품의 세균 번식을 억제하고 싶다면 항균 효과가 있는 주방 전용 세제를 사용하는 것도 좋은 방법입니다. 특히 싱크대는 세균 번식 최적의 장소입니다. 따라서 설거지 후 마무리 청소까지 꼼꼼하게 신경을 써야 합니다. 싱크대 청소는 굵은 소금과 레몬을 활용하면 됩니다. 싱크대에 굵은 소금을 뿌리고 레몬을 반으로 잘라 문질러 주면 싱크대에 자리 잡은 물때를 쉽게 제거할 수 있습니다. 세균으로부터 취약한 싱크대 안 배수구는 수시로 통 사이에 낀 음식물 찌꺼기를 제거해 주는 것이 좋습니다. 솔을 이용해 이물질을 없앤 후 햇볕에 말려 주거나 일주일에 한 번은 배수구 거름망에 전용 세정제를 뿌려 깨끗하게 청소해야 합니다. 또한 전자레인지는 평소에 문을 닫아 놓는 경우가 많아 곰팡이와 세균이 쉽게 번식할 수 있기 때문에 꼼꼼하게 청소하는 것이 좋습니다. 전자레인지 내부의 묵은 때는 식초를 이용해 제거합니다. 전자레인지 전용 용기에 물과 식초를 2대 1의 비율로 넣어 주고 2~3분 정도 돌려 준 후, 내부에 수증기가 가득 차면 문 안쪽과 천장을 행주나 스펀지로 꼼꼼하게 닦아 줍니다. 청소가 끝난 후에는 문을 활짝 열어 내부의 물기를 말려야 청소 효과를 볼 수 있습니다.

04 다음은 강연을 들려드립니다.

동양에서는 그림을 인격 수양의 한 방법으로 생각하고 그렸습니다. 따라서 화가의 정신세계와 인격을 어떻게 표현하느냐가 가장 중요한 문제였습니다. 사물을 보면서 그 모습을 그리거나, 대상에 따라서 색을 칠하거나, 사물을 있는 그대로 그리는 것 등은 그림을 그리는 기초에 불과하다고 여겼습니다. 하지만 서양에서는 주로 장식이나 기록적인 측면, 그리고 표현 방법을 중시하여 그림을 그렸습니다. 대상을 어떻게 정확하게 그리느냐가 중요했던 것입니다. 그리하여 서양 미술에서는 원근법이나 빛에 따른 대상의 변화, 형태를 파악하는 방법 등이 발달하였습니다.

동양화와 서양화는 그림을 그리는 재료도 달랐습니다. 동양에서는 농담(濃淡)을 잘 드러낼 수 있는 먹과 붓으로 그림을 그렸습니다. 먹과 붓에 가장 잘 어울리는 것이 한지나 화선지 같은 종이나 결이 고운 비단이었습니다. 서양에서는 주로 캔버스에 유화 물감과 기름을 사용하여 그림을 그렸습니다. 캔버스는 아마나 면으로 짠 천에 아교 같은 것을 칠하여 만들었습니다.

이런 근본적인 차이점 때문에 동양화와 서양화는 매우 다르게 변화한 것입니다. 먹으로 그릴 경우, 고치기 어렵기 때문에 한 번에 잘 그려야 했습니다. 말이 쉽지 한 번의 실수도 하지 않고 화면 전체를 그린다는 것은 보통 어려운 일이 아니었을 겁니다. 그래서 많은 연습이 필요했습니다. 종이를 바꿔 가며 계속 똑같은 것을 반복해서 그리는 공부를 해야 했습니다. 유화 물감으로 그림을 그리는 과정은 그렇게 어렵지 않습니다. 대강의 형태를 스케치하고 그 위에 차근차근 색을 칠해 가면, 나중에는 칠한 부분이 두꺼워져서 표면에 질감이 생기게 됩니다. 따라서 서양화는 덧칠을 통해서 그림의 형태와 색의 변화를 시도할 수 있었습니다.

동양화에서는 선으로 가늘게 그리는 기법이 발달하였습니다. 그래서 동양의 미술을 선의 예술이라고 합니다. 반면에 서양화는 선보다는 명암이나 색을 강조합니다. 평면인 캔버스에 어떻게 대상과 닮게 입체적으로 그리느냐가 중요한 문제였기 때문입니다.

그리고 서양화는 배경까지 색칠하기 때문에 캔버스 색을 그대로 두는 일이 없습니다. 하지만 동양화는 하얀 여백을 살려서 공간을 처리합니다. 동양화를 잘 모르는 사람은 여백을 보고 미완성 작품이라고 생각할지 모르나 여백의 미는 작품 구도를 염두에 두고 추구하는 동양화의 손꼽히는 특성 중 하나인 것입니다.

05 다음은 시 한 편을 들려드립니다.

마당가에 석류나무 한 그루 심고 나서
나도 지구 위에다 나무 한 그루를 심었노라.
나는 좋아서 입을 다물 줄 몰랐지요.
그때부터 내 몸은 근지럽기 시작했는데요,
나한테 보라는 듯이 석류나무도 제 몸을 마구 긁는 것이었어요.
새 잎을 피워 올리면서도 참지 못하고 몸을 긁는 통에
결국 주홍빛 진물까지 흐르더군요.
그래요, 석류꽃이 피어났던 거죠.
나는 새털구름의 마룻장을 뜯어다가 여름내 마당에 평상을 깔고
눈알이 붉게 물들도록 실컷 꽃을 바라보았지요.
나는 정말 좋아서 입을 다물 수 없었어요.
그러다가 어느 날 문득 가을이 찾아왔어요.
나한테 보라는 듯이 입을 딱, 벌리고 말이에요.
가을도, 도대체 참을 수 없다는 거였어요.

[06~07] 이번에는 강연을 들려드립니다. 6번은 듣기 문항, 7번은 말하기 문항입니다.

전 세계인의 이목이 집중된 베이징 올림픽의 개막식이 열리기 12시간 전에 황하강 상류 지역에서 생긴 비구름이 베이징으로 향하고 있다는 소식이 전해졌습니다. 그러자 기상 당국은 공군에 요청하여 비행기 두 대를 띄웠습니다. 그 비행기들은 상공에 화학 물질을 살포하여 비구름이 베이징에 이르기 전에 비를 내리게 하였습니다. 어떻게 이 같은 일이 가능했을까요? 그것은 바로 인공 강우 기술을 이용했기 때문입니다. 인공 강우 기술이란 구름에 인공적인 영향을 주어 비를 내리게 하는 방법을 말합니다.

인공 강우의 구체적 원리를 알기 위해서는 우선 비가 내리는 원리부터 이해해야 합니다. 중위도 지방의 경우 공기 덩어리가 높이 상승하면 온도가 내려가면서 구름이 됩니다. 구름은 수증기와 작은 물방울 및 얼음 알갱이인 빙정이 뒤섞여 있는 상태가 됩니다. 이때 빙정은 수천에서 수만 개의 수증기 입자를 끌어들여 커다란 빙정이 되는데, 이렇게 커진 빙정은 무거워져 아래로 떨어지게 되지요. 떨어지는 도중 대기의 온도가 높으면 녹아서 비가 되고, 낮으면 눈이 됩니다.

비나 눈이 내리기 위해서는 구름 속에 빙정이 충분히 있어야 합니다. 빙정은 중심 물질이 있어야 더 잘 형성되는데, 이러한 중심 물질을 구름씨라고 합니다. 구름 속에는 순수한 수분 입자만 있는 것이 아니라 바닷물에서 나온 소금 입자나 식물의 포자, 연기, 자동차 배기가스 물질, 각종 먼지 등도 함께 있는데, 이런 물질들이 구름씨 역할을 합니다. 그런데 구름 속에 빙정이 충분하지 않으면 비나 눈으로

내릴 수 없습니다. 이때 구름 속에서 빙정이 충분히 만들어질 수 있도록 인공적으로 구름 속에 구름씨의 역할을 하는 물질을 뿌려 비나 눈을 내리게 하는 것이 인공 강우법인 것입니다. 하지만 인공 강우 기술도 아무 구름에나 적용할 수는 없습니다. 수분을 많이 함유하지 않은 구름은 아무리 구름씨를 뿌려도 비가 내리지 않기 때문입니다.

인공 강우 기술은 농작물의 재배 수익을 증가시키고, 수자원 확보에 도움이 되는 등 투입한 비용에 비해 얻을 수 있는 효과가 뛰어난 것으로 알려져 있습니다. 하지만 그에 따른 부작용도 만만치 않습니다. 중국의 경우에도 베이징 올림픽 때 실시한 인공 강우의 여파로 베이징시와 주변 지역이 한때 극심한 가뭄에 시달렸다고 합니다. 사람이 인위적으로 자연 현상을 조절함으로 인해 부작용이 발생하게 된 것입니다.

[08~09] 다음은 대화를 들려드립니다. 8번은 듣기 문항, 9번은 말하기 문항입니다.

남편: 여기 기사 좀 봐. 내년 정부 예산에서 빈곤층을 위한 사회 복지 예산을 대폭 늘리기로 했대. 정부에서 굳이 손을 써야 하나?

아내: 그래? 경기가 오랫동안 침체되어 있어서 빈곤층의 고통이 이만저만이 아니라던데, 잘됐지 뭐. 문제의 심각성을 고려할 때 당연히 정부가 나서야겠지.

남편: 요즘 같은 상황에선 경기를 활성화하는 것이 더 급한 게 아닐까?

아내: 글쎄. 내 생각은 좀 달라. 과연 경제가 성장한다고 해서 빈곤층 문제가 저절로 해결될까?

남편: 경기가 활성화돼서 우리 경제가 성장하면 그 혜택이 자연스럽게 사회 전반으로 스며든다고 봐.

아내: 최근 10년간 분명 우리 경제는 꾸준히 성장해 왔어. 대기업이 거두어들인 순이익도 매년 크게 증가하고 있는 추세야. 그런데 다들 살기 힘들다고 하잖아.

남편: 그래도 경제가 살아나면 다 괜찮아지겠지.

아내: 우리나라 물가는 매년 크게 오르고 있어. 그에 비해 우리 개인의 소득은 조금씩밖에 늘고 있지 않아.

남편: 에이, 왜 그래. 우리도 예전보다 월급도 오르고 성장하는 중이라고 볼 수 있잖아.

아내: 우리 둘 다 월급은 늘었는데 살림하기는 더 어려운 거 당신도 알잖아. 소득이 최저 생계비에도 못 미치는 사람들은 어떻겠어.

남편: 듣고 보니 그렇기도 하네. 사회 복지도 잘돼서 다들 덜 힘들게 살면 좋겠네.

[10~11] 다음은 강연을 들려드립니다. 10번은 듣기 문항, 11번은 말하기 문항입니다.

뇌 기능이 원활하게 작동하려면 잠을 잘 자야 합니다. 한 동물 실험 결과에 의하면 숙면을 했을 때 뇌세포의 연결이 튼튼해지는 것으로 나타났습니다. 숙면은 기억력에도 좋습니다. 잠은 뇌의 복잡한 회로에서 기억을 저장하고 정보를 통합·정리하는 과정을 도와줍니다. 낮잠도 뇌를 쉬게 하는 좋은 방법입니다. 여기서 중요한 것은 시간입니다. 30분 이상 낮잠을 자면 뇌가 지치지만 20분 이하의 짧은 낮잠은 활력을 줍니다. 명상, 산책, 음악 감상도 뇌 노화를 방지하는 좋은 수단입니다. 단 10분의 휴식으로도 뇌의 생기를 되찾을 수 있을 뿐 아니라 스트레스도 날려 버릴 수 있습니다.

유산소 운동도 뇌 건강에 좋습니다. 조깅, 속보 등 유산소 운동을 꾸준히 하면 심폐 지구력이 좋아질 뿐 아니라 뇌 기능이 좋아집니다. 혈액 순환을 원활하게 해 뇌에 산소와 영양이 잘 공급되기 때문입니다. 뇌가 굳은 노인도 적당히 운동을 하면 집중력이 높아지고 창조력과 문제 해결 능력이 좋아집니다. 나이 많은 사람의 뇌를 MRI로 찍어 보면 젊은 층에 비해 뇌 조직이 위축된 경우가 많습니다. 뇌에 퇴행성 변화가 일어나 뇌세포가 감소했기 때문입니다. 그러나 유산소 운동을 꾸준히 한 노인의 뇌는 그렇지 않습니다. 운동을 하지 않은 노인보다 뇌 조직 상태가 양호합니다. 젊은 사람 못지않은 사례도 많습니다.

유산소 운동이 뇌 기능에 좋은 또 다른 이유는 노화를 방지하는 호르몬인 엔도르핀이 많이 분비되고 정보를 전달하는 시냅스의 숫자가 늘어나서입니다. 조깅, 걷기, 자전거 타기, 수영, 테니스, 배드민턴, 에어로빅, 요가 등이 뇌에 좋은 운동입니다. 하루에 30분, 일주일에 5회 정도가 이상적입니다. 뇌의 무게는 체중의 3%밖에 되지 않습니다. 하지만 우리가 사용하는 에너지의 20%를 뇌가 사용합니다. 이에 따라 뇌에 충분한 영양을 공급하는 것은 매우 중요합니다. 특히 오전에 두뇌 활동이 가장 활발하므로 아침 식사를 거르지 말아야 합니다.

뇌 노화를 방지하려면 항산화 성분이 풍부한 채소와 과일을 많이 먹는 것이 좋습니다. 콩이나 푸른 잎 채소에 많이 들어 있는 엽산은 기억력 증진에 도움을 줍니다. 비타민 B1·B2·B12·E와 셀레늄·유리 아미노산·레시틴·DHA도 뇌 노화를 막아 줍니다. 특히 콩에 많이 함유된 레시틴은 알츠하이머 치매와 관련 있는 아세틸콜린의 감소를 막아 줍니다. 생선은 혈전을 막는 EPA와 지능 개발, 치매 예방에 좋은 DHA가 많아 뇌 노화를 방지하는 데 특별한 효능이 있습니다.

[12~13] 이번에는 대화를 들려드립니다. 12번은 듣기 문항, 13번은 말하기 문항입니다.

남자: 안녕하세요. 김형식입니다. 저는 청소년 대상 성범죄자의 신상 공개에 반대합니다. 세계적으로도 보기 드문 신상 공개는 문제점이 있습니다. 우리나라는 체면을 중시하는 문화를 가지고 있습니다. 이런 문화 속에서 신상이 공개되면 범죄자는 사회적으로 완전히 매장되고, 인권을 극도로 침해당하게 됩니다. 범죄자는 형법에 따라 처벌을 받습니다. 여기에다가 신상 공개까지 한다는 것은 법의 형평에 맞지 않습니다. 신상 공개를 해도 성범죄가 근절된다고는 볼 수 없습니다. 우리나라에 사형 제도가 있지만, 그렇다고 살인이 근절됐나요? 그리고 청소년 대상 성범죄보다 더 파렴치하고 더 극악무도한 가정 파괴범은 왜 명단을 공개하지 않습니까? 법이

듣기 대본

라는 건 균형 감각이 있어야 하는 겁니다. 감정에 따라 즉흥적으로 법을 만들고 해석하는 건 위험한 겁니다. 오죽했으면 헌법보다 상위에 '국민 정서법'이 있다는 말이 나왔겠습니까?

여자: 박수연입니다. 범죄자의 인권만을 고려해서 그렇게 말하는 것은 아닙니까? 피해자의 입장은 생각해 보셨나요? 저는 청소년 대상 성범죄자의 신상 공개에 찬성합니다. 물론, 신상 공개에 반대하는 김형식 씨의 의견에도 일리가 있습니다. 범죄자 가족의 명예까지 훼손되고, 법률 해석상 인권 침해의 여지가 있다는 점도 인정합니다. 개인의 인권과 명예도 분명 중요하죠. 그러나 이것저것 가리다 보면 청소년을 대상으로 한 성범죄를 막을 수 없습니다. 여러분의 자녀들이 성범죄의 피해자라고 생각해 보십시오. 제게도 자녀가 있지만, 생각만 해도 가슴이 떨립니다. 이렇게 극악무도한 범죄를 저지른 사람의 신상 공개가 그리 큰 처벌이라고는 생각하지 않습니다. 만일 이런 방법으로도 예방이 안 된다면 더 심한 방법도 강구해야 마땅하다고 생각합니다. 청소년 대상 성범죄는 어떤 방법을 동원해서라도 뿌리를 뽑아야 합니다.

[14~15] 다음은 발표를 들려드립니다. 14번은 듣기 문항, 15번은 말하기 문항입니다.

잠을 자는 동안 꿈은 언제 꾸는 것일까요? 학자들은 수면을 렘수면 상태와 비렘수면 상태로 나눕니다. 렘수면은 잠이 깊게 들지 않아서 눈이 움직이는 상태를 말하고, 비렘수면은 잠이 깊게 들어 눈이 움직이지 않는 상태를 말합니다. 그러니까 사람은 잠이 들면 우선은 렘수면 상태에 빠지고 시간이 지날수록 비렘수면 상태에 이르게 되며, 그래프에서 보듯이 이 두 상태가 주기적으로 반복을 거듭하게 됩니다. 여기서 비렘수면 상태는 다시 4단계로 나누어 설명할 수 있는데, 1단계는 렘수면에서 비렘수면으로 넘어가는 단계로, 이때에는 이름을 부르거나 흔들어 깨우면 바로 일어나게 됩니다. 2단계부터는 깊은 잠에 빠져들기 때문에 자는 사람을 깨우기가 힘들며, 3단계와 4단계로 갈수록 점점 깊은 잠에 빠져들게 됩니다. 이 3~4단계에서는 잠든 사람을 깨우게 되면 자신이 어디에 있는지, 몇 시가 되었는지 잘 분간할 수 없을 정도입니다. 이렇게 네 단계가 한 번 끝나면 수면의 한 주기가 끝난 것으로, 보통 하루에 8시간을 잔다고 가정할 때, 이 주기는 5~6회 반복됩니다.

사람이 꿈을 꾸는 시기는 바로 한 주기가 끝나고 다음 주기가 시작되기 전입니다. 이때는 시각적으로 선명한 꿈을 꾸게 되며, 깨어나서 대부분 꿈의 내용을 기억하게 됩니다. 따라서 대부분의 사람들은 잠이 깊게 들었을 때 꿈을 꾼다고 생각하지만, 그것은 잘못 알고 있는 것입니다. 우리가 꿈인지 현실인지 잘 분간할 수 없을 때가 있는데, 꿈은 바로 깨어 있는 상태와 가장 가까운 단계에서 꾸는 것이므로, 흔히들 꿈을 꾸느라고 잠을 못 잤다고 하는 말은 우스갯소리 같지만 결국 과학적 근거가 있는 말입니다.

16 먼저 그림에 대한 강연을 들려드립니다.

이 그림은 김홍도의 「나비를 희롱하는 고양이」입니다. 한자로는 「황묘농접」이라고 하지요. 대지가 연녹색 풀로 가득 차고, 바위 밑에는 패랭이꽃이 활짝 피어난 것을 볼 수 있습니다. 봄과 여름이 교차하는 계절, 하늘과 땅이 모두 햇빛에 물들어 노란 기운이 감돕니다. 화창한 전원의 봄날, 긴 꼬리를 가진 검푸른 제비나비가 꽃을 보고 날아들었습니다. 봄빛을 닮은 주황빛 아기 고양이가 고개를 돌려 호기심이 가득한 눈으로 쳐다봅니다. 여차하면 발을 뻗어 잡아 보려는 심산인데, 이를 알아챈 나비는 딱 도망가기 좋을 만큼의 거리를 두며 날고 있는 모양새입니다. 그 모양새가 마치 고양이를 약 올리는 것 같아, 그림 제목도 「검은 나비가 고양이를 놀리다」로 바꿔야 하는 것은 아닌지 모르겠습니다. 이러한 늦봄의 평화로운 풀밭에서 일어난 작은 사건을 단원 김홍도가 화폭에 옮겼습니다. 단원이 아니라면 이런 순간을 잡아내기도 어렵고, 또 이런 점겹고 풋풋한 정취를 제대로 담아내지 못했을 것입니다. 이처럼 단원의 그림은 단순한 사실 묘사를 뛰어넘어 대상들의 상호 교감을 극대화시키고, 나아가 그림을 보는 사람을 그림 속으로 끌어들여 동화시키는 매력이 있습니다. 이 그림은 누군가의 환갑을 축하하기 위해 그린 것으로 추측이 되기도 합니다. 그런 내용을 따로 밝혀 놓지는 않았지만, 그림의 내용이 그렇기 때문입니다. 예로부터 고양이는 70세 노인을 상징하고 나비는 80세 노인을 상징합니다. 화면 중앙에 있는 패랭이꽃의 꽃말은 청춘입니다. 그 옆에 자리한 바위는 불변의 상징이고, 화면 앞쪽에 있는 제비꽃은 구부러진 꽃대의 모양새가 등긁개를 닮아 여의화(如意花)라 부릅니다. 이런 소재들의 상징성에 주목하여 이 그림을 보면, "일흔 살, 여든 살이 되도록 젊음을 변치 말고 장수하시고, 모든 일을 뜻하시는 대로 이루시기를 바랍니다."라고 읽혀집니다. 환갑을 맞은 분께는 더할 나위 없이 좋은 의미를 가진 그림입니다. 내용만 좋은 것이 아니라 그림의 정취와 아름다움이 이토록 빼어나니, 최고의 선물이 되었을 것입니다.

17 이번에는 드라마의 일부분을 들려드립니다.

남자: 바쁜 사람 불러다 놨으면 용건만 간단히 합시다.
여자: 저기…….
남자: 할 얘기 없어요? 그럼 먼저 일어나고.
여자: 그날 밤에, 당신이었어요?
남자: 뭐라구요?
여자: 내 앞에서, 우리 아버지한테 총을 겨눈 게 당신이었냐구요!
남자: 무슨 소린지 통 모르겠네요.
여자: 내 눈을 봐요.
남자: 만에 하나 내가 당신 아버지를 쐈다고 한들, 그걸 왜 당신한테 고백해야 하는 거지?
여자: 문제하고 답이 있어요.
남자: 뭐?

여자: 당신이 수현일까 하는 게 문제였는데, 답은 그렇다예요. 그치만 아무리 생각해도 풀이 과정을 모르겠어요. 당신이 왜 자꾸 숨기고 거짓말을 하는지.

남자: 나 참……. 누가 뭘 숨겼다 그래요?

여자: 그럼 시계는 왜 물어봤어요? 수현이한테 고장 난 시계 있는 거, 어떻게 알고 물어봤냐구요?

남자: 시계 안 보고 사는 사람두 있어요? 별걸 갖고 사람 귀찮게 만드네. 어이, 카운슬링 같은 거 받아 봤어요? 내가 보기에 지금 댁한테 필요한 게 딱 그건데…….

여자: 나두 내가 이상하다는 거 알아요. 그러니까 다 놓아 버리기 전에 대답해 줘요.

남자: 진짜 대책 없는 여자네. 장난 한번 쳐 봤어요. 하두 그 남자 얘기만 하니까 질투가 나서요. 그래서 장난 한번 쳐 봤다고요. 이제 됐어요?

여자: 당신……. 정말 못됐어.

남자: 그래, 나 원래 이런 놈이니까 더 이상 귀찮게 하지 마요. 그리고……. 죽은 사람은 그만 잊어버려요. 기억할수록 당신만 힘들어지잖아. 이제 와서 그깟 시계나 코끼리 조각 따위, 미련 가질 필요도 없고.

여자: 어떻게 알았어요? 아무한테도 얘기한 적 없어요. 코끼리 조각…….

18 다음은 강연을 들려드립니다.

'친구 따라 강남 간다.'는 속담이 있듯이 다른 사람들의 행동을 따라 하는 것을 심리학에서는 '동조'라고 합니다. OX 퀴즈에서 답을 잘 모를 때 더 많은 사람들이 선택하는 쪽을 따르는 것도 일종의 동조입니다.

심리학에서는 동조가 일어나는 이유를 크게 두 가지로 설명합니다. 첫째는, 사람들은 자기가 확실히 알지 못하는 일에 대해 남이 하는 대로 따라 하면 적어도 손해를 보지는 않는다고 생각한다는 것입니다. 둘째는, 어떤 집단이 그 구성원들을 이끌어 나가는 질서나 규범 같은 힘을 가지고 있을 때, 그러한 집단의 압력 때문에 동조 현상이 일어난다는 것입니다. 만약 어떤 개인이 그 힘을 인정하지 않는다면 그는 집단에서 배척당하기 쉽습니다. 이런 사정 때문에 사람들은 집단으로부터 소외되지 않기 위해서 동조를 하게 됩니다. 여기서 주목할 것은 자신이 믿지 않거나 옳지 않다고 생각하는 문제에 대해서도 동조의 입장을 취하게 된다는 것입니다.

상황에 따라서는 위의 두 가지 이유가 함께 작용하는 경우도 있습니다. 예컨대 선거에서 지지할 후보를 결정하고자 할 때, 사람들은 대개 활발하게 거리 유세를 하며 좀 더 많은 지지자들의 호응을 이끌어 내는 후보를 선택하게 됩니다. 곧 지지자들의 열렬한 태도가 다른 사람들도 그 후보를 지지하도록 이끄는 정보로 작용한 것입니다. 이때 지지자 집단의 규모가 클수록 지지를 이끌어 내는 데에 효과적으로 작용합니다.

동조는 개인의 심리 작용에 영향을 미치는 요인이 무엇이냐에 따라 그 강도가 다르게 나타납니다. 가지고 있는 정보가 부족하여 어떤 판단을 내리기 어려운 상황일수록, 자신의 판단에 대한 확신이 들지 않을수록 동조 현상은 강하게 나타납니다. 또한 집단의 구성원 수가 많고 그 결속력이 강할 때, 특정 정보를 제공하는 사람의 권위와 그에 대한 신뢰도가 높을 때에도 동조 현상은 강하게 나타납니다. 그리고 어떤 문제에 대한 집단 구성원들의 만장일치 여부도 동조에 큰 영향을 미치게 되는데, 만약 이때 단 한 명이라도 이탈자가 생기면 동조의 정도는 급격히 약화가 됩니다.

어떤 사람이 길을 건너려고 할 때 무단 횡단하는 사람들이 있으면 별 생각 없이 따라 하는 것처럼 동조 현상은 부정적인 경우에도 일어납니다. 그러나 정류장에서 차례로 줄을 서서 버스를 기다리는 모습처럼 긍정적으로 작용하는 경우도 많습니다. 또한 동조는 개인으로 하여금 정보 부족 상태에서 좀 더 나은 판단이나 선택을 할 수 있게 하는가 하면, 사회적으로는 질서를 유지하게 하는 원동력으로 작용하기도 합니다. 뿐만 아니라 붐비는 가게를 찾고, 같은 농담을 즐기며, 유행하는 옷을 선호하는 사람들의 행동 특성이나 사회 현상을 이해하는 데에도 동조는 적절한 근거를 제공해 줍니다.

19 다음은 강연을 들려드립니다.

겨울철 실내에서 화초를 기를 때는 햇빛이 많이 들어오는 창가에 두어야 합니다. 그리고 햇살이 따뜻한 날은 오후 1~2시에 창문을 열어 햇빛을 받도록 해야 합니다. 일주일에 한 번씩 화분의 방향을 돌려 햇빛을 골고루 쬘 수 있도록 하는 것도 중요합니다. 직사광선이 내리쬐면 화상을 입을 수 있기 때문에 커튼으로 가려 주는 것이 좋은데 화초는 햇빛이 모자라면 잎의 두께가 얇아지고, 반대로 너무 많이 받으면 잎이 두꺼워지면서 황록색으로 변하기 때문입니다.

또한 화초는 통풍이 잘되는 곳에 두어야 합니다. 그렇지 않은 곳이라면 하루에 한 번은 반드시 환기를 시켜야 합니다. 따뜻한 날을 잡아 10~30분간 창문을 활짝 열어 바깥 공기를 쐬도록 합니다. 화초가 시들면 양분이 모자란다고 생각하기 쉽지만 환기가 부족한 것입니다. 햇빛과 바람이 병충해를 막는 데 큰 도움이 될 것입니다.

겨울이 되면 화초는 휴면기에 들어가기 때문에 영양분이 크게 필요하지 않습니다. 반면 겨울철에 꽃을 피우는 화초는 영양제가 필요합니다. 식물 영양제나 화초 영양제는 화원이나 약국에서 구입하면 됩니다. 또는 달걀 껍데기를 말려 믹서에 갈아 가루로 만들어 화분에 적당량 뿌려 주거나, 첫 쌀뜨물을 화초에 부어 주면 천연 영양제가 됩니다. 영양제를 주었을 때는 양분이 빠져나가지 않도록 화초에 3~4일간 물을 주지 않는 것이 좋습니다. 화분의 병충해는 건조하거나, 통풍 상태가 좋지 않거나, 물을 너무 많이 주었을 때 발생합니다. 주로 잎, 뿌리에 병이 드는데 진딧물, 깍지벌레, 흙 속 굼벵이 등이 영양을 빨아먹기 때문입니다. 이런 병충해를 방지하려면 흙 소독약, 뿌리 소독약, 진딧물 살충제, 살균제 등을 매월 1회 정도 뿌려 관리해 주어야 합니다.

듣기 대본

20 다음은 시 한 편을 들려드립니다.

새벽 시내버스는
차창에 웬 찬란한 치장을 하고 달린다.
엄동 혹한일수록
선연히 피는 성에꽃
어제 이 버스를 탔던
처녀 총각 아이 어른
미용사 외판원 파출부 실업자의
입김과 숨결이
간밤에 은밀히 만나 피워 낸
번뜩이는 기막힌 아름다움
나는 무슨 전람회에 온 듯
자리를 옮겨 다니며 보고
다시 꽃이파리 하나, 섬세하고도
차가운 아름다움에 취한다.
어느 누구의 막막한 한숨이던가
어떤 더운 가슴이 토해 낸 정열의 숨결이던가
일없이 정성스레 입김으로 손가락으로
성에꽃 한 잎 지우고
이마를 대고 본다.
덜컹거리는 창에 어리는 푸석한 얼굴
오랫동안 함께 길을 걸었으나
지금은 면회마저 금지된 친구여

[21 ~ 22] 이번에는 강연을 들려드립니다. 21번은 듣기 문항, 22번은 말하기 문항입니다.

현대인은 광고에 파묻혀 산다고 말할 수 있습니다. 하루라도 접하지 않으면 살 수 없는 신문, 방송, 잡지가 광고를 홍수처럼 쏟아 내기 때문입니다. 그런데 광고는 우리의 정신세계를 공략합니다. 우리를 '생각하는 갈대'에서 '소비하는 동물'로 전락시키는 것이 광고의 궁극적 지향점입니다. 광고는 우리에게 상품의 소비가 절대 선이라는 것을 끊임없이 세뇌시킵니다. 광고의 세례를 받는 동안, 우리는 상품의 소비를 통해서 현실에 대한 불안과 공포에서 벗어나고 미래에 대한 낙관적인 전망을 가지게 됩니다.

광고의 중요한 기능 중의 하나는 상품에 대한 과학적 정보의 제공이라고 흔히 말합니다. 그러나 그런 기능을 하는 광고란 흔치 않습니다. 신문 광고는 한정된 지면 사정 때문에, 방송은 20초라는 한정된 시간 때문이라지만, 광고의 본래 기능인 상품의 바른 사용에 필요한 생활 과학적 정보는 증발하고 상품과는 상관없는 뜬구름 같은 이미지만이 너울거립니다. 어떤 특정 상품과 그 상품과 무관한 아름답고 감미로운 이미지를 결합시키는 것은 그래도 봐줄 만합니다. 왜냐하면 상품 자체에 내재되어 있는 부정적인 자질·기능·덕목 등을 긍정적인 것으로 둔갑시켜 우리의 올바른 판단을 방해하는 광고 사례도 적지 않기 때문입니다. 이러한 광고는 상품에 대한 정보를 왜곡하여 전달하는 것이라고 말할 수 있습니다.

이것보다 더 심각한 것은 광고와 기사, 또는 광고와 프로그램의 경계가 애매해져 가는 현상입니다. 특히 문제가 되는 것은 방송 프로그램에 출연하고 있는 사람들이 그 프로그램의 앞뒤 광고에서 프로그램에서 형성된 이미지를 이용하고 있고, 광고에서 획득한 이미지를 거꾸로 프로그램에 투영하는 것입니다. 이런 사례가 늘어나다 보니 프로그램과 광고의 구분이 점점 어려워지는 것입니다.

[23 ~ 24] 다음은 대화를 들려드립니다. 23번은 듣기 문항, 24번은 말하기 문항입니다.

남자: 조폭 영화들은 흥행에 성공하고, 평론가들이 좋다고 평한 영화는 흥행에 실패하는 현상에 대해 어떻게 생각해?
여자: 요즘 들어 사회상이 무척 골치 아프잖아. 그래서 영화를 고를 때 스트레스를 해소할 수 있는 것을 고르게 되는 거 아닐까?
남자: 진지하게 삶의 의미를 성찰하기보다 단순히 즐길 수 있기를 바라는 거 같아. 그래서 조폭 영화를 몇 백만이 보고 그러는 게 나는 별로더라.
여자: 조폭 영화가 흥행에 성공한 것은 그만큼 우리 영화가 발전한 증거라고 하는 평론가들도 있던데?
남자: 영화를 오락으로만 즐기려고 하는데 그게 어떻게 영화의 발전이라고 하는 거지?
여자: 영화계 사람들이 적극적으로 재미있는 영화를 만드는 게 뭐 나쁜 건 아니잖아.
남자: 이걸 우리 영화가 발전하는 모습이라고 하긴 곤란하지.
여자: 그리고 영화는 본질적으로 예술이라기보다 오락 아니야?
남자: 영화란 인간의 삶을 소재로 삶이란 무엇인가, 나의 삶은 가치 있는가 등을 생각하게 만드는 그런 예술이지.
여자: 현실도 괴로운데 영화까지 그 괴로움을 새삼 일깨워 준다면 그런 영화를 누가 보러 가겠어.
남자: 이제는 대중들도 삶을 성찰하는, 진지한 메시지가 담긴 좋은 영화를 외면해서는 안 돼. 너도 조폭 영화는 적당히 봐.
여자: 영화학과라 그런지 왜 이렇게 진지해. 밥이나 먹으러 가자.

[25 ~ 26] 다음은 강연을 들려드립니다. 25번은 듣기 문항, 26번은 말하기 문항입니다.

우리는 흔히 나무와 같은 식물이 대기 중에 이산화 탄소로 존재하는 탄소를 처리해 주는 것으로 알고 있지만, 바다 또한 중요한 역할을 합니다. 예를 들어 수없이 많은 작은 해양 생물들은 빗물에 섞인 탄소를 흡수한 후에 다른 것들과 합쳐서 껍질을 만드는 데 사용합니다. 결국 해양 생물들은 껍질에 탄소를 가두어 둠으로써 탄소가 대기 중으로 다시 증발해서 위험한 온실가스로 축적되는 것을 막아 줍니다.

이들이 죽어서 바다 밑으로 가라앉으면 압력에 의해 석회석이 되는데, 이런 과정을 통해 땅속에 저장된 탄소의 양은 대기 중에 있는 것보다 수만 배가 되는 것으로 추정됩니다. 그 석회석의 탄소는 화산 분출로 다시 대기 중으로 방출되었다가 빗물과 함께 땅으로 떨어집니다.

이 과정은 오랜 세월에 걸쳐 일어나는데, 이것이 장기적인 탄소 순환 과정입니다. 특별한 다른 장애 요인이 없다면 이 과정은 원활하게 일어나 지구의 기후는 안정을 유지할 수 있습니다.

그러나 불행하게도 인간의 산업 활동은 자연이 제대로 처리할 수 없을 정도로 많은 양의 탄소를 대기 중으로 방출합니다. 영국 기상대의 피터 쿡스에 따르면, 자연의 생물권이 우리가 방출하는 이산화 탄소의 영향을 완충할 수 있는 데에는 한계가 있기 때문에, 그 한계를 넘어서면 이산화 탄소의 영향이 더욱 증폭됩니다.

지구 온난화가 걷잡을 수 없이 일어나게 되는 것은 두려운 일입니다. 지구 온난화에 적응을 하지 못한 식물들이 한꺼번에 죽어 부패해서 그 속에 가두어져 있는 탄소가 다시 대기로 방출되면 문제는 더욱 심각해질 것이기 때문입니다.

[27~28] 이번에는 대화의 한 장면을 들려드립니다. 27번은 듣기 문항, 28번은 말하기 문항입니다.

남자: 안녕하세요. 이영수입니다. 저는 조기 유학에 찬성하는 입장입니다. 청소년의 조기 유학에 많은 문제점이 있다는 건 저도 잘 알고 있습니다. 하지만 그건 능력 없는 학생에 국한된 이야기입니다. 우리나라에서 공부 잘하고 똑똑한 아이들은 조기 유학을 가서도 성공합니다. 비록 소수라 하더라도 그 아이들이 엘리트가 되어 훗날 우리나라에 돌아와 국가와 사회에 기여할 수 있다면, 조기 유학은 실보다는 득이 많은 게 아닐까요? 물론 엘리트 위주의 교육에 거부감을 가지고 있는 사람들이 많다는 것은 잘 알고 있습니다. 하지만 사회가 유지되고 발전하기 위해서는 엘리트가 필요합니다. 우리나라의 열악한 교육 현실을 생각해 볼 때, 조기 유학은 우리 사회에 꼭 필요한 엘리트를 양성할 수 있는 좋은 방법이지요.

여자: 김선영입니다. 저는 조기 유학에 전적으로 반대하는 입장입니다. 조기 유학을 간 청소년들이 엘리트가 되어 우리나라에 돌아온다는 보장이 어디 있습니까? 오히려 인재를 해외로 유출시켜 남 좋은 일만 시킬 수도 있는 거죠. 그리고 엘리트를 양성할 수 있는 방법이 조기 유학밖에 없습니까? 우리 사회의 엘리트를 양성하는데 왜 외국에서 교육을 받아야 합니까? 무엇보다도 제가 강조하고 싶은 것은 엘리트 양성이 과연 교육의 목적이 되어야 하느냐는 것입니다. 자꾸 엘리트, 엘리트 하시는데, 청소년 시기에 가장 필요한 것은 올바른 인성을 형성하는 것입니다. 엘리트 양성과 같은 지적인 요소보다도 올바른 인성의 형성이 더 근본적인 교육의 목적이 되어야 하는 것입니다. 이 점에서 조기 유학은 보다 근본적인 문제점을 안고 있습니다.

[29~30] 다음은 발표를 들려드립니다. 29번은 듣기 문항, 30번은 말하기 문항입니다.

안녕하세요. 오늘은 물리와 우리의 일상생활에 대해 이야기해 보겠습니다. 물리를 모른다고 해서 일상생활을 못 하지는 않습니다. 다만 물리적 원리를 알고 있으면 그만큼 우리의 생활을 잘 이해할 수 있다는 거죠. 물리에 대해 거리감을 느끼시는 분들께는 쉽게 다가오지 않을 것 같은데, 적절한 사례를 들어 설명해 볼까요?

혹시, 래프팅을 해 보셨나요? 여기에도 무게 중심이라는 물리의 기본적인 법칙이 적용되죠. 이 법칙을 알면 래프팅에 대해 잘 이해할 수 있고, 래프팅을 좀 더 안전하게 즐길 수 있습니다. 무게 중심이란 물체의 각 부분에 작용하는 중력이 합해져서 작용하는 점이라고 할 수 있습니다. 물체가 가진 무게의 중간 지점으로, 쉽게 말해서 무게가 어느 쪽으로도 치우치지 않고 균형을 잡는 점이죠. 손가락 위에 공책을 올려놓으면 공책이 한쪽으로 기울며 떨어질 겁니다. 공책을 이리저리 움직이다 보면 어느 순간 공책이 떨어지지 않고 균형을 잡게 됩니다. 이때 손가락에 닿은 지점이 그 공책의 무게 중심입니다. 즉, 무게 중심을 잡으면 물체가 넘어지지 않고 수평을 이루게 됩니다.

이 무게 중심은 물체의 위치가 어떠한가와 관련이 있는데, 물체의 윗부분에 무게 중심이 있을 때는 물체가 매우 불안정한 상태가 되어 쓰러지기 쉽습니다. 하지만 무게 중심이 물체의 아래에 있을 때는 물체가 안정한 상태가 되어 잘 쓰러지지 않습니다. 무게 중심의 원리가 래프팅을 안전하게 즐길 수 있는 것과 무슨 상관이 있는 것일까요?

보트를 받쳐주는 바닥은 물이기 때문에 고정되어 있지 않고 항상 움직이고 있는 상태입니다. 그래서 사람들의 무게가 한쪽으로 쏠리면 그 방향으로 보트가 기울 수밖에 없습니다. 따라서 보트 바닥에 힘이 고르게 분포하도록 해서 보트의 균형을 유지해야 합니다. 그러기 위해서는 사람들이 보트에 골고루 앉아야 합니다. 그래야 왼쪽에 탄 사람의 무게에 의해 보트가 뒤집어지려는 힘과 오른쪽에 탄 사람의 무게에 의해 뒤집어지려는 힘이 서로 균형을 이루기 때문입니다. 그런데 어느 한쪽의 사람이 일어서게 되면 몸의 무게 중심이 위로 이동하게 되고, 그러면 그와 비례해서 보트 전체의 무게 중심이 높아져 조금만 흔들려도 보트가 쉽게 뒤집어집니다.

31 먼저 옹기에 대한 강연을 들려드립니다.

옹기는 질그릇과 오지그릇을 총칭하는 말이었으나, 근대 이후 질그릇의 사용이 급격히 줄어들면서 오지그릇을 지칭하는 말로 바뀌게 되었습니다. 옹기는 상고 시대부터 제기, 식기, 솥 등으로 광범위하게 사용되었습니다. 『삼국사기』에 의하면 신라에서는 옹기 생산을 담당하는 와기전(瓦器典)이라는 기관을 두었으며, 조선 시대에는 서울과 지방에 100여 명의 옹기장을 두었다는 기록이 있습니다. 우리는 옹기라고 하면 장독·김칫독을 떠올리게 되고, 옹기에 담긴 음식물이 신선도나 맛에서 다른 그릇보다 월등한 것을 알고 있습니다. 그 이유는 미생물의 활동을 조절해서 발효를 돕고 음식이 오래 보존되도록 하기 때문인데, 이는 옹기가 숨을 쉬기 때문입니다. 한편, 옹기는 단

열에도 뛰어나 여름철의 직사광선이나 겨울철의 한랭한 바깥 온도를 조절해 줍니다. 그리고 깨어진 옹기를 땅에 버려두고 오랜 시간이 지나면, 파편으로 남지 않고 흙으로 다시 돌아갔다가 옹기로 다시 태어나게 되는데, 이것이 옹기의 자연 환원적 특성입니다. 옹기의 이름은 그 역사만큼이나 용도에 따라 종류도 다양하고 지역마다 특징 있는 이름을 가지고 있습니다. 살림 그릇으로 사용되는 옹기의 종류를 간단히 살펴보면, 운두가 높고 중배가 부르며 키가 큰 '독', 위아래가 좁고 배가 부른 '항아리', 독보다 조금 작고 배가 부른 '중두리', 중두리보다 배가 부르고 키가 작은 '바탱이' 등이 있습니다. 이 외에도 장군·시루·촛병·확·확독·굴뚝·떡살 등 생활에 필요했던 모든 것들이 옹기로 만들어져 사용되었습니다. 그리고 알방구리·알항아리·알백이·방구리·썰단지·청단지·중단지·방퉁이·동우방퉁이·꼬맥이·맛탱이·전달이·물버지기·멍챙이·삼중단지·소락지·불백이 등 다소 촌스럽지만 구수하고 익살스러운 옹기의 이름이 지역에 따라 불리고 있습니다.

32 이번에는 드라마의 일부분을 들려드립니다.

남자: 맛있는 거 사 주고 싶은데…….
여자: 아껴 써요, 돈. 소매치기 안 당하게 조심하고.
남자: 에이, 너무한다아.
여자: (약간 우는 소리)
남자: 어어? 왜 그러지? 어머니가 도대체 무슨 짓을 한 거지?
여자: 우리 엄만 밥도 안 하고, 빨래두 안 하고, 돈도 안 벌어요. 아빠 돈을 받아서 옷 사고, 신발 사고, 문화 센터 다니고. 근데……. 아빠 사랑 받으면서 다른 남자 사랑해요. 근데, 우리 아빤 엄말, 너무너무 아껴요. 근데 엄만, 아빠를 한 번도 좋아한 적이 없대요. 어떻게 한 번도 안 좋아하죠? 같이 살면서? 웃기죠? 아빠 대신, 내가 억울해요. 얄밉죠, 우리 엄마?
남자: 청소는요?
여자: 청소도 안 해요. 우리 올케 언니가 해요. 엄만……, 아무것도 안 해요.
남자: 그건 아니다. 아무것도 안 할 수는 없다. 경이 씨 키워 주셨잖아요. 그리고 경이 씨 좋아해 주잖아요.
여자: 하지만 그건 모든 엄마들이 다 하는 거니까.
남자: 우리 엄마랑 완전 반대네? 우리 엄만 그 두 개 빼고 다 하는데. 세상에 아무것도 안 하는 사람은 없어요. 특기가 다른 거지. 어떻게 다 잘해요? 힘들게……. 아닌가?
여자: 그게 아니라…….
남자: 아빠 좋아하는구나, 경이 씨?
여자: 아니요.
남자: 근데, 왜 그래요? 아빠 쌤통이네, 뭐.
여자: (물건을 꺼내는 소리)
남자: 저기요, 내가 다른 건 뭐 시건방지게 상관하진 않을 거 같은데요. 내가 건강에 대해선 좀 알거든요? 이건 술보다 더 나쁜 거거든요? 작곡도 하고 그러는데, 머리도 나빠지잖아요. 그래서 말인데요. 그냥, 뭐. 이거요.
여자: 이게 뭐예요?
남자: 담배 피고 싶을 때마다, 그거 입에 물어요. 뭐, 해 보고 안 되면 말고요. 너무 또……. 억지로 그러면 정신병 걸리니까.
여자: 복수 씨.
남자: 네?
여자: 이렇게 계속……. 나 담배 못 피게 말려 줄래요?

33 다음은 강연을 들려드립니다.

개방 사회라는 말은 사람들이 타고난 계급이나 계층에 얽매이지 않고 개인의 능력과 노력에 따라 마음대로 진출할 수 있는 사회라는 뜻을 지니고 있습니다. 그러나 여기에서는 모두의 정보를 모두에게 개방하고 있는 사회라는 또 다른 차원의 의미가 부각됩니다. 우선 모든 집단 관계는 어느 정도의 의식적, 무의식적인 정보의 통제를 통해서 그 역할이 결정되지요. 그것이 집단 사이의 신비이며, 신비는 외경으로 이어집니다. 그러나 개방 사회에서는 모두의 정보를 공개, 전달함에 따라 지도자와 국민 사이, 어른과 아이들 사이, 남자와 여자 사이에 신비와 외경의 베일이 없어집니다. 전자 미디어 문화를 지속하는 한, 이 변질을 막을 수는 없습니다. 그리고 그 변질을 다 좋다고 할 수도 없으나, 반대로 다 나쁘다고 몰아칠 수도 없습니다. 문제는 개방으로 변질해 가는 새로운 상황에 적합한 새로운 역할들을 찾는 일입니다. 단순 정신노동에서 해방된 자유를 좀 더 인간적이고 생산적인 일에 써야 한다는 점입니다. 사람들은 컴퓨터가 할 수 없는 일을 찾아 나서야 합니다. 컴퓨터가 흉내낼 수 없는 발산적 사고를 이용한 예술적 창작과 감상, 지적인 창의와 모험, 도덕적인 재지향(再指向)과 통찰의 길을 가야 합니다. 폭발적으로 증가하는 정보의 홍수 속에서 지식을 찾아 나가야 하며, 인간관, 사회관, 세계관을 새로운 상황과 정보에 적합하게 계속적으로 재주조(再鑄造)해 나가야 합니다. 역설적으로 들릴지 모르지만, 정보 테크놀로지 시대가 될수록 인문 교육이 필수적인 것이 됩니다. 자동 장치로 가득한 전자 시대는 사람들을 기계 시대의 고역에서 해방시켜 주는 대신, 사람들을 자아실현과 사회 발전에 정신적 자원을 총동원하지 않으면 안 되게 합니다. 테크놀로지에 의한 해방은 지적 모험과 예술적 탐구의 정열도 없고, 능력도 모자라는 인간에게는 도리어 허무감을 낳고 박탈감과 반항감으로 이어질 수도 있기 때문입니다. 정보화 시대가 가져다준 해방과 자유가 우리를 위협하고 있는 셈입니다. 사람들은 수천 년 전, 떠돌아다니며 살던 유목 시절을 끝내고, 책상에 앉아 펜과 책으로 문명을 가꾸어 왔습니다. 이제, 정보 테크놀로지에 의해 인간은 다시 넓은 들판으로 떠돌아다니는 방랑자가 되었습니다. 전과는 비교도 안 되게 더 많이 알고, 더 많이 개방되고, 더 많이 해방되었기에 더 넓은 공간을 떠돌아다녀야 하는 신세가 되었습니다. 이것은 하나의 운명처럼 사람들에게 좀 더 창조적인 역할을 담당하도록 요구하고 있는 셈입니다.

34 다음은 강연을 들려드립니다.

폐로 들어가고 나가는 공기의 통로를 '기도'라 합니다. 코 또는 입에서 성대까지를 '상기도', 이보다 아래쪽에 있는 기관지를 '하기도'라 합니다. 감기는 상기도 염증 질환으로, 여기에는 급성 비인두염, 급성 후두염, 인두결막염이 포함됩니다. 하기도 염증은 기관지염, 이보다 아래쪽에 있는 폐의 염증은 폐렴이라고 합니다. 1차 의료 기관에서는 염증이 목까지 있는지, 기관지까지 침범되어 있는지가 불명확하기 때문에 통상적으로 기관지염까지 감기라고 합니다. 감기 기미가 보일 때 집에서 보온, 보습, 영양, 수면을 충분히 취하면 그대로 가라앉기도 합니다. 일찍 귀가해 땀 흘리면서 푹 자고 일어나면 그다음 날 가뿐해진 경험도 있을 것입니다. 반면, 감기로 한 달 이상 고생하기도 합니다. 이 차이를 면역력이라고 해석하기도 합니다. 과로, 과음, 수면 부족 등이 면역력을 떨어뜨린다는 점을 주의할 필요가 있습니다. 항생제가 없었던 조선 시대에는 사람들이 감기를 어떻게 관리했을까요? 그들이 일상적으로 마셨던 한방차에서 그 해답을 찾을 수 있습니다. 우선 사군자탕을 그 예로 들 수 있습니다. 인삼·백출·복령·감초 이 4가지 약물이 군자의 모습과 같다고 해서 사군자탕이라 부르는데, 이는 기를 보하는 남성 전용 한방차입니다. 반면, 여성 전용 한방차로는 사물탕이 있습니다. 사물탕은 당귀·백작약·천궁·숙지황으로 이루어진 보혈제입니다. 또한 많은 이가 알고 있는 감기 예방 한방차로는 쌍화탕을 들 수 있습니다. '쌍'은 남녀, 음양을 뜻하는 것으로 기와 혈을 모두 아우르는 처방입니다. 하나의 한약 처방이 탄생하기에는 무수한 경험 축적이 필요합니다. 첫째는 독성이 없어야 하고, 둘째는 효능이 있어야 된다는 것입니다. 어디에 좋다는 효과보다 독성이 없어야 한다는 전제 조건이 더 중요합니다. 이것은 마치 음식이 만들어지는 것과 같습니다. 예를 들면 시금치와 콩나물을 나물이라고 하여 한데 버무려 하나로 합친다면 어떻게 되겠습니까? 따라서 즐겨 마시는 한방차가 뭔가 불편함이 느껴진다면 맞지 않는다는 증거입니다.

35 다음은 시 한 편을 들려드립니다.

당신의 손끝만 스쳐도 소리 없이 열릴 돌문이 있습니다. 뭇사람이 조바심치나 굳이 닫힌 이 돌문 안에는, 석벽 난간 열두 층계 위에 이제 검푸른 이끼가 앉았습니다.

당신이 오시는 날까지는, 길이 꺼지지 않을 촛불 한 자루도 간직하였습니다. 이는 당신의 그리운 얼굴이 이 희미한 불 앞에 어리울 때까지는, 천 년이 지나도 눈 감지 않을 저의 슬픈 영혼의 모습입니다.

길숨한 속눈썹에 항시 어리운 이 두어 방울 이슬은 무엇입니까? 당신의 남긴 푸른 도포 자락으로 이 눈썹을 씻으랍니까? 두 볼은 옛날 그대로 복사꽃빛이지만, 한숨에 절로 입술이 푸르러 감을 어찌합니까?

몇 만 리 굽이치는 강물을 건너와 당신의 따슨 손길이 저의 목덜미를 어루만질 때, 그때야 저는 자취도 없이 한 줌 티끌로 사라지겠습니다. 어두운 밤하늘 허공 중천에 바람처럼 사라지는 저의 옷자락은, 눈물 어린 눈이 아니고는 보이지 못하오리다.

여기 돌문이 있습니다. 원한도 사무칠 양이면 지극한 정성에 열리지 않는 돌문이 있습니다. 당신이 오셔서 다시 천 년토록 앉아 기다리라고, 슬픈 비바람에 낡아 가는 돌문이 있습니다.

36 이번에는 강연을 들려드립니다.

보통 응급실에 가면 대기 없이 빨리 치료를 받을 수 있을 거라 생각하는데, 실제로는 그렇지 않습니다. 응급실에서는 도착한 순서대로 치료를 하는 것이 아니라 의료진이 판단해 더 응급한 환자부터 우선적으로 치료하기 때문입니다. 응급 환자로 판단되는 상황은 환자가 의식이 없거나 기도가 막혔을 때, 심한 출혈이나 가슴 통증이 있을 때, 심장 질환, 호흡 곤란, 경련, 심한 화상, 분만 등의 경우입니다. 간혹 입원을 목적으로 응급실을 이용하는 경우도 있는데 정말 응급 환자가 아니라면 외래로 내원하는 것보다 오히려 입원이 지연되거나 어려울 수 있습니다. 응급실에 갔다가 허탕을 치는 일도 있습니다. 해당 진료과가 그 병원에 없는 경우입니다. 또 다행히 치료를 받았다 해도 입원을 해야 하는데, 빈 입원실이 없는 상황이라면 다른 병원으로 옮겨야 합니다. 이런 불편을 방지하기 위해서는 어느 병원의 응급실로 가야 제대로 치료를 받을 수 있을지 미리 확인하는 것이 좋습니다. 119 구급상황관리센터 또는 129 보건복지부 콜센터에 문의하면 가까우면서 비교적 덜 붐비는 응급실을 안내받을 수 있습니다. 또 스마트폰에서 '응급의료정보제공' 앱을 내려받으면 현재 위치를 중심으로 가까운 병원의 응급실과 명절에 이용할 수 있는 병·의원·약국 정보, 응급 처치 요령 등을 언제든 손쉽게 확인할 수 있습니다. 응급실을 이용할 때는 가급적 자신이 다니고 있거나 진료를 받았던 병원을 이용하면 기존의 정보가 남아 있어 좀 더 신속하게 치료를 받을 수 있습니다. 단, 응급실은 일반적인 병원 진료에 비해 비용 부담이 큽니다. 따라서 비교적 증상이 가벼울 때는 가급적 이용을 자제하는 것이 좋습니다.

[37~38] 이번에는 드라마 속 대화를 들려드립니다. 37번은 듣기 문항, 38번은 말하기 문항입니다.

어머니: 너 방에 이게 다 뭐냐?
아들: 아, 개인 방송할 때 쓰는 장비들이에요.
어머니: 뭔 장비?
아들: 인터넷으로 개인 방송할 때 쓰는 장비들이라고요.
어머니: 그게 뭐하는 건데? 컴퓨터 앞에 앉아서 게임이나 하며 허송세월하는 거 아니야?
아들: 아니에요. 요즘 개인 방송으로 새로운 컴퓨터 관련 제품들 나오면 소개하고 그러는 거예요.

듣기 대본

어머니: 일 같지도 않은 걸 왜 붙들고 있는 거야? 얼른얼른 취업하고 일해서 방 한 칸은 마련해야 할 거 아니야!
아들: 엄마, 이런 방송이 내용이 좋아서 인기가 많아지면 일반 직장인 월급보다 훨씬 잘 벌어요.
어머니: 그래 봤자 몇 십만 원 벌다 말겠지. 이게 제대로 된 일이야? 사람이 회사에 나가 자기 자리가 있고 명함은 내밀 수 있는 직업이 있어야지.
아들: 지금은 초창기라서 저도 얼마 못 벌지만 잘되면 몇 백만 원 벌 수도 있어요. 이것도 직업이에요, 저희 또래한테는요.
어머니: 방구석에서 컴퓨터나 하는 게 도대체 뭐라고. 휴.
아들: 나중에 많이 벌면 딴말 없기예요.
어머니: 그렇게 되기나 하고 얘기해!
아들: 네에.

39 다음은 강연을 들려드립니다.

사람들은 술을 빌려 평소에는 하지 못했던 것을 합니다. 술이 얼큰히 들어가면 세상이 돈짝만 하게 보이고 평소에는 차마 하지 못했던 말이 술술 나옵니다. 사람마다 취한 뒤의 모습은 다르지만 어쨌든 평소와는 다른 모습을 보여 줍니다. 그렇다면 술에 취하면 왜 행동에 변화가 나타나는 걸까요? 쉽게 말하자면 '술에 취하는' 현상은 뇌가 알코올에 의해 교란된 상태입니다. 체내로 흡수된 알코올이 간의 처리 용량을 넘어설 경우, 남아도는 혈액 속의 알코올은 온몸으로 퍼지는데 일부는 뇌에도 도달합니다. 알코올은 뇌의 신경 세포에 존재하는 신경 전달 물질에 영향을 미치는 향정신성 약물입니다. 물론 우리의 뇌에는 알코올로부터 신경 세포를 보호하기 위해 알코올을 분해하는 효소들이 존재하기는 하지만, 분해 속도보다 술을 마시는 속도가 빠르면 영향을 받기 마련입니다. 혹시 컴퓨터 키보드에 음료수를 엎지른 적이 있으신가요? 언젠가 컴퓨터로 작업을 하던 도중 커피잔을 엎질러 키보드에 커피를 쏟은 적이 있습니다. 그랬더니 키보드가 이상하게 작동하더군요. A를 눌렀는데 S가 찍히고, '가'를 입력했는데 '5|'처럼 이상한 글자가 찍히는 것처럼 말이에요. 이는 자판 사이에 스며든 액체로 인해 자판 개개의 압력 감지 시스템과 컴퓨터 본체와의 정보 전달에 교란이 발생해 일어나는 현상입니다. 술을 많이 마시게 되면 우리의 뇌는 물을 뒤집어쓴 키보드와 비슷한 현상이 발생합니다. 뇌로 침투한 알코올은 감정 조절 중추에 영향을 미쳐 지나치게 감정적으로 만들기도 하고, 몸의 운동을 조절하는 소뇌로 흡수된 알코올은 몸을 비틀거리게 하고 똑바로 걷지 못하게 하며, 기억과 관련이 깊은 해마에 침투한 알코올은 술 마신 다음 날 자신이 무슨 일을 저질렀는지 전혀 기억하지 못하는 단기 기억 상실증을 가져올 수도 있습니다. 이 과정이 계속 반복되다 보면 알코올에 의해 신경 세포가 완전히 손상되어서 술을 마시지 않아도 기억이 툭툭 끊기는 코르사코프 증후군에 걸릴 수도 있습니다. 그중에서도 가장 무서운 것은 알코올이 호흡 중추까지 침범하는 경우로, 이는 자칫 목숨을 잃을 수도 있습니다.

[40~41] 다음은 강연을 들려드립니다. 40번은 듣기 문항, 41번은 말하기 문항입니다.

한국 화장의 역사 속으로 떠나 볼까요. 우리 조상들은 예로부터 흰색을 귀하게 여겼습니다. 희고 윤택한 피부는 고귀한 신분을 상징했기 때문에 남성도 여성도 모두 백옥 같은 피부를 만들기 위해 노력했다고 합니다. 단군 신화에서 환웅이 곰과 호랑이에게 100일 동안 햇빛을 보지 않고 쑥과 마늘을 먹게 한 것은 '사람 같은 피부'로 다시 태어난다는 의미를 갖는다는 해석도 있습니다. 고구려 고분 벽화에선 양 볼에 동그랗게 연지를 바른 여성들을 볼 수 있습니다. 백제는 피부 표현을 하얗고 연하게 하는 화장이 발달했고, 신라에서는 보다 색깔 있는 화려한 화장이 인기였다고 합니다. 특히 신라에선 남성들도 화장을 했는데, 화랑의 화장이 대표적입니다. 화랑들은 지식과 무예를 두루 갖춘 미소년들을 위주로 선발했는데 이들은 얼굴에 분을 바르고 구슬로 장식한 모자를 썼습니다. 화려한 문화 예술이 만개했던 고려 시대에는 처음으로 신분에 따라 화장법이 나뉘었습니다. 짙은 화장은 기생이 즐겨 했고, 신분이 높은 부인들은 최대한 자연스럽고 연한 화장을 즐겨 했습니다. 신분에 따른 화장법은 조선 시대에 더욱 두드러졌습니다. 조선의 기생들은 화려한 색조 화장을 즐겼지만 사대부 여인들은 최대한 본인의 얼굴 생김새를 바꾸지 않는 화장을 했습니다. 『조선왕조실록』에는 연산군이 "어찌 분칠한 것을 참 자색이라 할 수 있겠느냐? 옛사람의 시에 '분연지로 낯빛을 더럽힐까 봐 화장을 지우고서 임금을 뵙네'라 하였으니 앞으로 간택할 때는 분칠을 못 하게 명하여 그 진위를 가리게 하라."고 말했다고 기록돼 있습니다. 조선의 대표 미인을 알 수 있는 단원 신윤복의 「미인도」를 볼까요. 18세기에 그려진 「미인도」는 신윤복 최고의 작품으로 꼽힙니다. 정갈하게 땋아 올린 머리에 작고 갸름한 얼굴, 희고 고운 피부에 꽃잎을 머금은 듯 살짝 붉은 입술, 귀밑을 따라 자연스럽게 흘러내린 잔머리가 조선 여인의 아름다움을 보여 줍니다. 화장 문화의 발전은 화장품의 발전과도 연결이 됩니다. 조선 말기 명성 황후는 러시아제 화장품을 즐겨 썼다는 이야기가 전해져 오고 있습니다.

[42~43] 이번에는 대화의 한 장면을 들려드립니다. 42번은 듣기 문항, 43번은 말하기 문항입니다.

여자: 안녕하세요. 이은정입니다. 저는 고액 화폐의 발행에 반대합니다. 고액 화폐의 발행이 현실적으로 필요하다 해도, 그것이 우리 사회에 끼칠 영향을 생각하면 이 문제는 신중히 접근해야 합니다. 고액권은 수표와 달리 추적이 불가능해서 비자금 조성 등에 악용될 소지가 있습니다. 만약 고액권을 발행한다면 지금보다 음성적인 자금의 흐름이 더욱 늘어날 것입니다. 또한 고액권은 제작에 막대한 비용이 들고, 고액권이 발행되면 현금 지급기나 자판기의 센서를 완전히 바꿔야 하는데 이 비용도 엄청날 겁니다. 또 고액권을 사용하게 되면 과소비를 조장해서 인플레이션이 일어날 우려가 큽니다. 이러한 문제들을 생각하면 일상의 번거로움은 감수해야 합니다. 제 생각에는 고액권 발행으로 얻게 되는 특별한 효과가 그

리 크지 않다고 봅니다.

남자: 안녕하세요. 박은호입니다. 저는 고액 화폐의 발행에 찬성하는 입장입니다. 대개 고액권 발행을 반대하는 이유가 고액권이 부패를 확산시킬 우려가 있다는 거예요. 하지만 부패는 부패 방지 제도로 막아야지, 경제적 거래에 필요한 고액권을 발행하지 않는 것으로 막는다는 방법은 올바르지 않습니다. 그리고 5만 원권이 발행된 지 10년이 지나면서 물가는 10배, 경제 규모는 100배나 확대되었습니다. 경제적 효과를 따져 본다면 오히려 고액권 발행은 시급한 일입니다. 고액권의 초기 발행 비용은 1회용인 수표보다 더 들지만 한 번 발행하면 4년 이상 쓸 수 있어요. 우리나라에서 한 해 발행되는 10만 원권 수표가 10억 장 규모인데, 수표를 발행하고 처리하는 데 연간 6,000억이라는 비용을 쏟아붓고 있어요. 더 이상의 낭비는 막아야 합니다.

[44~45] 마지막으로 발표를 들려드립니다. 44번은 듣기 문항, 45번은 말하기 문항입니다.

지금부터 가격과 관련한 판매 전략에는 어떤 것들이 있는지 살펴보겠습니다. 먼저 흥미로운 실험을 하나 보고 가죠. 미국에서 한 실험인데요. 한 의류 회사에서 똑같은 옷을 두고 가격만 다르게 적은 세 종류의 상품 안내서를 만들었습니다. 첫 번째 안내서에는 옷의 가격을 34달러로 표시하였고, 두 번째에는 39달러로, 마지막 하나에는 44달러로 표시했지요. 그리고 이 안내서들을 무작위로 고객들에게 보냈습니다. 사람들이 가장 많이 주문한 옷은 어떤 것일까요? 자료를 보면 아시겠지만 놀랍게도 39달러로 표시된 옷이 가장 많은 주문을 받았다고 합니다. 이 실험을 한 사람들은 그 까닭을 숫자 '9'에서 찾았습니다. 네, 가격에 숫자 9가 많이 들어 있다는 점을 눈치챘을 것입니다. 과연 9는 무엇 때문에 이렇게 많이 쓰였을까요? 그 까닭은 바로 '단수 가격'을 이용한 판매 전략 때문입니다. 단수 가격이란 100원, 1,000원, 10,000원 등과 같이 딱 떨어지는 가격이 아니라, 그에 조금 못 미치는 가격을 말합니다. 예를 들어 990원, 9,900원 등이 이에 해당합니다.

그렇다면 단수 가격을 쓰는 까닭은 무엇일까요? 단수 가격이 매겨진 제품은 소비자에게 저렴하다고 인식되기 때문입니다. 예를 들어 10,000원짜리 티셔츠가 있고 9,900원짜리 티셔츠가 있다고 해 보죠. 실제 가격 차이는 100원이지만 사람들은 하나는 만 원대, 다른 하나는 천 원대의 티셔츠로 인식할 것입니다. 1,000원짜리 과자와 990원짜리 과자의 경우에도 역시 가격 차이는 10원에 지나지 않지만 천 원대와 백 원대로 구분하여 인식하는 것이죠.

가격과 관련한 판매 전략을 하나 더 소개하겠습니다. 바로 '준거 가격'을 이용한 전략입니다. 준거 가격이란 소비자가 어떤 제품을 사려고 할 때 심리적으로 적정하다고 생각하는 수준의 가격을 말하는데요, 우리가 가격이 비싼지 싼지를 평가할 때 비교 기준이 됩니다.

준거 가격을 이용한 판매 전략에는 무엇이 있을까요? 자주 사용되는 전략은 바로 정가와 할인가를 함께 표시하는 것입니다. 사진을 보면 정가 30,000원짜리 셔츠를 15,000원에 팔고 있네요. 이렇게 정가와 할인가를 함께 제시하면 소비자는 정가를 준거 가격으로 삼아 자신이 얼마만큼 저렴하게 구매하는지를 생각하게 됩니다. 이러한 까닭에 판매자는 정가와 할인가를 함께 표시해서 소비자에게 물건을 저렴하게 판매하고 있다는 것을 보여 주는 전략을 자주 사용합니다.

PART II

어휘·어법

출제비중 **30%**

공략TIP

가장 많은 수의 문항이 출제되며 정답률이 가장 낮은 영역이다. 고유어는 출제 범위가 방대하기 때문에 단기간에 성적을 올리고자 하는 수험생은 고유어를 제외한 나머지 영역에 무게를 두고 학습하는 것이 좋다. 어법은 원리를 이해하면 충분히 풀 수 있는 문항이 출제되므로 4대 어문 규정을 꼼꼼히 학습해야 한다.

II. 어휘·어법 _ 어휘 기출변형 문제

1세트

01
"염치가 없이 막된 사람."을 의미하는 고유어는?

① 노랑이　　② 만무방
③ 가납사니　　④ 농투성이
⑤ 허릅숭이

02
밑줄 친 한자어의 사전적 뜻풀이로 옳지 않은 것은?

① 그 일은 우리 소관(所管) 밖의 일이다. → 맡아 관리하는 바. 또는 그 범위.
② 이번 공연은 공전(空前)의 대성공을 거두었다. → 비교할 만한 것이 이전에는 없음.
③ 프랑스 군대는 적국의 침입에 대비해 만반(萬般)의 준비를 했다. → 마련할 수 있는 모든 것.
④ 전쟁에는 작전의 우열이 승패의 관건(關鍵)이 된다. → 어떤 사물이나 문제 해결의 가장 중요한 부분.
⑤ 아버지가 이사로 영전(榮轉)하신 후에는 얼굴도 못 뵐 만큼 바빠지셨다. → 직업이나 직무를 바꾸어 옮김.

03
밑줄 친 한자어의 쓰임이 적절하지 않은 것은?

① 이것은 선사 시대의 생활상을 재연(再演)한 전시물이다.
② 오염 문제는 이제는 도시에만 국한(局限)된 것이 아니다.
③ 그 학생은 여러 학생 가운데 발군(拔群)의 성적을 보였다.
④ 수십 년 쌓아 온 그의 아성(牙城)을 무너뜨릴 수는 없었다.
⑤ 혹시 일이 잘못되지나 않을까 하는 걱정은 기우(杞憂)였다.

04
밑줄 친 한자어의 쓰임이 적절하지 않은 것은?

① 희곡은 무대에서 구현(具現)되는 문학이다.
② 그는 가끔 필요 이상(以上)으로 친절을 베풀었다.
③ 그녀는 남편에게 결혼 생활의 불만을 토로(吐露)했다.
④ 회의 중에 상대방의 의견을 존중하는 풍조(風潮)가 마련되어야 한다.
⑤ 의장은 올림픽 대회를 유치(誘致)하기 위해 치열한 로비 활동을 벌였다.

05

밑줄 친 고유어의 뜻풀이로 적절하지 않은 것은?

① 반죽이 너무 차져서 떡 빚기가 힘들다. → 반죽이나 밥, 떡 따위가 끈기가 많아서.
② 그는 동생을 골려 놓고는 도망가기 일쑤였다. → 상대편을 놀리어 약을 올리거나 골이 나게 하여.
③ 나는 영화를 보고 무서움에 사지가 오그라들 것 같았다. → 형세나 형편 따위가 전보다 못하게 될.
④ 심마니는 오른쪽 후미진 바위 벼랑에서 산삼을 발견했다. → 물가나 산길이 휘어서 굽어 들어간 곳이 매우 깊은.
⑤ 그의 노래는 마치 오래된 흑백 사진을 보는 듯한 아련한 향수를 느끼게 한다. → 똑똑히 분간하기 힘들게 아렴풋한.

06

"어머니로부터 할머니가 위독하시다는 전문을 받았다."에 사용된 '전문'과 같은 의미는?

① 우체국에 가서 급히 전문을 보냈다.
② 오늘 신문에 선언문 전문을 게재하였다.
③ 대위는 병장이 살아 있다는 전문을 들었다.
④ 입시 전문 기관들마다 학습 전략을 쏟아 내고 있다.
⑤ 그가 온다는 전문을 듣고 솥문을 세우고 길닦이까지 하였다.

| 01 출제 유형 | 고유어의 사전적 의미
| 정답 해설 | '만무방'은 "염치가 없이 막된 사람."을 뜻하는 고유어이다.
| 오답률 줄이는 오답 해설 | ① 노랑이: 속이 좁고 마음 씀씀이가 아주 인색한 사람을 낮잡아 이르는 말.
③ 가납사니: 쓸데없는 말을 지껄이기 좋아하는 수다스러운 사람./말다툼을 잘하는 사람.
④ 농투성이: '농부'를 낮잡아 이르는 말.
⑤ 허릅숭이: 일을 실답게 하지 못하는 사람을 낮잡아 이르는 말.

| 02 출제 유형 | 한자어의 사전적 의미
| 정답 해설 | '영전(榮轉)'은 '전보다 더 좋은 자리나 직위로 옮김.'을 뜻하는 말이다. '직업이나 직무를 바꾸어 옮김.'을 뜻하는 말은 '전직(轉職)'이다.

| 03 출제 유형 | 한자어의 문맥적 의미
| 정답 해설 | '혼동하기 쉬운 한자어의 구별'과 관련된 문항이다. '재연(再演)'을 '재현(再現)'으로 바꿔야 한다.
• 재연(再演): 연극이나 영화 따위를 다시 상연하거나 상영함./한 번 하였던 행위나 일을 다시 되풀이함.
  예 그 연극은 공연이 금지된 지 삼 년 만에 재연되고 있다./현장 검증에 나선 범인은 태연히 범행을 재연했다.
• 재현(再現): 다시 나타남. 또는 다시 나타냄.
| 오답률 줄이는 오답 해설 | ② 국한(局限): 범위를 일정한 부분에 한정함.
③ 발군(拔群): 여럿 가운데에서 특별히 뛰어남.
④ 아성(牙城): 아주 중요한 근거지를 비유적으로 이르는 말.
⑤ 기우(杞憂): 앞일에 대해 쓸데없는 걱정을 함. 또는 그 걱정.

| 04 출제 유형 | 한자어의 문맥적 의미
| 정답 해설 | '풍조(風潮)'를 '풍토(風土)'로 바꿔야 한다.
• 풍조(風潮): 시대에 따라 변하는 세태.
  예 과소비 풍조./불신 풍조.
• 풍토(風土): 어떤 일의 바탕이 되는 제도나 조건을 비유적으로 이르는 말.

| 오답률 줄이는 오답 해설 | ① 구현(具現/具顯): 어떤 내용이 구체적인 사실로 나타나게 함.
② 이상(以上): 수량이나 정도가 일정한 기준보다 더 많거나 나음.
③ 토로(吐露): 마음에 있는 것을 죄다 드러내어서 말함.
⑤ 유치(誘致): 행사나 사업 따위를 이끌어 들임.

| 05 출제 유형 | 고유어의 문맥적 의미
| 정답 해설 | '오그라들다'는 '형세나 형편 따위가 전보다 못하게 되다.'라는 의미(예 살림이 오그라들다.)와 함께 '물체가 안쪽으로 오목하게 휘어져 들어가다.'라는 의미도 지닌 말이다. ③에서는 후자의 의미로 사용되었다.

| 06 출제 유형 | 어휘 간의 의미 관계(동음이의어)
| 정답 해설 | "어머니로부터 할머니가 위독하시다는 전문을 받았다."에 사용된 '전문(電文)'은 '전보의 내용이 되는 글.'을 의미한다. 이와 같은 의미를 지니는 '전문'은 ①이다. 나머지는 모두 동음이의 관계에 있다.
| 오답률 줄이는 오답 해설 | ② 전문(全文): 어떤 글에서 한 부분도 빠지거나 빠지 아니한 전체.
③ 전문(轉聞): 다른 사람을 거쳐 간접으로 들음.
④ 전문(專門/顓門): 어떤 분야에 상당한 지식과 경험을 가지고 오직 그 분야만 연구하거나 맡음. 또는 그 분야.
⑤ 전문(傳聞): 다른 사람을 통하여 전하여 들음. 또는 그런 말.

| 정답 | 01 ② 02 ⑤ 03 ① 04 ④ 05 ③ 06 ① |

07

<보기>의 ㉠~㉢에 해당하는 한자로 올바르게 묶인 것은?

보기
• 선수단의 ㉠사기가 하늘을 찌를 듯하다. • 종업원은 ㉡사기 접시에 음식을 담아 왔다. • 그는 아무것도 모르는 아이들을 상대로 ㉢사기를 쳤다.

	㉠	㉡	㉢
①	士氣	沙器	詐欺
②	士氣	詐欺	沙器
③	沙器	士氣	詐欺
④	沙器	詐欺	士氣
⑤	詐欺	沙器	士氣

08

'가로 1번'에 들어갈 단어와 반대의 의미를 지니는 말로 가장 적절한 것은?

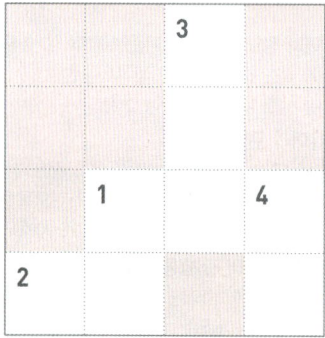

가로 열쇠
2 적이나 상대편의 힘에 눌리어 굴복함.

세로 열쇠
1 팬티나 러닝셔츠, 브래지어 따위의 기본 속옷 위에 껴입는 방한용 옷.
3 같은 뜻을 가지고 모여서 한패를 이룬 무리. 예 사물놀이 □□□에 가입하다.
4 어떤 차례의 바로 뒤.

① 밟다 ② 줍다 ③ 만들다
④ 오르다 ⑤ 태우다

09

밑줄 친 어휘의 사용이 바르지 않은 것은?

① 서로 볼맞는 사이라면 복잡한 일도 빨리 끝낼 수 있다.
② 할아버지는 동생에게 학생 신분에 알맞는 옷차림을 요구했다.
③ 고모는 신랑감으로 집안 조건이 자기와 걸맞은 남자를 찾고 있었다.
④ 총을 설맞은 멧돼지가 사납게 날뛰는 바람에 친구가 크게 다칠 뻔했다.
⑤ 그는 "때맞은 화살 하나가 화살 아홉 개를 절약한다."라고 학생들에게 말했다.

10

고유어 '만들다'와 한자어의 대응으로 적절하지 않은 것은?

① 영화를 만들다. → 제작(製作)하다.
② 법률을 만들다. → 제정(制定)하다.
③ 국어사전을 만들다. → 편찬(編纂)하다.
④ 노동조합을 만들다. → 결성(結成)하다.
⑤ 공포 분위기를 만들다. → 조직(組織)하다.

11

속담을 사용한 표현이 적절하지 않은 것은?

① '가는 날이 장날'이라고 하필 체육 대회 하는 날에 비가 왔다.
② '눈 감고 따라간다'고 이모는 문제를 다른 사람 도움 없이 능숙하게 해결했다.
③ '선무당이 사람 잡는다'고 그는 어설픈 행동을 일삼아 상대방을 곤경에 빠뜨렸다.
④ '오뉴월에도 남의 일은 손이 시리다'는 말처럼 직원은 자기 일이 아니라고 대충대충 일했다.
⑤ '눈먼 놈이 앞장선다'는 말처럼, 식견도 없는 동료가 나서서 회의에서 섣부른 발언을 했다.

12

다음 중 의미상 나머지와 유사성이 없는 것은?

① 고식지계(姑息之計)
② 고장난명(孤掌難鳴)
③ 임기응변(臨機應變)
④ 임시변통(臨時變通)
⑤ 하석상대(下石上臺)

13

〈보기〉의 ㉠~㉤을 쉬운 말로 표현한 것으로 적절하지 않은 것은?

| 보기 |

 부하 직원이지만 ㉠감수(甘水)를 다 빼먹고 나를 힘들게 하는 그녀 때문에 ㉡상오(上午)에 ㉢서안(書案)에 기대어 앉아 고민해 보았다. 관리자를 성화같이 ㉣최촉(催促)을 하여 그녀를 승진 대상에서 ㉤제척(除斥)해야겠다는 생각에 이르렀다.

① ㉠ 감수(甘水)를: 단물을
② ㉡ 상오(上午): 오후
③ ㉢ 서안(書案): 책상
④ ㉣ 최촉(催促): 재촉
⑤ ㉤ 제척(除斥): 제외

14
다음 관용구의 의미가 적절하지 않은 것은?

① '말이 나다' → 어떤 이야기가 시작되다.
② '발을 끊다' → 오가지 않거나 관계를 끊다.
③ '귀가 뚫리다' → 너무 여러 번 들어서 듣기가 싫다.
④ '눈이 높다' → 정도 이상의 좋은 것만 찾는 버릇이 있다.
⑤ '목에 거미줄 치다' → 곤궁하여 아무것도 먹지 못하는 처지가 되다.

15
밑줄 친 말을 바르게 순화하지 못한 것은?

① 요즘에는 곤색(→ 감색) 셔츠가 유행이다.
② 의사는 동생에게 입원 가료(→ 치료)를 권했다.
③ 종로에는 유명한 닭도리탕(→ 닭곰탕) 가게가 있다.
④ 스승의 날 선물로 모찌(→ 찹쌀떡)가 가득 들어왔다.
⑤ 여름에는 사시미(→ 생선회)를 조심해서 먹어야 한다.

2세트

16
밑줄 친 고유어의 뜻풀이로 적절하지 않은 것은?

① 그들은 쌍둥이지만 사뭇 다르다. → 거리낌 없이 마구.
② 하다가 말 것이라면 숫제 안 하는 것이 낫다. → 처음부터 차라리. 또는 아예 전적으로.
③ 그녀는 다 알고 있었지만 짐짓 놀라는 척했다. → 마음으로는 그렇지 않으나 일부러 그렇게.
④ 어머니는 아들에게 바투 다가가 두 손을 움켜쥐었다. → 두 대상이나 물체의 사이가 썩 가깝게.
⑤ 그 애는 성질이 급해서 작은 일에도 발끈 달아올랐다. → 사소한 일에 걸핏하면 왈칵 성을 내는 모양.

17
한자어의 사전적 뜻풀이로 옳지 않은 것은?

① 갈취(喝取): 남의 것을 강제로 빼앗음.
② 반포(頒布): 세상에 널리 퍼뜨려 모두 알게 함.
③ 괘념(掛念): 마음에 두고 걱정하거나 잊지 않음.
④ 예진(豫診): 환자의 병을 예상하여 진찰하는 일.
⑤ 갹출(醵出): 같은 목적을 위하여 여러 사람이 돈을 나누어 냄.

18
밑줄 친 한자어의 쓰임이 적절하지 않은 것은?

① 우리나라 전역(全域)에 비가 내리고 있다.
② 그 나라의 지배 논리는 건국 신화에 집약(集約)된다.
③ 장부에 누락(漏落)이 생기지 않도록 철저히 점검했다.
④ 사장은 병가를 쓴 직원에게 애도(哀悼)의 뜻을 표했다.
⑤ 그녀는 신수(身手)가 멀끔한 남자가 말을 걸자 당황했다.

19
밑줄 친 한자어의 쓰임이 적절하지 않은 것은?

① 그가 위원장으로 추대(推戴)되었다.
② 고향에서 나는 당분간 칩거(蟄居)를 각오했다.
③ 미국은 북한에게 핵 개발 동결(凍結)을 요구했다.
④ 일본에게 반환받은 문화재가 50여 년 만에 출시(出市)되었다.
⑤ 그는 자신의 치부(恥部)까지 솔직하게 말할 만큼 나를 신뢰했다.

20

밑줄 친 고유어의 쓰임이 적절하지 않은 것은?

① 아이들은 자칫 한눈팔고 해찰하기 일쑤였다.
② 비에 젖어 후줄근한 옷 때문에 나는 부끄러웠다.
③ 나를 모르는 체하는 것이 고까운 생각이 들었다.
④ 점심때까지만 해도 성기던 빗줄기가 그새 드세어졌다.
⑤ 그들은 오래 알고 지낸 사이처럼 데면데면하게 앉아 있었다.

21

〈보기〉의 ㉠~㉢에 해당하는 한자로 올바르게 묶인 것은?

― 보기 ―
- 요즘 열대야 ㉠현상 때문에 잠을 잘 수가 없다.
- 지금 같은 불경기에는 ㉡현상을 유지하는 것도 힘이 든다.
- 온 국민을 공포에 떨게 했던 사건의 용의자를 ㉢현상 수배했다.

	㉠	㉡	㉢
①	現狀	現象	懸賞
②	現狀	懸賞	現象
③	現象	現狀	懸賞
④	現象	懸賞	現狀
⑤	懸賞	現狀	現象

---

14 출제 유형 속담, 한자 성어, 관용구
| 정답 해설 | '귀가 뚫리다'는 '말을 알아듣게 되다.'라는 의미를 지닌 관용구이다. '너무 여러 번 들어서 듣기가 싫다.'라는 의미의 관용구는 '귀(가) 아프다'이다.

15 출제 유형 순화어
| 정답 해설 | '닭도리탕'은 '닭볶음탕'으로 순화해서 사용해야 한다. 참고로 '닭곰탕'은 닭을 오래 끓여서 진하게 국물을 우려낸 음식이다.

16 출제 유형 고유어의 사전적 의미
| 정답 해설 | ①에서 '사뭇'은 '아주 딴판으로.'라는 의미로 사용되었다.

17 출제 유형 한자어의 사전적 의미
| 정답 해설 | '예진(豫診)'은 '환자의 병을 자세하게 진찰하기 전에 미리 간단하게 진찰하는 일. 또는 그렇게 하는 진찰.'을 뜻하는 말이다.

18 출제 유형 한자어의 문맥적 의미
| 정답 해설 | 제시된 한자어가 문맥에 맞게 바르게 사용되었는지를 묻는 문항이다.
'애도(哀悼)'는 '사람의 죽음을 슬퍼함.'을 뜻하는 말이다. 문맥상 병가를 쓴 직원이 사망한 상황이 아니므로 '애도'라는 단어를 쓴 것은 적절하지 않다.
| 오답률 줄이는 오답 해설 | ① 전역(全域): 어느 지역의 전체.
② 집약(集約): 한데 모아서 요약함.
③ 누락(漏落): 기입되어야 할 것이 기록에서 빠짐. 또는 그렇게 되게 함.
⑤ 신수(身手): 용모와 풍채를 통틀어 이르는 말.

19 출제 유형 한자어의 문맥적 의미
| 정답 해설 | '출시(出市)'를 '전시(展示)'로 바꿔야 한다.
- 출시(出市): 상품이 시중에 나옴. 또는 상품을 시중에 내보냄.
- 전시(展示): 여러 가지 물품을 한곳에 벌여 놓고 보임.

| 오답률 줄이는 오답 해설 | ① 추대(推戴): 윗사람으로 떠받듦.
② 칩거(蟄居): 나가서 활동하지 아니하고 집 안에만 틀어박혀 있음.
③ 동결(凍結): 사업, 계획, 활동 따위가 중단됨. 또는 그렇게 함.
⑤ 치부(恥部): 남에게 드러내고 싶지 아니한 부끄러운 부분.

20 출제 유형 고유어의 문맥적 의미
| 정답 해설 | '데면데면하다'는 '사람을 대하는 태도가 친밀감이 없이 예사롭다.'라는 뜻이다. 따라서 ⑤는 문맥상 고유어의 쓰임이 어색하다.
| 오답률 줄이는 오답 해설 | ① 해찰하다: 일에는 마음을 두지 아니하고 쓸데없이 다른 짓을 하다.
② 후줄근하다: 옷이나 종이 따위가 약간 젖거나 풀기가 빠져 아주 보기 흉하게 축 늘어져 있다.
③ 고깝다: 섭섭하고 야속하여 마음이 언짢다.
④ 성기다: 물건의 사이가 뜨다.

21 출제 유형 한자어 표기와 병기
| 정답 해설 | ㉠ 현상(現象): 인간이 지각할 수 있는, 사물의 모양과 상태.
㉡ 현상(現狀): 나타나 보이는 현재의 상태.
㉢ 현상(懸賞): 무엇을 모집하거나 구하거나 사람을 찾는 일 따위에 현금이나 물품 따위를 내걺. 또는 그 현금이나 물품.

정답 14 ③ 15 ③ 16 ① 17 ④ 18 ④ 19 ④ 20 ⑤ 21 ③

22

"강물만이 변함이 없어 인간사의 부침도 아랑곳없이 흐름을 그치지 않았다."에 사용된 '부침'과 같은 의미는?

① 낮에는 전어나 부침 같은 특별한 반찬을 만들어 먹었다.
② 친구에게 공들여 쓴 편지가 어찌 된 영문인지 부침되고 말았다.
③ 올림픽에서 금메달을 땄던 그는 예선에 탈락하면서 또 부침을 겪게 되었다.
④ 바다에서 무리하게 수영 실력을 자랑하다 부침을 하던 그는 겨우 구조되었다.
⑤ 악독하기로 소문난 이장은 기존에 농사하던 사람들에게 부침을 주지 않았다.

23

단어 간의 의미 관계를 고려할 때, 〈보기〉의 ⊙과 ⓒ에 들어갈 수 있는 말을 바르게 묶은 것은?

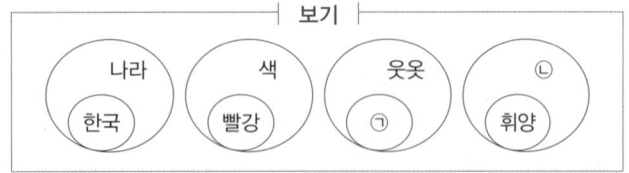

	⊙	ⓒ
①	치마	국기
②	치마	모자
③	마고자	국기
④	마고자	모자
⑤	저고리	국기

24

〈보기〉의 ⓐ와 ⓑ에 들어갈 자음으로 적절한 것은?

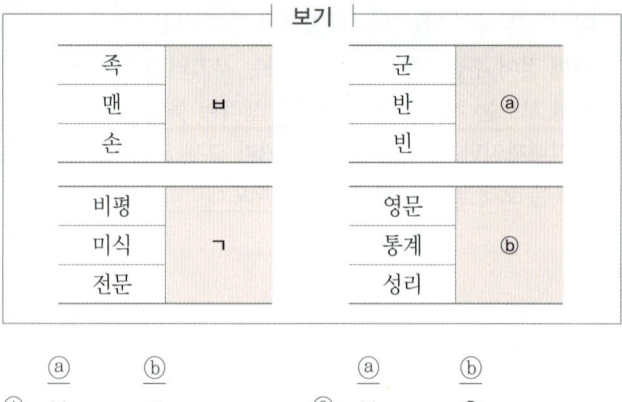

	ⓐ	ⓑ		ⓐ	ⓑ
①	ㅁ	ㅍ	②	ㅁ	ㅎ
③	ㅂ	ㅍ	④	ㅂ	ㅎ
⑤	ㅎ	ㅂ			

25

다음 중 한자어와 고유어의 대응으로 적절하지 않은 것은?

① 주주는 소유 주식 1주에 대하여 동일(同一)한[같은] 권리를 가진다.
② 경찰은 팔뚝에 완장을 착용(着用)한[찬] 채 거리를 활보하곤 했다.
③ 오늘까지 수출품들을 모두 미국행 배에 탑재(搭載)해야[태워야] 한다.
④ 80세가 되어 지나온 세월을 회고(回顧)하니[뒤돌아보니] 감회가 남달랐다.
⑤ 대중이 우매(愚昧)하다고[어리석다고] 말했던 그녀는 결국 선거에서 낙선하였다.

26

속담을 사용한 표현이 적절하지 <u>않은</u> 것은?

① 그녀는 <u>개밥에 도토리</u>처럼 혼자 멀리 떨어져 있었다.
② 남편은 <u>꾸어다 놓은 보릿자루</u>처럼 자리에 가만히 앉아 있었다.
③ <u>비 온 뒤에 땅이 굳어진다</u>고 시험에 떨어졌다고 낙담할 필요가 없다.
④ 자꾸 지각하면 <u>가는 토끼 잡으려다 잡은 토끼 놓치는</u> 상황에 처한다.
⑤ <u>가는 손님은 뒤꼭지가 예쁘다</u>고 식당이 바빠 보여 자리에서 얼른 일어났다.

27

'뽕나무밭이 변하여 푸른 바다가 된다.'라는 뜻으로, 세상일의 변천이 심함을 비유적으로 이르는 말은?

① 견마지로(犬馬之勞)
② 괄목상대(刮目相對)
③ 권토중래(捲土重來)
④ 상전벽해(桑田碧海)
⑤ 악전고투(惡戰苦鬪)

---

22 출제 유형 어휘 간의 의미 관계(동음이의어와 다의어)
| 정답 해설 | 발문에 제시된 '부침(浮沈)'은 '세력 따위가 성하고 쇠함을 비유적으로 이르는 말.'이다. 이와 같은 의미인 것은 ③의 '부침'이다.
| 오답률 줄이는 오답 해설 | ① 부침: 기름에 부셔서 만드는 빈대떡, 저냐, 누름적, 전병(煎餠) 따위의 음식. 발문에 제시된 '부침'과는 동음이의 관계이다.
② 부침(浮沈): 편지가 받아 볼 사람에게 이르지 못하고 도중에서 없어짐. 발문에 제시된 '부침'과는 다의 관계이다.
④ 부침(浮沈): 물 위에 떠올랐다 물속에 잠겼다 함. 발문에 제시된 '부침'과는 다의 관계이다.
⑤ 부침: 논밭을 갈아서 농사를 짓는 일. 또는 그렇게 농사를 짓는 땅. 발문에 제시된 '부침'과는 동음이의 관계이다.

23 출제 유형 어휘 간의 의미 관계
| 정답 해설 | 〈보기〉의 단어는 모두 상하 관계를 나타내고 있다. '웃옷'의 하위어에는 '마고자, 저고리'가 있다. '휘양'은 추울 때 머리에 쓰던 모자의 일종이므로, '모자'의 하위어이다.

24 출제 유형 어휘 간의 의미 관계
| 정답 해설 | 뒤에 올 수 있는 단어의 초성을 찾는 문항이다. '족, 맨, 손'은 '발'과 연결되고, '비평, 미식, 전문'은 '가'와 연결된다. ⓐ는 '말' ⓑ는 '학'과 연결된다. 따라서 'ㅁ, ㅎ'이 정답이다.

25 출제 유형 어휘 간의 의미 관계
| 정답 해설 | '탑재(搭載)하다'는 '배, 비행기, 차 따위에 물건을 싣다.'를 뜻한다. 따라서 이에 대응하는 고유어로는 '물체나 사람을 옮기기 위하여 탈것, 수레, 비행기, 짐승의 등 따위에 올리다.'를 뜻하는 '싣다'가 적절하다. '태우다'는 '탈것이나 짐승의 등 따위에 몸을 얹게 하다.'라는 뜻으로, 제시된 문맥에서는 적절하지 않다.

26 출제 유형 속담, 한자 성어, 관용구
| 정답 해설 | '가는 토끼 잡으려다 잡은 토끼 놓친다'는 '지나치게 욕심을 부리다가 이미 차지한 것까지 잃어버리게 됨을 비유적으로 이르는 말.'이다. 지각하는 상황과는 어울리지 않는다.
| 오답률 줄이는 오답 해설 | ① 개밥에 도토리: 개는 도토리를 먹지 아니하기 때문에 밥 속에 있어도 먹지 아니하고 남긴다는 뜻에서, 따돌림을 받아서 여럿의 축에 끼지 못하는 사람을 비유적으로 이르는 말.
② 꾸어다 놓은 보릿자루: 여럿이 모여 이야기하는 자리에서 아무 말도 하지 않고 한옆에 가만히 있는 사람을 비유적으로 이르는 말.
③ 비 온 뒤에 땅이 굳어진다: 비에 젖어 질척거리던 흙도 마르면서 단단하게 굳어진다는 뜻으로, 어떤 시련을 겪은 뒤에 더 강해짐을 비유적으로 이르는 말.
⑤ 가는 손님은 뒤꼭지가 예쁘다: 손님 대접하기가 어려운 터에 손님이 속을 알아주어 빨리 돌아가니 고맙게 여긴다는 것을 비유적으로 이르는 말.

27 출제 유형 속담, 한자 성어, 관용구
| 정답 해설 | '상전벽해(桑田碧海)'는 '뽕나무밭이 변하여 푸른 바다가 된다는 뜻으로, 세상일의 변천이 심함을 비유적으로 이르는 말.'이다.
| 오답률 줄이는 오답 해설 | ① 견마지로(犬馬之勞): 개나 말 정도의 하찮은 힘이라는 뜻으로, 윗사람에게 충성을 다하는 자신의 노력을 낮추어 이르는 말.
② 괄목상대(刮目相對): 눈을 비비고 상대편을 본다는 뜻으로, 남의 학식이나 재주가 놀랄 만큼 부쩍 늚을 이르는 말.
③ 권토중래(捲土重來): 땅을 말아 일으킬 것 같은 기세로 다시 온다는 뜻으로, 한 번 실패하였으나 힘을 회복하여 다시 쳐들어옴을 이르는 말.
⑤ 악전고투(惡戰苦鬪): 매우 어려운 조건을 무릅쓰고 힘을 다하여 고생스럽게 싸움.

정답 22 ③ 23 ④ 24 ② 25 ③ 26 ④ 27 ④

28
다음 관용구의 의미가 적절하지 않은 것은?

① '벽을 쌓다' → 서로 사귀던 관계를 끊다.
② '귀신이 곡하다' → 뜻밖이어서 그 속내를 알 수 없다.
③ '머리를 내밀다' → 어른처럼 생각하거나 판단하게 되다.
④ '이가 갈리다' → 몹시 화가 나거나 분을 참지 못하여 독한 마음이 생기다.
⑤ '장단을 맞추다' → 남의 기분이나 비위를 맞추기 위하여 말이나 행동을 하다.

29
다음 말을 쉬운 말로 표현한 것으로 적절하지 않은 것은?

① 시방(時方): 지금
② 전횡(專橫): 독점
③ 착수(着手): 시작
④ 호출(呼出): 부름
⑤ 수피(樹皮): 나무껍질

30
밑줄 친 표현을 바르게 순화하지 못한 것은?

① 노인은 복지관 라운지(→ 휴게실)에서 친구들과 커피를 마셨다.
② 우리 스타일리스트(→ 맵시가꿈이) 덕분에 세계적으로 성공했어.
③ 요즘 기업들은 인플루언서(→ 영향력자)에게 협찬을 많이 제공한다.
④ 친구는 매일 야근을 하자 번아웃 증후군(→ 탈수 증후군)에 시달렸다.
⑤ 내일이 론칭 쇼(→ 신제품 발표회)니까 실수하지 않게 준비를 철저히 하자.

3세트

31
밑줄 친 고유어의 뜻풀이로 적절하지 않은 것은?

① 나는 끓어오르는 부아를 꾹 참았다. → 노엽거나 분한 마음.
② 그는 집안을 아주 결딴을 내려고 했다. → 살림이 망하여 거덜 난 상태.
③ 이 일은 골치를 썩는다고 해결될 일이 아니다. → 사람의 '치아'를 속되게 이르는 말.
④ 그는 어릴 적부터 음식에 가탈이 심했다. → 이리저리 트집을 잡아 까다롭게 구는 일.
⑤ 이틀간의 말미를 얻어 증거를 찾으려고 했다. → 일정한 직업이나 일 따위에 매인 사람이 다른 일로 말미암아 얻는 겨를.

32
밑줄 친 한자어의 사전적 뜻풀이로 옳지 않은 것은?

① 가격을 10%는 인상해야 수지(收支)가 맞는 장사가 된다. → 편리하고 유익함.
② 무서운 얘기를 듣고 나는 모골(毛骨)이 오싹해졌다. → 털과 뼈를 아울러 이르는 말.
③ 선생님 덕분(德分)에 대학 생활을 무사히 마칠 수 있었습니다. → 베풀어 준 은혜나 도움.
④ 그는 귀공자다운 면모(面貌)를 풍기는 사람이었다. → 사람이나 사물의 겉모습. 또는 그 됨됨이.
⑤ 빗소리가 나의 심금(心琴)을 미묘하게 휘저었다. → 외부의 자극에 따라 미묘하게 움직이는 마음을 비유적으로 이르는 말.

33

밑줄 친 한자어의 쓰임이 적절하지 않은 것은?

① 거기에 대한 대책은 벌써 강구(講究) 중이다.
② 꿀밤 맞은 이마 부분이 툭 돌출(突出)되었다.
③ 국민은 헌법을 준수(遵守)해야 할 의무를 지닌다.
④ 친구들은 돌아가신 선생님의 축수(祝壽)를 기원했다.
⑤ 논문 작성을 위해 학계의 연구 동향(動向)을 파악해야 한다.

34

밑줄 친 한자어의 쓰임이 적절하지 않은 것은?

① 벼를 심었지만 가뭄 때문에 낭패(狼狽)를 당했다.
② 사장은 그 언론사의 왜곡(歪曲) 보도에 화를 냈다.
③ 이번 협상에는 수많은 변수가 개재(介在)되어 있었다.
④ 그 선수는 컨디션 조율(調律)에 실패하여 중도에 탈락했다.
⑤ 점심시간을 자기 계발(啓發)에 활용하는 직장인들이 많다.

---

28 출제 유형 속담, 한자 성어, 관용구
정답 해설 '머리를 내밀다'는 '어떤 자리에 모습을 나타내다.'라는 의미를 지닌 관용구이다. '어른처럼 생각하거나 판단하게 되다.'의 뜻을 지닌 관용구는 '머리(가) 굵다'이다.

29 출제 유형 순화어
정답 해설 '전횡(專橫)'은 '권세를 혼자 쥐고 제 마음대로 함.'을 뜻하고 '독점(獨占)'은 '혼자서 모두 차지함.'을 뜻하므로 '독점'으로 표현한 것은 적절하지 않다.

30 출제 유형 순화어
정답 해설 '번아웃 증후군'은 '의욕적으로 일에 몰두하던 사람이 극도의 신체적·정신적 피로감을 호소하며 무기력해지는 현상.'을 의미하므로, '탈진 증후군'으로 순화하여 사용하는 것이 적절하다.

31 출제 유형 고유어의 사전적 의미
정답 해설 '골치'는 '머리' 또는 '머릿골'을 속되게 이르는 말이다.

32 출제 유형 한자어의 사전적 의미
정답 해설 '수지(收支)'는 '거래 관계에서 얻는 이익.'이라는 의미를 지닌 말이다. '편리하고 유익함.'이라는 의미를 지닌 말은 '편익(便益)'이다.

33 출제 유형 한자어의 문맥적 의미
정답 해설 제시된 한자어가 문맥에 맞게 사용되었는지를 묻는 문항이다. '축수(祝壽)'는 '오래 살기를 빎.'이라는 뜻이므로, 이미 돌아가신 분에게 '축수'라는 단어를 쓰는 것은 적절하지 않다.

| 오답률 줄이는 오답 해설 | ① 강구(講究): 좋은 대책과 방법을 궁리하여 찾아내거나 좋은 대책을 세움.
② 돌출(突出): 쑥 내밀거나 불거져 있음.
③ 준수(遵守): 전례나 규칙, 명령 따위를 그대로 좇아서 지킴.
⑤ 동향(動向): 사람들의 사고, 사상, 활동이나 일의 형세 따위가 움직여 가는 방향.

34 출제 유형 한자어의 문맥적 의미
정답 해설 '조율(調律)'을 '조절(調節)'로 바꿔야 한다.
• 조율(調律): 문제를 어떤 대상에 알맞거나 마땅하도록 조절함을 비유적으로 이르는 말.
  예 사전 조율./두 집안의 갈등에 조율이 필요하다.
• 조절(調節): 균형이 맞게 바로잡음. 또는 적당하게 맞추어 나감.

| 오답률 줄이는 오답 해설 | ① 낭패(狼狽): 계획한 일이 실패로 돌아가거나 기대에 어긋나 매우 딱하게 됨.
② 왜곡(歪曲): 사실과 다르게 해석하거나 그릇되게 함.
③ 개재(介在): 어떤 것들 사이에 끼여 있음.
⑤ 계발(啓發): 슬기나 재능, 사상 따위를 일깨워 줌.

정답 28 ③ 29 ② 30 ④ 31 ③ 32 ① 33 ④ 34 ④

35
밑줄 친 고유어의 쓰임이 적절하지 않은 것은?

① 맵짠 반찬으로 밥을 먹었더니 물이 많이 먹힌다.
② 아내는 규모 있고 살뜰하게 살림을 꾸려 나간다.
③ 걱센 생김새와는 달리 마음씨는 매우 여린 사람이었다.
④ 동생은 늦되었는지 다른 사람들보다 일찍 글을 깨쳤다.
⑤ 부상을 당해서 이지러진 것은 한쪽 귀와 그 언저리였다.

36
<보기>의 빈칸에 공통으로 들어갈 단어의 기본형으로 가장 적절한 것은?

보기
• 신문에 시험의 합격자 발표가 (　　).
• 그는 엉덩이에 종기가 (　　) 부끄러웠다.
• 언니의 예쁜 얼굴에 샘이 (　　) 것은 사실이다.

① 나다　② 솟다　③ 나오다
④ 생기다　⑤ 실리다

37
'가로 2번'에 들어갈 단어와 유사한 의미를 지니는 말로 가장 적절한 것은?

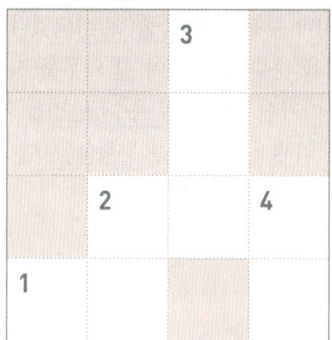

> **가로 열쇠**
> 1 상행위 또는 그 밖의 영리 행위를 목적으로 하는 사단 법인.
>
> **세로 열쇠**
> 2 고맙게 여김. 또는 그런 마음. 예 □□의 마음을 전하다.
> 3 괘종시계 따위에 매달린 추.
> 4 주로 부엌 위에 이 층처럼 만들어서 물건을 넣어 두는 곳. 보통 출입구는 방 쪽에 있다.

① 가르다　② 놓치다　③ 드러내다
④ 붙이다　⑤ 숨기다

38
단어 간의 의미 관계를 고려할 때, <보기>의 ㉠과 ㉡에 들어갈 수 있는 말을 바르게 묶은 것은?

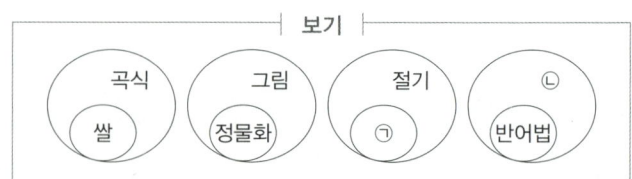

	㉠	㉡
①	경칩	수사법
②	계절	수사법
③	계절	역설법
④	입춘	역설법
⑤	청명	은유법

39
밑줄 친 두 말의 의미 관계가 '동음이의(同音異義)'에 해당하지 않는 것은?

① 수레를 뒤에서 밀다. / 만두피를 밀다.
② 종이배가 물에 뜨다. / 고향에서 뜨다.
③ 담배를 물다. / 주인에게 외상값을 물다.
④ 손에 기름이 묻다. / 밥을 아랫목에 묻다.
⑤ 벼루에 먹을 갈다. / 책임자를 전문가로 갈다.

40
〈보기〉의 ㉠~㉤ 중, 나머지와 품사가 다른 것은?

┤ 보기 ├

- 방 안에 사람이 ㉠있다.
- 그는 ㉡있는 집 자식이다.
- 나는 신이 ㉢있다고 믿는다.
- 앞으로 사흘만 ㉣있으면 추석이다.
- 오늘 회식이 ㉤있으니 모두 참석하세요.

① ㉠   ② ㉡   ③ ㉢
④ ㉣   ⑤ ㉤

| 35 출제 유형 | 고유어의 문맥적 의미
| 정답 해설 | '늦되다'는 '나이에 비해 발육이 늦거나 철이 늦게 들다.'라는 뜻이다. 따라서 ④는 문맥상 어색하다.
| 오답률 줄이는 오답 해설 | ① 맵짜다: 음식의 맛이 맵고 짜다.
② 살뜰하다: 일이나 살림을 매우 정성스럽고 규모 있게 하여 빈틈이 없다.
③ 억세다: 몸이 굳고 억세다.
⑤ 이지러지다: 한쪽 귀퉁이가 떨어져 없어지다.

| 36 출제 유형 | 단어의 기본형
| 정답 해설 | 〈보기〉의 빈칸에 공통으로 들어갈 수 있는 단어의 기본형은 '나다'이다.
- 신문에 시험의 합격자 발표가 났다. → 이름이나 소문 따위가 알려지다.
- 그는 엉덩이에 종기가 나서 부끄러웠다. → 신체 표면이나 땅 위에 솟아나다.
- 언니의 예쁜 얼굴에 샘이 난 것은 사실이다. → 흥미, 짜증, 용기 따위의 감정이 일어나다.
| 오답률 줄이는 오답 해설 | 각각의 선지를 〈보기〉의 문장에 대입했을 때, ②는 첫째 문장, ③은 셋째 문장, ④는 첫째 문장, ⑤는 둘째, 셋째 문장에서 쓰이기 어려운 것을 알 수 있다.

| 37 출제 유형 | 어휘 간의 의미 관계
| 정답 해설 | 가로 1번은 '회사', 세로 2번은 '감사', 세로 3번은 '시계추', 세로 4번은 '다락'이다. 따라서 가로 2번에 들어갈 단어는 '감추다'이다. '감추다'는 '남이 보거나 찾아내지 못하도록 가리거나 숨기다.'라는 뜻이다. '숨기다'는 '감추어 보이지 않게 하다.'라는 뜻으로, '감추다'와 유사한 의미를 지닌다.

| 38 출제 유형 | 어휘 간의 의미 관계
| 정답 해설 | 〈보기〉의 단어는 모두 상하 관계를 나타내고 있다. '절기'의 하위어에는 '경칩, 입춘, 청명' 등이 있다. '반어법'은 '수사법'의 일종이므로, '수사법'의 하위어이다.

| 39 출제 유형 | 어휘 간의 의미 관계
| 정답 해설 | '수레를 뒤에서 밀다.'의 '밀다'는 '일정한 방향으로 움직이도록 반대쪽에서 힘을 가하다.'라는 의미이고, '만두피를 밀다.'의 '밀다'는 '눌러서 얇게 펴다.'라는 의미이다. 따라서 두 단어는 서로 의미적 연관성이 있는 다의 관계에 해당한다.
| 오답률 줄이는 오답 해설 | ② '종이배가 물에 뜨다.'의 '뜨다'는 '물속이나 지면 따위에서 가라앉거나 내려앉지 않고 물 위나 공중에 있거나 위쪽으로 솟아오르다.'라는 의미이고, '고향에서 뜨다.'의 '뜨다'는 '다른 곳으로 가기 위하여 있던 곳에서 다른 곳으로 떠나다.'라는 의미이므로 서로 의미적 연관성이 없다.
③ '담배를 물다.'의 '물다'는 '윗니나 아랫니 또는 양 입술 사이에 끼운 상태로 떨어지거나 빠져나가지 않도록 다소 세게 누르다.'라는 의미이고, '주인에게 외상값을 물다.'의 '물다'는 '갚아야 할 것을 치르다.'라는 의미이므로 서로 의미적 연관성이 없다.
④ '손에 기름이 묻다.'의 '묻다'는 '가루, 풀, 물 따위가 그보다 큰 다른 물체에 들러붙거나 흔적이 남게 되다.'라는 의미이고, '밥을 아랫목에 묻다.'의 '묻다'는 '물건을 흙이나 다른 물건 속에 넣어 보이지 않게 쌓아 덮다.'라는 의미이므로 서로 의미적 연관성이 없다.
⑤ '벼루에 먹을 갈다.'의 '갈다'는 '먹을 풀기 위하여 벼루에 대고 문지르다.'라는 의미이고, '책임자를 전문가로 갈다.'의 '갈다'는 '어떤 직책에 있는 사람을 다른 사람으로 바꾸다.'라는 의미이므로, 서로 의미적 연관성이 없다.

| 40 출제 유형 | 어휘 간의 의미 관계
| 정답 해설 | '있다'는 동사와 형용사로 쓰인다. ㉣은 '얼마의 시간이 경과하다.'라는 뜻을 나타내는 동사이다.
| 오답률 줄이는 오답 해설 | ①, ②, ③, ⑤ 모두 형용사이다.

| 정답 | 35 ④ 36 ① 37 ⑤ 38 ① 39 ① 40 ④

41

〈보기〉의 ㉠~㉢에 해당하는 한자로 올바르게 묶인 것은?

보기
• 홍수로 무너진 벽을 ㉠보수했다. • 의사들은 대체로 높은 ㉡보수를 받는다. • 요즘 우리나라는 ㉢보수와 진보의 대립이 심하다.

	㉠	㉡	㉢
①	補修	保守	報酬
②	補修	報酬	保守
③	報酬	保守	補修
④	報酬	補修	保守
⑤	保守	報酬	補修

42

밑줄 친 말의 한자 병기가 잘못된 것은?

① 그는 우리의 내방(內訪)을 퍽 반겨 주었다.
② 이야기가 이제 발전(發展) 단계로 접어들었다.
③ 그녀의 회사는 이미 질서 있게 체계(體系)가 잡혀 있었다.
④ 졸업생들은 장래(將來)를 걱정하느라 삼삼오오 모여 있었다.
⑤ 약속 시간을 어기는 것은 절대로 용납(容納)이 되지 않는다.

43

'잊지 않고 은혜를 갚음.'을 의미하는 한자 성어끼리 묶인 것은?

① 각골난망(刻骨難忘), 결초보은(結草報恩)
② 각골난망(刻骨難忘), 다기망양(多岐亡羊)
③ 결초보은(結草報恩), 절차탁마(切磋琢磨)
④ 다기망양(多岐亡羊), 대기만성(大器晚成)
⑤ 절차탁마(切磋琢磨), 환골탈태(換骨奪胎)

44

각 한자 성어와 유사한 의미를 가진 속담으로 볼 수 없는 것은?

① 주마가편(走馬加鞭): 수박 겉 핥기
② 설상가상(雪上加霜): 기침에 재채기
③ 좌정관천(坐井觀天): 우물 안 개구리
④ 유유상종(類類相從): 검둥개는 돼지 편
⑤ 오십보백보(五十步百步): 도토리 키 재기

45

밑줄 친 말을 바르게 순화하지 못한 것은?

① 그는 팁(→ 봉사료)으로 만 원을 주었다.
② 그녀는 늘 핀트(→ 화제)에 어긋나는 말을 했다.
③ 오빠는 짝사랑에게 무데뽀(→ 막무가내)로 매달렸다.
④ 머리가 빠지자 어머니는 흑태(→ 검정콩)를 먹기 시작했다.
⑤ 고급 식당에 가자 발레파킹(→ 대리주차)을 해 주는 사람이 있었다.

4세트

46
밑줄 친 고유어의 뜻풀이로 적절하지 않은 것은?

① 할머니는 손녀가 사내처럼 성격이 괄괄해서 걱정이었다.
→ 자주 덤벙거려 실수가 잦아서.
② 그들은 서로 서름해서 아무 말도 하지 않고 있었다. → 남과 가깝지 못하고 사이가 조금 서먹해서.
③ 등 뒤가 섬뜩해서 돌아보자 사내가 나를 노려보고 있었다. → 갑자기 소름이 끼치도록 무섭고 끔찍해서.
④ 그는 자신의 마음을 들킨 것이 머쓱해서 웃고 말았다. → 무안을 당하거나 흥이 꺾여 어색하고 열없어서.
⑤ 동네 사람들이 약간씩 추렴해서 혼자 사는 할머니를 도와 드리기로 했다. → 여럿이 각각 얼마씩의 돈을 내어 거두어.

47
밑줄 친 한자어의 사전적 뜻풀이로 옳지 않은 것은?

① 할아버지께서는 숙환(宿患)으로 고생하시다가 별세하셨다. → 오래 묵은 병.
② 전자 상가에는 수많은 전자 제품이 구비(具備)되어 있었다. → 있어야 할 것을 빠짐없이 다 갖춤.
③ 합법적인 선거 홍보물은 각 가정으로 배포(配布)될 수 있다. → 신문이나 책자 따위를 널리 나누어 줌.
④ 그녀는 생을 포기한 듯이 세상을 냉소(冷笑)하면서 마구 독설을 뱉어 냈다. → 쌀쌀한 태도로 비웃음. 또는 그런 웃음.
⑤ 조금이라도 공사의 진척(進陟)을 빠르게 하려고 많은 노력을 기울이고 있다. → 새로운 영역, 운명, 진로 따위를 처음으로 열어 나감.

---

41 출제 유형 한자어 표기와 병기
정답 해설 ㉠ 보수(補修): 건물이나 시설 따위의 낡거나 부서진 것을 손보아 고침.
㉡ 보수(報酬): 일한 대가로 주는 돈이나 물품.
㉢ 보수(保守): 새로운 것이나 변화를 적극적으로 받아들이기보다는 전통적인 것을 옹호하며 유지하려 함.

42 출제 유형 한자어 표기와 병기
정답 해설 '내방(來訪: 만나기 위하여 찾아옴.)'이 바른 표기이다.

43 출제 유형 속담, 한자 성어, 관용구
정답 해설 • 각골난망(刻骨難忘): 남에게 입은 은혜가 뼈에 새길 만큼 커서 잊히지 아니함.
• 결초보은(結草報恩): 죽은 뒤에라도 은혜를 잊지 않고 갚음을 이르는 말.

오답률 줄이는 오답 해설 ②, ④ 다기망양(多岐亡羊): 갈림길이 많아 잃어버린 양을 찾지 못한다는 뜻으로, 두루 섭렵하기만 하고 전공하는 바가 없어 끝내 성취하지 못함을 이르는 말.
③, ⑤ 절차탁마(切磋琢磨): 옥이나 돌 따위를 갈고 닦아서 빛을 낸다는 뜻으로, 부지런히 학문과 덕행을 닦음을 이르는 말.
④ 대기만성(大器晚成): 큰 그릇을 만드는 데는 시간이 오래 걸린다는 뜻으로, 크게 될 사람은 늦게 이루어짐을 이르는 말.
⑤ 환골탈태(換骨奪胎): 사람이 보다 나은 방향으로 변하여 전혀 딴사람처럼 됨.

44 출제 유형 속담, 한자 성어, 관용구
정답 해설 '주마가편(走馬加鞭)'은 '달리는 말에 채찍질한다는 뜻으로, 잘하는 사람을 더욱 장려함을 이르는 말.'이므로, '수박 겉 핥기'와는 의미가 다르다. '수박 겉 핥기'는 '말을 타고 달리며 산천을 구경한다는 뜻으로, 자세히 살피지 아니하고 대충대충 보고 지나감을 이르는 말.'인 '주마간산(走馬看山)'과 유사한 의미로 사용된다.

오답률 줄이는 오답 해설 ② 설상가상(雪上加霜): 눈 위에 서리가 덮인다는 뜻으로, 난처한 일이나 불행한 일이 잇따라 일어남을 이르는 말.
③ 좌정관천(坐井觀天): 우물 속에 앉아서 하늘을 본다는 뜻으로, 사람의 견문(見聞)이 매우 좁음을 이르는 말.
④ 유유상종(類類相從): 같은 무리끼리 서로 사귐.
⑤ 오십보백보(五十步百步): 조금 낫고 못한 정도의 차이는 있으나 본질적으로는 차이가 없음을 이르는 말.

45 출제 유형 순화어
정답 해설 '핀트'는 '초점'으로 순화해서 사용해야 한다.

46 출제 유형 고유어의 사전적 의미
정답 해설 '괄괄하다'는 '성질이 세고 급하다.'라는 의미이다.

47 출제 유형 한자어의 사전적 의미
정답 해설 '진척(進陟)'은 '일이 목적한 방향대로 진행되어 감.'이라는 의미를 지닌 말이다. '새로운 영역, 운명, 진로 따위를 처음으로 열어 나감.'이라는 의미를 지닌 말은 '개척(開拓)'이다.

정답 41 ② 42 ① 43 ① 44 ① 45 ② 46 ① 47 ⑤

48

밑줄 친 한자어의 쓰임이 적절하지 <u>않은</u> 것은?

① 고려 시대에는 문신을 요직에 <u>중용(重用)</u>하였다.
② 응급실에 가서 상처를 꿰매는 <u>처방(處方)</u>을 받았다.
③ 그는 자신의 힘으로 살아가려는 의지가 <u>박약(薄弱)</u>하다.
④ 이 제품은 <u>구조(構造)</u>가 간단하여 가격이 싸고 고장이 적다.
⑤ 상대편에게 골을 허용하면서 <u>선수(先手)</u>를 빼앗기고 말았다.

49

밑줄 친 한자어의 쓰임이 적절하지 <u>않은</u> 것은?

① 적군에게 수도가 <u>함락(陷落)</u>되었다.
② 수험생들은 시험 전에 시험장을 <u>예방(禮訪)</u>해야 한다.
③ 네가 안주하고 있는 것은 회피나 <u>유예(猶豫)</u>에 불과하다.
④ 이 지구상에는 단 하루도 싸움이 <u>종식(終熄)</u>된 날이 없다.
⑤ 누나의 두 번째의 <u>힐문(詰問)</u>에는 대답지 않을 수가 없었다.

50

밑줄 친 고유어의 쓰임이 적절하지 <u>않은</u> 것은?

① 창밖에는 가을비가 <u>추적추적</u> 내렸다.
② 그는 밥을 <u>깔짝깔짝</u> 먹는다고 엄마에게 혼이 났다.
③ 바닷가 바위틈에 따개비들이 <u>다닥다닥</u> 붙어 있었다.
④ 가끔 첫사랑과의 추억이 <u>언뜻언뜻</u> 머리를 스쳐 갔다.
⑤ 청소할 때 그는 <u>쓰렁쓰렁</u> 최선을 다해 곳곳을 닦았다.

51

<보기>의 ㉠~㉢에 들어갈 단어의 기본형으로 바르게 묶인 것은?

┤ 보기 ├

• 그는 가슴이 (㉠) 다음 말을 잇지 못했다.
• 그는 강아지를 (㉡) 놓고 친구와 함께 저수지로 갔다.
• 언제부터 이런 게으름이 몸에 (㉢) 알 수 없는 일이다.

	㉠	㉡	㉢
①	매다	때다	배다
②	매다	때다	베다
③	매다	떼다	배다
④	메다	떼다	배다
⑤	메다	떼다	베다

52

'가로 1번'에 들어갈 단어와 유사한 의미를 지니는 한자어로 가장 적절한 것은?

		3	
	1		4
2			

가로 열쇠
2 어떤 일에 앞서서.

세로 열쇠
1 천으로 발 모양과 비슷하게 만들어 종아리 아래까지 발에 신는 물건.
3 사람이나 동물의 목 위의 부분.
4 이미 한 일이나 앞으로 할 일에 틀림이 없음을 단단히 강조하거나 확인함. 예 ▢▢을 받다.

① 보상(補償)하다　　② 왜곡(歪曲)하다
③ 증가(增加)하다　　④ 파기(破棄)하다
⑤ 할인(割引)하다

53

두 단어의 의미 관계가 〈보기〉의 밑줄 친 ㉠과 ㉡의 문맥상 의미 관계와 가장 유사한 것은?

> **보기**
> 재래시장에는 ㉠덤과 ㉡에누리가 있다. 덤은 덧셈의 미학이다. 귤을 열 개 샀더니 가게 주인이 덤으로 두 개를 더 준다. 에누리는 뺄셈의 미학이다. 단골손님에게는 전액에서 일 분의 에누리쯤은 기본이다. 덤과 에누리, 아 우리네 삶의 미학이여!

① 밥 : 진지 ② 더위 : 추위 ③ 열매 : 오디
④ 예술 : 음악 ⑤ 운율 : 압운

54

밑줄 친 두 말의 의미 관계가 '동음이의(同音異義)'에 해당하지 않는 것은?

① 옷에 땀이 <u>배다</u>. / 아이를 <u>배다</u>.
② 살갗이 <u>여리다</u>. / 색깔이 <u>여리다</u>.
③ 얼굴이 <u>붓다</u>. / 은행에 적금을 <u>붓다</u>.
④ 인부를 <u>쓰다</u>. / 방명록에 이름을 <u>쓰다</u>.
⑤ 은행과 거래를 <u>트다</u>. / 논바닥이 <u>트다</u>.

---

48 출제 유형 한자어의 문맥적 의미
| **정답 해설** | '처방(處方)'을 '처치(處置)'로 바꿔야 한다.
- 처방(處方): 병을 치료하기 위하여 증상에 따라 약을 짓는 방법.
- 처치(處置): 상처나 헌데 따위를 치료함.

| **오답률 줄이는 오답 해설** | ① 중용(重用): 중요한 자리에 임용함.
③ 박약(薄弱): 의지나 체력 따위가 굳세지 못하고 여림.
④ 구조(構造): 부분이나 요소가 어떤 전체를 짜 이룸. 또는 그렇게 이루어진 얼개.
⑤ 선수(先手): 남이 하기 전에 앞질러 하는 행동.

49 출제 유형 한자어의 문맥적 의미
| **정답 해설** | '예방(禮訪)'은 '예를 갖추는 의미로 인사차 방문함.'이라는 뜻이다. '미리 방문하다.'의 의미로 사용되지 않는다.
예 대통령은 외국 경제 사절단의 예방을 받았다.

| **오답률 줄이는 오답 해설** | ① 함락(陷落): 적의 성, 요새, 진지 따위를 공격하여 무너뜨림.
③ 유예(猶豫): 망설여 일을 결행하지 아니함.
④ 종식(終熄): 한때 매우 성하던 현상이나 일이 끝나거나 없어짐.
⑤ 힐문(詰問): 트집을 잡아 따져 물음.

50 출제 유형 고유어의 문맥적 의미
| **정답 해설** | '쓰렁쓰렁'은 '일을 건성으로 하는 모양.'이라는 뜻이다. 따라서 ⑤는 문맥상 어색하다.

| **오답률 줄이는 오답 해설** | ① 추적추적: 비나 진눈깨비가 자꾸 축축하게 내리는 모양.
② 깔짝깔짝: 자꾸 작은 물건이나 일을 가지고 만지작거리기만 하고 좀처럼 진전을 이루지 못하는 모양.
③ 다닥다닥: 자그마한 것들이 한곳에 많이 붙어 있는 모양.
④ 언뜻언뜻: 생각이나 기억 따위가 잇따라 문득문득 떠오르는 모양.

51 출제 유형 단어의 기본형
| **정답 해설** | ㉠, ㉡, ㉢에 들어갈 단어의 기본형은 각각 '메다', '떼다', '배다'이다.
㉠ 그는 가슴이 메어 다음 말을 잇지 못했다. → 어떤 감정이 북받쳐 목소리가 잘 나지 않다.
㉡ 그는 강아지를 떼어 놓고 친구와 함께 저수지로 갔다. → 함께 있던 것을 홀로 남기다.
㉢ 언제부터 이런 게으름이 몸에 배었는지 알 수 없는 일이다. → 버릇이 되어 익숙해지다.

52 출제 유형 어휘 간의 의미 관계
| **정답 해설** | 가로 2번은 '우선', 세로 1번은 '버선', 세로 3번은 '머리', 세로 4번은 '다짐'이다. 따라서 가로 1번에 들어갈 단어는 '버리다'이다. '버리다'는 '가지거나 지니고 있을 필요가 없는 물건을 내던지거나 쏟거나 하다.'라는 뜻으로, '깨뜨리거나 찢어서 내버리다.'라는 뜻을 지닌 '파기(破棄)하다'와 의미가 가장 유사하다.

53 출제 유형 어휘 간의 의미 관계
| **정답 해설** | ㉠과 ㉡은 문맥상 대조되는 의미를 나타내고 있다. 따라서 반의 관계이다. 이와 마찬가지로 '더위'와 '추위'는 반의 관계이다.

| **오답률 줄이는 오답 해설** | ① '밥'과 '진지'는 유의 관계이다.
③ '열매'와 '오디'는 상하 관계이다.
④ '예술'과 '음악'은 상하 관계이다.
⑤ '운율'과 '압운'은 상하 관계이다.

54 출제 유형 어휘 간의 의미 관계
| **정답 해설** | '살갗이 여리다.'의 '여리다'는 '단단하거나 질지지 않아 부드럽거나 약하다.'라는 뜻이며, '색깔이 여리다.'의 '여리다'는 '빛깔이나 소리 따위가 약간 흐리거나 약하다.'라는 의미이다. 따라서 두 단어는 의미적 연관성이 있는 다의 관계에 해당한다.

| **오답률 줄이는 오답 해설** | ① '옷에 땀이 배다.'의 '배다'는 '스며들거나 스며나오다.'라는 의미이고, '아이를 배다.'의 '배다'는 '배 속에 아이나 새끼를 가지다.'라는 의미이므로, 서로 의미적 연관성이 없다.
③ '얼굴이 붓다.'의 '붓다'는 '살가죽이나 어떤 기관이 부풀어 오르다.'라는 의미이고, '은행에 적금을 붓다.'의 '붓다'는 '불입금, 이자, 곗돈 따위를 일정한 기간마다 내다.'라는 의미이므로, 서로 의미적 연관성이 없다.
④ '인부를 쓰다.'의 '쓰다'는 '사람에게 어떤 일을 하게 하다.'라는 의미이고, '방명록에 이름을 쓰다.'의 '쓰다'는 '붓, 펜, 연필과 같이 선을 그을 수 있는 도구로 종이 따위에 획을 그어서 일정한 글자의 모양이 이루어지게 하다.'라는 의미이므로, 서로 의미적 연관성이 없다.
⑤ '은행과 거래를 트다.'의 '트다'는 '서로 거래하는 관계를 맺다.'라는 의미이고, '논바닥이 트다.'의 '트다'는 '너무 마르거나 춥거나 하여 틈이 생겨서 갈라지다.'라는 의미이므로, 서로 의미적 연관성이 없다.

정답 48 ② 49 ② 50 ⑤ 51 ④ 52 ④ 53 ② 54 ②

55
〈보기〉의 ㉠~㉤ 중, 나머지와 품사가 다른 것은?

보기
• 그녀는 씀씀이가 ㉠크다. • 음악 소리가 너무 ㉡커서 화가 났다. • 가구가 ㉢커서 방에 들어가지 않는다. • 날씨가 건조하면 나무가 ㉣크지 못한다. • 허리 치수가 ㉤커서 바지가 내려갈 것 같다.

① ㉠ ② ㉡ ③ ㉢
④ ㉣ ⑤ ㉤

56
〈보기〉의 ㉠~㉢에 해당하는 한자로 올바르게 묶인 것은?

보기
• 시험이 한 달 뒤로 ㉠연기되었다. • 방 안에 담배 ㉡연기가 자욱하다. • 그녀는 신인임에도 불구하고 훌륭히 ㉢연기하였다.

	㉠	㉡	㉢
①	煙氣	延期	演技
②	煙氣	演技	延期
③	延期	煙氣	演技
④	延期	演技	煙氣
⑤	演技	延期	煙氣

57
밑줄 친 말의 한자 병기가 잘못된 것은?

① 그것은 형식상의 절차(節次)에 불과하다.
② 지연이는 나의 무지(無志)와 어리석음을 비웃었다.
③ 홍수가 났지만 공장이 정상(正常)으로 가동되었다.
④ 은영이는 넘치는 끼를 발산(發散)하지 못해 답답했다.
⑤ 시골에서는 오염(汚染)되지 않은 신선한 공기를 마실 수 있다.

58
'한 가지 일에 두 가지 이로움이 있다.'와 유사한 의미를 지닌 속담으로 가장 적절한 것은?

① 절에 간 색시
② 배 먹고 이 닦기
③ 망건 쓰고 세수한다
④ 원님 덕에 나팔 분다
⑤ 대추나무에 연 걸리듯

59
다음 중 한자 성어의 의미를 바르게 제시하지 못한 것은?

① 견강부회(牽强附會): 이치에 맞지 않는 말을 억지로 끌어 붙여 자기에게 유리하게 함.
② 수주대토(守株待兎): 한 가지 일에만 얽매여 발전을 모르는 어리석은 사람을 비유적으로 이르는 말.
③ 지록위마(指鹿爲馬): 적을 유인하여 이쪽을 공격하는 체하다가 그 반대쪽을 치는 전술을 이르는 말.
④ 백가쟁명(百家爭鳴): 많은 학자나 문화인 등이 자기의 학설이나 주장을 자유롭게 발표하여, 논쟁하고 토론하는 일.
⑤ 두문불출(杜門不出): 집에서 은거하면서 관직에 나가지 아니하거나 사회의 일을 하지 아니함을 비유적으로 이르는 말.

60

<보기>의 ㉠~㉤을 바르게 순화하지 못한 것은?

─── 보기 ───

아버지는 ㉠노가다를 하는 사람이었다. 가끔 퇴근길에 ㉡앙꼬가 가득 들어 있는 풀빵을 가져왔다. 늘 같은 간식이라 아버지에게 ㉢쿠사리를 주었다. 어린 나이였던 나는 아버지가 ㉣유도리가 없는 사람이라고 생각했다. ㉤함바에서 나오는 간식을 자식을 위해 가져온 것이라고는 미처 생각지 못했기 때문이다.

① ㉠: 막일
② ㉡: 팥소
③ ㉢: 핀잔
④ ㉣: 융통성
⑤ ㉤: 일터

5세트

61

밑줄 친 고유어의 뜻풀이로 적절하지 않은 것은?

① 형제간에 도타운 정을 나누었다. → 여럿이 조화를 이루거나 섞이다.
② 속이 알찬 사람이 최고의 신랑감이다. → 속이 꽉 차 있거나 내용이 아주 실속이 있다.
③ 그 여자는 눈이 크고 얼굴이 해사한 것이 귀염성 있고 순진하게 생겼다. → 얼굴이 희고 곱다랗다.
④ 그는 실팍한 몸집인데도 쌀 한 가마를 제대로 못 옮겼다. → 사람이나 물건 따위가 보기에 매우 실하다.
⑤ 날씨가 을씨년스러운 게 곧 눈이라도 쏟아질 것 같다. → 보기에 날씨나 분위기 따위가 몹시 스산하고 쓸쓸한 데가 있다.

---

55 출제 유형 어휘 간의 의미 관계
| 정답 해설 | '크다'는 동사와 형용사로 쓰인다. ㉣은 '동식물이 몸의 길이가 자라다.'라는 뜻의 동사이다.
| 오답률 줄이는 오답 해설 | ①, ②, ③, ⑤ 모두 형용사이다.

56 출제 유형 한자어 표기와 병기
| 정답 해설 | ㉠ 연기(延期): 정해진 기한을 뒤로 물러서 늘림.
㉡ 연기(煙氣): 무엇이 불에 탈 때에 생겨나는 흐릿한 기체나 기운.
㉢ 연기(演技): 배우가 배역의 인물, 성격, 행동 따위를 표현해 내는 일.

57 출제 유형 한자어 표기와 병기
| 정답 해설 | '무지(無知: 아는 것이 없음.)'가 바른 표기이다.

58 출제 유형 속담, 한자 성어, 관용구
| 정답 해설 | '배 먹고 이 닦기'는 '배를 먹으면 이까지 하얗게 닦아진다는 뜻으로, 한 가지 일에 두 가지 이로움이 있음을 비유적으로 이르는 말.'이다.
| 오답률 줄이는 오답 해설 | ① 절에 간 색시: 남이 시키는 대로 따라 하는 사람을 이르는 말.
③ 망건 쓰고 세수한다: 세수를 하고 머리를 빗고 그다음에 망건을 쓰는 법인데 망건을 먼저 쓰고 세수를 한다는 뜻으로, 일의 순서를 바꾸어 함을 놀림조로 이르는 말.

④ 원님 덕에 나팔 분다: 사또와 동행한 덕분에 나팔 불고 요란히 맞아 주는 호화로운 대접을 받는다는 뜻으로, 남의 덕으로 당치도 아니한 행세를 하게 되거나 그런 대접을 받고 우쭐대는 모양을 비유적으로 이르는 말.
⑤ 대추나무에 연 걸리듯: 여기저기에 빚을 많이 진 것을 비유적으로 이르는 말.

59 출제 유형 속담, 한자 성어, 관용구
| 정답 해설 | '지록위마(指鹿爲馬)'는 '윗사람을 농락하여 권세를 마음대로 함을 이르는 말.'이다. '적을 유인하여 이쪽을 공격하는 체하다가 그 반대쪽을 치는 전술을 이르는 말.'은 '성동격서(聲東擊西)'이다.

60 출제 유형 순화어
| 정답 해설 | '함바'는 '공사장, 광산 등의 건설 현장에 임시로 지어 놓은 식당.'을 의미하는 일본식 표현으로 '현장 식당' 등으로 순화해서 사용해야 한다.

61 출제 유형 고유어의 사전적 의미
| 정답 해설 | '도탑다'는 '서로의 관계에 사랑이나 인정이 많고 깊다.'라는 의미이다.

정답 55 ④ 56 ③ 57 ② 58 ② 59 ③ 60 ⑤ 61 ①

62
밑줄 친 한자어의 사전적 뜻풀이로 옳지 않은 것은?

① 증빙 서류를 기한(期限) 안에 제출하지 않으면 무효입니다. → 미리 한정하여 놓은 시기.
② 그 사람의 정치적 판단은 당시의 고견(高見)이었다. → 자기의 의견이나 주의를 굳게 내세움.
③ 이 비디오는 지난겨울에 출시(出市)되었다. → 상품이 시중에 나옴. 또는 상품을 시중에 내보냄.
④ 사실 어릴 때부터 아버지가 장애인이란 사실이 부담(負擔)이 되었다. → 어떠한 의무나 책임을 짐.
⑤ 상대방과 의견이 상치(相馳)되면 다소 여유를 갖고 대화에 임해야 한다. → 일이나 뜻이 서로 어긋남.

63
밑줄 친 한자어의 쓰임이 적절하지 않은 것은?

① 급한 일이 생겨 약속을 내일로 연기(延期)했다.
② 그는 거액을 수재민에게 희사(喜捨)하기로 했다.
③ 농산물 가격이 폭증(暴增)해서 김장을 조금만 했다.
④ 그의 열변에 모두가 동감하는지 자리가 숙연(肅然)했다.
⑤ 그 회사는 어음을 결제(決濟)하지 못해 부도 처리가 됐다.

64
밑줄 친 한자어의 쓰임이 적절하지 않은 것은?

① 모자란 일손이 학생들로 보충(補充)되었다.
② 소녀는 나라의 평화를 염원(念願)하고 있었다.
③ 이번 대회에서 마라톤 세계 기록이 경신(更新)되었다.
④ 교차로의 신호 체계(體系)가 복잡해서 사고가 종종 발생했다.
⑤ 국내 유수(流水)의 대기업들은 모두 앞다퉈 신모델을 출시했다.

65
'세로 2번'에 들어갈 단어와 반대의 의미를 지니는 말로 가장 적절한 것은?

	1	2	
		3	4

가로 열쇠
1 노래 부르는 것이 직업인 사람.
3 가축을 기르고 그 생산물을 가공하는 산업.

세로 열쇠
4 폭우나 지진, 화산 따위로 산 중턱의 바윗돌이나 흙이 갑자기 무너져 내리는 현상.

① 발달(發達)   ② 승진(昇進)
③ 퇴보(退步)   ④ 팽창(膨脹)
⑤ 확정(確定)

66

밑줄 친 고유어의 쓰임이 적절하지 <u>않은</u> 것은?

① 그녀는 풋고추를 <u>어슷어슷</u> 썰라고 말했다.
② 겨울이 되자 바람이 <u>선득선득</u> 목덜미를 지나갔다.
③ 그는 결혼을 허락받자 <u>겅중겅중</u> 뛰면서 좋아했다.
④ 전쟁 소식을 들은 병사들이 <u>술렁술렁</u> 조용해졌다.
⑤ 내 머리를 <u>가닥가닥</u> 나누어 땋아 내리던 어머니가 그리웠다.

67

〈보기〉의 ㉠~㉢에 들어갈 단어의 기본형으로 바르게 묶인 것은?

―― 보기 ――
• 할머니는 멸치와 고추를 간장에 (㉠).
• 아들이 사법 고시에 합격하자 아버지는 잔치를 (㉡).
• 여름이 되자 어머니는 아들의 옷을 아들이 사는 기숙사로 (㉢).

	㉠	㉡	㉢
①	조리다	벌리다	부치다
②	조리다	벌이다	붙이다
③	조리다	벌이다	부치다
④	졸이다	벌리다	붙이다
⑤	졸이다	벌이다	부치다

---

62 출제 유형 한자어의 사전적 의미
정답 해설 '고견(高見)'은 '뛰어난 의견이나 생각.'이라는 의미를 지닌 말이다. '자기의 의견이나 주의를 굳게 내세움.'이라는 의미를 지닌 말은 '주장(主張)'이다.

63 출제 유형 한자어의 문맥적 의미
정답 해설 '폭증(暴增)'을 '폭등(暴騰)'으로 바꿔야 한다. 흔히 '가격이 폭증하다.'라는 말을 사용하는데 '폭증'이라는 단어는 표준국어대사전에 등재되어 있지 않은 단어이다.
• 폭등(暴騰): 물건의 값이나 주가 따위가 갑자기 큰 폭으로 오름.
오답률 줄이는 오답 해설 ① 연기(延期): 정해진 기한을 뒤로 물려서 늘림.
② 희사(喜捨): 어떤 목적을 위하여 기꺼이 돈이나 물건을 내놓음.
④ 숙연(肅然): '숙연하다(고요하고 엄숙하다.)'의 어근.
⑤ 결제(決濟): 증권 또는 대금을 주고받아 매매 당사자 사이의 거래 관계를 끝맺는 일.

64 출제 유형 한자어의 문맥적 의미
정답 해설 '유수(流水)'를 '유수(有數)'로 바꿔야 한다.
• 유수(流水): 흐르는 물.
• 유수(有數): 손꼽을 만큼 두드러지거나 훌륭함.
오답률 줄이는 오답 해설 ① 보충(補充): 부족한 것을 보태어 채움.
② 염원(念願): 마음에 간절히 생각하고 기원함. 또는 그런 것.
③ 경신(更新): 기록경기 따위에서, 종전의 기록을 깨뜨림.
④ 체계(體系): 일정한 원리에 따라서 낱낱의 부분이 짜임새 있게 조직되어 통일된 전체.

65 출제 유형 어휘 간의 의미 관계
정답 해설 가로 1번은 '가수', 가로 3번은 '축산업', 세로 4번은 '산사태'이다. 따라서 세로 2번에 들어갈 단어는 '수축'이다. '수축'은 '부피나 규모가 줄어듦.'이라는 뜻으로, '부풀어서 부피가 커짐.'이라는 뜻을 지닌 '팽창(膨脹)'과 반의 관계라고 볼 수 있다.

66 출제 유형 고유어의 문맥적 의미
정답 해설 '술렁술렁'은 '자꾸 어수선하게 소란이 이는 모양.'이라는 뜻이다. 따라서 ④는 문맥상 어색하다.
오답률 줄이는 오답 해설 ① 어슷어슷: 여럿이 다 한쪽으로 조금 비뚤어진 모양.
② 선득선득: 갑자기 서늘한 느낌이 자꾸 드는 모양.
③ 겅중겅중: 긴 다리를 모으고 계속 힘 있게 솟구쳐 뛰는 모양.
⑤ 가닥가닥: 여러 가닥으로 갈라진 모양.

67 출제 유형 단어의 기본형
정답 해설 ㉠ 조리다: 양념을 한 고기나 생선, 채소 따위를 국물에 넣고 바짝 끓여서 양념이 배어들게 하다.
㉡ 벌이다: 일을 계획하여 시작하거나 펼쳐 놓다.
㉢ 부치다: 편지나 물건 따위를 일정한 수단이나 방법을 써서 상대에게로 보내다.
오답률 줄이는 오답 해설 '졸이다', '벌리다', '붙이다'는 흔히 '마음을 졸이다.', '간격을 벌리다.', '봉투에 우표를 붙이다.'의 꼴로 사용된다.

정답 62 ② 63 ③ 64 ⑤ 65 ④ 66 ④ 67 ③

68

<보기>의 밑줄 친 ㉠과 ㉡의 문맥상 의미 관계와 가장 유사한 것은?

┤ 보기 ├

레비스트로스는 원시 미개 사회를 ㉠'차가운 사회'라고 명명했다. 이는 움직임과 변화가 느리고 새로운 것의 등장을 거부하는 단순 재생산의 사회라는 의미에서 붙인 것이다. 이 개념에 반하는 문명사회, 즉 ㉡'뜨거운 사회'는 끊임없는 경쟁과 새로운 생활 방식으로 이윤 추구, 확대 재생산을 최고의 미덕으로 치는 사회이다.

① 계절 : 겨울
② 입학 : 졸업
③ 아버지 : 춘부장
④ 국경일 : 한글날
⑤ 아랫도리 : 바지

69

밑줄 친 두 말의 의미 관계가 '동음이의(同音異義)'에 해당하지 않는 것은?

① 옷고름을 <u>매다</u>. / 콩밭을 <u>매다</u>.
② 잔금을 <u>치르다</u>. / 시험을 <u>치르다</u>.
③ 고구마가 <u>익다</u>. / 어둠에 눈이 <u>익다</u>.
④ 털실로 스웨터를 <u>짜다</u>. / 여드름을 <u>짜다</u>.
⑤ 하늘에 소원을 <u>빌다</u>. / 이웃에게 양식을 <u>빌다</u>.

70

<보기>의 ㉠~㉤ 중, 나머지와 품사가 다른 것은?

┤ 보기 ├

- 커서 의사가 ㉠<u>되고</u> 싶다.
- 그는 제대로 ㉡<u>된</u> 사람이다.
- 이제는 계절이 봄이 ㉢<u>되었다</u>.
- 일이 ㉣<u>되면</u> 쉬어 가면서 하는 게 좋다.
- 우리 국토의 대부분은 산으로 ㉤<u>되어</u> 있다.

① ㉠ ② ㉡ ③ ㉢
④ ㉣ ⑤ ㉤

71

<보기>의 ㉠~㉢에 해당하는 한자로 올바르게 묶인 것은?

┤ 보기 ├

- 검사장은 ㉠<u>부정</u>한 방법으로 부를 축적했다.
- 언니는 긍정도 ㉡<u>부정</u>도 아닌 미소만 지었다.
- 무당은 굿을 하기 전 ㉢<u>부정</u>이 들지 않게 조심했다.

	㉠	㉡	㉢
①	不正	不淨	否定
②	不正	否定	不淨
③	否定	不正	不淨
④	否定	不淨	不正
⑤	不淨	否定	不正

72

밑줄 친 말의 한자 병기가 잘못된 것은?

① 우리 집에서 학교까지의 거리(距離)는 500미터이다.
② 경찰은 주민들로부터 사건(事件) 당시의 목격담을 들었다.
③ 사고를 미연에 방지(防止)하려면 대비를 철저히 해야 한다.
④ 당국은 새 정책에 대한 여론의 환기(喚起)를 위해 홍보를 시작했다.
⑤ 현실이 아무리 어려워도 이상(異狀)을 향한 나의 열정은 식지 않았다.

73

'낫 놓고 기역 자도 모른다.'와 의미가 가장 유사한 한자 성어는?

① 간담상조(肝膽相照)
② 목불식정(目不識丁)
③ 맥수지탄(麥秀之嘆)
④ 수구초심(首丘初心)
⑤ 천재일우(千載一遇)

---

68 출제 유형 어휘 간의 의미 관계
| 정답 해설 | ㉠과 ㉡은 문맥상 대조되는 의미를 나타내고 있다. 따라서 반의 관계이다. 이와 마찬가지로 '입학'과 '졸업'은 반의 관계이다.
| 오답률 줄이는 오답 해설 | ① '계절'과 '겨울'은 상하 관계이다.
③ '아버지'와 '춘부장'은 유의 관계이다.
④ '국경일'과 '한글날'은 상하 관계이다.
⑤ '아랫도리'와 '바지'는 상하 관계이다.

69 출제 유형 어휘 간의 의미 관계
| 정답 해설 | '잔금을 치르다.'의 '치르다'는 '주어야 할 돈을 내주다.'라는 뜻이며, '시험을 치르다.'의 '치르다'는 '무슨 일을 겪어 내다.'라는 의미이다. 따라서 두 단어는 의미적 연관성이 있는 다의 관계에 해당한다.
| 오답률 줄이는 오답 해설 | ① '옷고름을 매다.'의 '매다'는 '끈이나 줄 따위의 두 끝을 엇걸고 잡아당기어 풀어지지 아니하게 마디를 만들다.'라는 의미이고, '콩밭을 매다.'의 '매다'는 '논밭에 난 잡풀을 뽑다.'라는 의미이므로, 서로 의미적 연관성이 없다.
③ '고구마가 익다.'의 '익다'는 '고기나 채소, 곡식 따위의 날것이 뜨거운 열을 받아 그 성질과 맛이 달라지다.'라는 의미이고, '어둠에 눈이 익다.'의 '익다'는 '눈이 어둡거나 밝은 곳에 적응한 상태에 있다.'라는 의미이므로, 서로 의미적 연관성이 없다.
④ '털실로 스웨터를 짜다.'의 '짜다'는 '실이나 끈 따위를 씨와 날로 걸어서 천 따위를 만들다.'라는 의미이고, '여드름을 짜다.'의 '짜다'는 '누르거나 비틀어서 물기나 기름 따위를 빼내다.'라는 의미이므로, 서로 의미적 연관성이 없다.
⑤ '하늘에 소원을 빌다.'의 '빌다'는 '바라는 바를 이루게 하여 달라고 신이나 사람, 사물 따위에 간청하다.'라는 의미이고, '이웃에게 양식을 빌다.'의 '빌다'는 '남의 물건을 공짜로 달라고 호소하여 얻다.'라는 의미이므로, 서로 의미적 연관성이 없다.

70 출제 유형 어휘 간의 의미 관계
| 정답 해설 | '되다'는 동사와 형용사로 쓰인다. ㉣은 '일이 힘에 벅차다.'라는 뜻의 형용사이다.
| 오답률 줄이는 오답 해설 | ①, ②, ③, ⑤ 모두 동사이다.

71 출제 유형 한자어 표기와 병기
| 정답 해설 | ㉠ 부정(不正): 올바르지 아니하거나 옳지 못함.
㉡ 부정(否定): 그렇지 아니하다고 단정하거나 옳지 아니하다고 반대함.
㉢ 부정(不淨): 사람이 죽는 따위의 불길한 일.

72 출제 유형 한자어 표기와 병기
| 정답 해설 | '이상(理想)'이 바른 표기이다.
• 이상(異狀): 평소와는 다른 상태.
• 이상(理想): 생각할 수 있는 범위 안에서 가장 완전하다고 여겨지는 상태.

73 출제 유형 속담, 한자 성어, 관용구
| 정답 해설 | '낫 놓고 기역 자도 모른다.'는 '기역 자 모양으로 생긴 낫을 보면서도 기역 자를 모른다는 뜻으로, 아주 무식함을 비유적으로 이르는 말.'이다. 이 속담과 가장 유사한 한자 성어는 '아주 간단한 글자인 '丁(고무래 정)'자를 보고도 그것이 '고무래'인 줄을 알지 못한다는 뜻으로, 아주 까막눈임을 이르는 말.'인 '목불식정(目不識丁)'이다.
| 오답률 줄이는 오답 해설 | ① 간담상조(肝膽相照): 서로 속마음을 털어놓고 친하게 사귐.
③ 맥수지탄(麥秀之嘆): 고국의 멸망을 한탄함을 이르는 말.
④ 수구초심(首丘初心): 여우가 죽을 때에 머리를 자기가 살던 굴 쪽으로 둔다는 뜻으로, 고향을 그리워하는 마음을 이르는 말.
⑤ 천재일우(千載一遇): 천 년 동안 단 한 번 만난다는 뜻으로, 좀처럼 만나기 어려운 좋은 기회를 이르는 말.

정답 68 ② 69 ② 70 ④ 71 ② 72 ⑤ 73 ②

74

다음 중 한자 성어의 의미를 바르게 제시하지 **못한** 것은?

① 호가호위(狐假虎威): 남의 권세를 빌려 위세를 부림.
② 전인미답(前人未踏): 이제까지 그 누구도 가 보지 못함.
③ 관포지교(管鮑之交): 관중과 포숙의 사귐이란 뜻으로, 우정이 아주 돈독한 친구 관계를 이르는 말.
④ 중구삭금(衆口鑠金): 뭇사람의 말은 쇠도 녹인다는 뜻으로, 말을 함부로 해서는 안 됨을 비유적으로 이르는 말.
⑤ 당랑거철(螳螂拒轍): 제 역량을 생각하지 않고, 강한 상대나 되지 않을 일에 덤벼드는 무모한 행동거지를 비유적으로 이르는 말.

75

〈보기〉의 ㉠~㉤ 중 순화할 필요가 **없는** 것은?

보기
사원: 이번 사업 ㉠마감 좀 늦춰 주세요. 아직 ㉡로드맵을 팀원들에게 설명하지 못했습니다. 이사: 요즘 일이 많은 것을 감안해 달라는 거지? 하지만 사장님한테 ㉢컨펌을 받아야지. 사원: 사장님은 며칠 전에 있었던 ㉣스캔들 때문에 출근하지 않으셨습니다. 이사: 소문나지 않게 자네가 직원들 ㉤단도리하게.

① ㉠ ② ㉡ ③ ㉢
④ ㉣ ⑤ ㉤

| 74 출제 유형 | 속담, 한자 성어, 관용구
| 정답 해설 | '중구삭금(衆口鑠金)'은 '뭇사람의 말은 쇠도 녹인다는 뜻으로, 여론의 힘이 큼을 이르는 말.'이다.

| 75 출제 유형 | 순화어
| 정답 해설 | '마감'을 '데드라인'으로 쓰는 경우가 있는데 이는 적절하지 않다. '데드라인'은 '마감'으로 순화하는 것이 적절하다.

| 오답률 줄이는 오답 해설 | ② '로드맵'은 '(단계별) 이행안'으로 순화할 수 있다.
③ '컨펌'은 '확인, 확정'으로 순화할 수 있다.
④ '스캔들'은 '좋지 못한 소문, 추문'으로 순화하는 것이 적절하다.
⑤ '단도리'는 '채비, 단속' 정도로 바꿔 쓸 수 있다.

| 정답 | 74 ④ 75 ①

어휘 취약유형 체크표

문항번호	정답	유형	맞고틀림
01	②	고유어의 사전적 의미	
02	⑤	한자어의 사전적 의미	
03	①	한자어의 문맥적 의미	
04	④	한자어의 문맥적 의미	
05	③	고유어의 문맥적 의미	
06	①	어휘 간의 의미 관계(동음이의어)	
07	①	한자어 표기와 병기	
08	④	어휘 간의 의미 관계	
09	②	혼동하기 쉬운 어휘의 구별	
10	⑤	어휘 간의 의미 관계	
11	②	속담, 한자 성어, 관용구	
12	②	속담, 한자 성어, 관용구	
13	②	순화어	
14	③	속담, 한자 성어, 관용구	
15	③	순화어	
16	①	고유어의 사전적 의미	
17	④	한자어의 사전적 의미	
18	④	한자어의 문맥적 의미	
19	④	한자어의 문맥적 의미	
20	⑤	고유어의 문맥적 의미	
21	③	한자어 표기와 병기	
22	③	어휘 간의 의미 관계(동음이의어와 다의어)	
23	④	어휘 간의 의미 관계	
24	②	어휘 간의 의미 관계	
25	③	어휘 간의 의미 관계	
26	④	속담, 한자 성어, 관용구	
27	④	속담, 한자 성어, 관용구	
28	③	속담, 한자 성어, 관용구	
29	②	순화어	
30	④	순화어	
31	③	고유어의 사전적 의미	
32	①	한자어의 사전적 의미	
33	④	한자어의 문맥적 의미	
34	④	한자어의 문맥적 의미	
35	④	고유어의 문맥적 의미	
36	①	단어의 기본형	
37	⑤	어휘 간의 의미 관계	
38	①	어휘 간의 의미 관계	
39	①	어휘 간의 의미 관계	
40	④	어휘 간의 의미 관계	
41	②	한자어 표기와 병기	
42	①	한자어 표기와 병기	
43	①	속담, 한자 성어, 관용구	
44	①	속담, 한자 성어, 관용구	
45	②	순화어	
46	①	고유어의 사전적 의미	
47	⑤	한자어의 사전적 의미	
48	②	한자어의 문맥적 의미	
49	②	한자어의 문맥적 의미	
50	⑤	고유어의 문맥적 의미	
51	④	단어의 기본형	
52	④	어휘 간의 의미 관계	
53	②	어휘 간의 의미 관계	
54	②	어휘 간의 의미 관계	
55	④	어휘 간의 의미 관계	
56	③	한자어 표기와 병기	
57	②	한자어 표기와 병기	
58	②	속담, 한자 성어, 관용구	
59	③	속담, 한자 성어, 관용구	
60	⑤	순화어	
61	①	고유어의 사전적 의미	
62	②	한자어의 사전적 의미	
63	③	한자어의 문맥적 의미	
64	⑤	한자어의 문맥적 의미	
65	④	어휘 간의 의미 관계	
66	④	고유어의 문맥적 의미	
67	③	단어의 기본형	
68	②	어휘 간의 의미 관계	
69	②	어휘 간의 의미 관계	
70	④	어휘 간의 의미 관계	
71	②	한자어 표기와 병기	
72	⑤	한자어 표기와 병기	
73	②	속담, 한자 성어, 관용구	
74	④	속담, 한자 성어, 관용구	
75	①	순화어	

II. 어휘·어법 _ 어법   기출변형 문제

1세트

76
다음 중 단어 표기가 올바르지 않은 것은?

① 곰곰이
② 괴로이
③ 꼼꼼이
④ 깨끗이
⑤ 번번이

77
다음 중 "어간에 '-이'나 '-음' 이외의 모음으로 시작된 접미사가 붙어서 다른 품사로 바뀐 것은 그 어간의 원형을 밝히어 적지 않는" 사례에 해당하지 않는 것은?

① 노름
② 마감
③ 무덤
④ 주검
⑤ 우스개

78
밑줄 친 부분이 어법에 맞지 않는 것은?

① 그녀는 사기를 친 죗값을 치렀다.
② 약을 먹은 효과가 금세 나타났다.
③ 이 청소기는 사용이 간편케 만들어졌다.
④ 사람으로서 어찌 그런 일을 할 수 있나?
⑤ 이 자리를 빌어 감사의 인사를 드립니다.

79
밑줄 친 부분의 띄어쓰기가 잘못된 것은?

① 학생들이 수업에 오지 않았다.
② 부산에 갔던 차에 그를 만나고 왔다.
③ 이곳은 급회전 지역이므로 조심해야 한다.
④ 검사는 법 대로 그 사람을 처벌하기로 했다.
⑤ 이번 대회에 참가할 인원은 열 명 내지 스무 명이다.

80
다음 문장에서 작은따옴표(' ')가 사용법에 맞게 쓰이지 않은 것은?

① 나는 '일이 다 틀렸나 보군.' 하고 생각하였다.
② 지금 필요한 것은 '지식'이 아니라 '실천'입니다.
③ '한강'은 사진집 "아름다운 땅"에 실린 작품이다.
④ 나는 '어, 광훈이 아니냐?' 하는 소리에 깜짝 놀랐다.
⑤ 그는 "여러분! '시작이 반이다.'라는 말 들어 보셨죠?"라고 말했다.

81

밑줄 친 말이 표준어가 아닌 것은?

① 그 사람은 <u>지지리</u> 고생을 했다.
② 그가 도착할 시간이 <u>얼추</u> 다 되었다.
③ 그는 친구 결혼식에 가서 <u>부주</u>를 했다.
④ 그는 <u>방방곡곡</u> 안 다닌 데 없이 다녔다.
⑤ 그는 매일 반복되는 생활에 <u>싫증</u>을 느끼고 있다.

82

발음 변화에 따른 표준어 규정 중, "준말이 널리 쓰이고 본말이 잘 쓰이지 않는 경우에는, 준말만을 표준어로 삼는다.(ㄱ을 표준어로 삼고, ㄴ을 버림.)"라는 조항이 있다. 여기에 해당하지 않는 것은?

	ㄱ	ㄴ
①	무	무우
②	귀개	귀이개
③	따리	또아리
④	생쥐	새앙쥐
⑤	장사치	장사아치

---

76 출제 유형 한글 맞춤법

| 정답 해설 | 한글 맞춤법 제6장 제51항에 부사의 끝음절이 분명히 '이'로만 나는 것은 '-이'로 적고, '히'로만 나거나 '이'나 '히'로 나는 것은 '-히'로 적는다고 규정되어 있다. 따라서 '꼼꼼히'로 써야 한다.

77 출제 유형 한글 맞춤법

| 정답 해설 | '노름(돈이나 재물 따위를 걸고 서로 내기를 하는 일.)'은 '놀다'의 어간 '놀-'에 접미사 '-음'이 붙어 명사로 바뀌었으나, 그 어간의 뜻과 멀어져 원형을 밝히어 적지 않는 사례에 해당한다.

| 오답률 줄이는 오답 해설 | 모두 "'-이'나 '-음' 이외의 모음으로 시작된 접미사가 붙어서 다른 품사로 바뀐 것은 그 어간의 원형을 밝히어 적지 않는" 사례에 해당한다.
② 마감: 막-+-암
③ 무덤: 묻-+-엄
④ 주검: 죽-+-엄
⑤ 우스개: 웃-+-으개
[참] 한글 맞춤법 제4장 제3절 제19항(4대 어문 규정은 국립국어원 홈페이지에서 확인 가능)

78 출제 유형 한글 맞춤법

| 정답 해설 | '빌어'를 '빌려'로 바꿔 써야 한다. '자리를 빌어'는 잘못된 표현이다. 기본형이 '빌리다'이므로 활용형의 형태는 '빌리어 → 빌려'가 맞다.

79 출제 유형 띄어쓰기

| 정답 해설 | 앞말이 체언일 경우에 '-대로'는 조사로 사용되므로, 앞말에 붙여 써야 한다.

| 오답률 줄이는 오답 해설 | ① '-들'이 하나의 단어에 결합하여 복수를 나타내는 경우에는 접미사이므로, 앞말에 붙여 쓴다.

② '차'가 용언의 관형사형 뒤에 나타나는 경우에는 의존 명사이므로 띄어 쓴다.
③ '급-'은 '갑작스러운'의 뜻을 더하는 접두사이므로 '급회전'은 붙여 쓴다.
⑤ '내지'는 부사이므로 앞말과 띄어 쓴다.

80 출제 유형 문장 부호

| 정답 해설 | 다른 사람의 말이나 글을 직접 인용한 부분임을 나타낼 때는 큰따옴표(" ")를 쓴다.

| 오답률 줄이는 오답 해설 | ① 인용한 말이 마음속으로 한 말임을 나타낼 때는 작은따옴표를 쓴다.
② 문장 내용 중에서 주의가 미쳐야 할 곳이나 중요한 부분을 특별히 드러내 보일 때는 드러냄표(˙)나 밑줄(__) 또는 작은따옴표를 쓸 수 있다.
③ 소제목, 그림이나 노래와 같은 예술 작품의 제목, 상호, 법률, 규정 등을 나타낼 때는 그 앞뒤에 홑낫표(「 」)나 홑화살괄호(〈 〉)를 쓰는 것이 원칙이고 작은따옴표를 쓰는 것도 허용된다.
⑤ 인용한 말 안에 있는 인용한 말을 나타낼 때는 작은따옴표를 쓴다.

81 출제 유형 표준어

| 정답 해설 | '부주'를 '부조(扶助)'로 바꿔 써야 한다.

82 출제 유형 표준어

| 정답 해설 | 표준어 규정 제2장 제3절 제15항에 따르면 준말이 쓰이고 있더라도, 본말이 널리 쓰이고 있으면 본말을 표준어로 삼는다. '귀개'가 아니라 '귀이개'가 표준어이다.

| 정답 | 76 ③ 77 ① 78 ⑤ 79 ④ 80 ④ 81 ③ 82 ②

83

<보기>의 ㉠~㉤에 대한 설명으로 적절하지 않은 것은?

― 보기 ―
- 그는 ㉠딴 사람 생각은 조금도 안 한다.
- 딸의 병 수발을 하며 지낸 지 ㉡거진 10년이 되었다.
- 얼마 동안 발을 씻지 않았는지 ㉢구린내가 지독했다.
- 고기는 ㉣비계가 많은 제육이어서 누린내가 진동했다.
- 둘이 서로 잘못했다고 싸우고 있지만 ㉤도긴개긴이다.

① ㉠: '당장 문제 되거나 해당되는 것 이외의.'라는 의미를 지닌 말로, 표준어가 아니다.
② ㉡: '어느 한도에 매우 가까운 정도로.'라는 의미를 지닌 말로, 표준어가 아니다.
③ ㉢: '똥이나 방귀 냄새와 같이 고약한 냄새.'라는 의미를 지닌 말로, 표준어이다.
④ ㉣: '짐승, 특히 돼지의 가죽 안쪽에 두껍게 붙은 허연 기름 조각.'이라는 의미를 지닌 말로, 표준어이다.
⑤ ㉤: '조금 낫고 못한 정도의 차이는 있으나 본질적으로는 비슷비슷하여 견주어 볼 필요가 없음을 이르는 말.'로, 표준어이다.

84

<보기>에 해당하는 단어가 아닌 것은?

― 보기 ―
[표준 발음법 제29항] 합성어 및 파생어에서, 앞 단어나 접두사의 끝이 자음이고 뒤 단어나 접미사의 첫음절이 '이, 야, 여, 요, 유'인 경우에는, 'ㄴ' 음을 첨가하여 [니, 냐, 녀, 뇨, 뉴]로 발음한다.

① 담요   ② 막일   ③ 늑막염
④ 등용문   ⑤ 솜이불

85

외래어 표기가 올바른 것은?

① 싱가폴   ② 네덜란드   ③ 포루투갈
④ 베네주엘라   ⑤ 이디오피아

86

로마자 표기가 잘못된 것은?

① 명파리: Myeongpa-ri
② 종로2가: Jongro 2-ga
③ 곡성읍: Gokseong-eup
④ 당산동: Dangsan-dong
⑤ 양촌면: Yangchon-myeon

87

문장 표현이 가장 자연스러운 것은?

선물과 금품은 과연 뇌물인가 아니면 선량한 풍속인가. ① 손님이나 상대방을 접대하고 인사하는 사회적 습속으로서의 금품은 뇌물과의 경계를 대단히 모호하게 만드는 것이 사실이다. ② 적지 않은 사람들이 이러한 선물까지 금한다면 인간관계는 극도로 경색되게 되고 그 결과는 살벌한 세상뿐이라고 주장한다. ③ 이들은 촌지, 떡값, 경조사비, 전별금 등이 모두 우리 사회가 원활하게 돌아가도록 하는 필수적 요소이다. ④ 하지만 우리는 이러한 금품을 모두 선량한 풍속으로 미화할 수는 없다. ⑤ 그것이 일정한 권한 행사 또는 행정 조치와 관련하여 그 대가를 기대하는 한 뇌물성을 띤다고 하지 않을 수 없다.

88

중의성이 없는 자연스러운 문장은?

① 은재와 중기는 결혼했다.
② 언니는 유달리 배를 좋아했다.
③ 학생들이 학교에 다 오지 않았다.
④ 오늘은 나와 누나가 동생을 돌봤다.
⑤ 멋있는 그의 형이 오늘 집에 방문한다.

89

밑줄 친 단어 중, 〈보기〉의 설명을 모두 충족하는 것은?

---- 보기 ----
- 높임을 나타내는 표현으로, 문장의 주체를 높인다.
- 높임을 나타내는 선어말 어미를 포함하지 않는다.

① 그녀는 그 책을 할아버지께 드렸다.
② 어머니는 요리를 하시다가 갑자기 나를 깨우셨다.
③ 아저씨는 지금 시골에서 농사를 짓고 계실 것이다.
④ 할머니는 감기가 가시지 않은 목소리로 나를 부르셨다.
⑤ 이 회사는 고객을 정성껏 모시도록 사원 교육을 실시하고 있다.

---

83 출제 유형 표준어
| 정답 해설 | '딴'은 표준어이다.

84 출제 유형 표준 발음법
| 정답 해설 | 국어의 표준 발음법 중 'ㄴ' 첨가와 관련한 문항이다. '등용문'은 'ㄴ' 첨가 없이 [등용문]으로 발음해야 한다. 'ㄴ'이 첨가되어 발음되는 환경에 놓인 단어일지라도 예외가 되는 단어들이 있어 풀기 까다로운 문항이다. 표준 발음법 제29항에 제시된 대표적인 예를 외워 두는 것이 좋다.

---- 예외 ----
| 송별-연[송:벼련] | 등-용문[등용문] | 절약[저략] |
| 월요일[워료일] | 목요일[모교일] | 금요일[그묘일] |

| 오답률 줄이는 오답 해설 | 표준 발음법 제29항에 따라 ① 담요[담:뇨], ② 막일[망닐], ③ 늑막염[능망념], ⑤ 솜이불[솜:니불]로 발음해야 한다.

85 출제 유형 외래어 표기법
| 오답률 줄이는 오답 해설 | ① 싱가포르, ③ 포르투갈, ④ 베네수엘라, ⑤ 에티오피아가 올바른 표기이다.

86 출제 유형 로마자 표기법
| 정답 해설 | 'Jongno 2-ga'로 적어야 한다. 국어의 음운 변동은 로마자 표기에 반영하는 것이 원칙이다. 덧붙여 행정 구역 단위와 '가' 앞에는 붙임표(-)를 넣는다.

87 출제 유형 문장 표현
| 정답 해설 | ④는 호응 관계가 적절하고 필요한 성분이 모두 갖추어진 올바른 문장이다.
| 오답률 줄이는 오답 해설 | ① '손님이나 상대방을'이라는 목적어가 서술어 '인사하는'과 호응하지 않는다.
② '경색되게 되고'는 이중 피동의 표현이므로, 문법적으로 적절하지 않다.
③ '이들은 ~ 필수적 요소이다.'의 주술 호응이 적절하지 않다. '이들은 ~ 필수적 요소라고 주장한다.'로 바꾸는 것이 자연스럽다.
⑤ '그것이 ~ 기대하는'의 주술 호응이 적절하지 않다.

88 출제 유형 문장 표현
| 정답 해설 | 동생을 돌보는 주체가 '나와 누나'라는 의미로, 중의성이 없는 자연스러운 문장이다.
| 오답률 줄이는 오답 해설 | ① 주어와 목적어의 범위에 따른 중의성: 은재와 중기가 각각 다른 배우자와 결혼을 한 것인지, 은재가 중기와 결혼을 한 것인지 명확하지 않다.
② 다의어나 동음이의어에 따른 중의성: '배'가 지칭하는 것이 '먹는 배'인지, '물 위에 떠다니는 배'인지 명확하지 않다.
③ 부정의 범위에 따른 중의성: '모든 학생이 학교에 안 왔다.'와 '일부 학생이 학교에 오지 않았다.'의 두 가지 의미로 해석할 수 있다.
⑤ 수식의 범위에 따른 중의성: '멋있는'이 수식하는 대상이 '그'인지 '그의 형'인지 명확하지 않다.
참 그 밖의 유형
- 비교 대상이 불명확하여 생기는 중의성 (예 그는 나보다 혜교를 더 좋아한다.)
- 동작의 진행과 완료에 따른 중의성 (예 민호는 넥타이를 매고 있다.)

89 출제 유형 문법 요소
| 정답 해설 | 높임 표현과 관련한 문항이다. '계시다'는 '있다'의 높임말로 문장의 주어, 즉 주체를 높이면서 주체 높임 선어말 어미 '-시-'를 포함하지 않는 단어이다.
| 오답률 줄이는 오답 해설 | ①, ⑤ 문장의 주체가 아닌 객체(목적어나 부사어)를 높이는 표현이다.
② '하다'에 주체 높임 선어말 어미 '-시-'가 결합되었다.
④ '가시다'는 '어떤 상태가 없어지거나 달라지다.'라는 의미로, 높임을 나타내는 표현이 아니다.

정답 83 ① 84 ④ 85 ② 86 ② 87 ④ 88 ④ 89 ③

90
밑줄 친 번역 투의 문장을 잘못 고친 것은?

① 공부를 함에 있어서 계획을 충실히 세우는 것은 당연하다.
→ 할 때
② 시인이 이 시를 통해 말하고자 한 것은 바로 사랑의 위대함이다. → 시에서
③ 이모의 소개로 그와 처음 만남을 가진 후 6개월 만에 우리는 결혼했다. → 만난
④ 작업을 완수하기 위해서는 더 많은 사람을 필요로 한다.
→ 더 많은 사람이 필요하다.
⑤ 환경 오염이 심각하다는 사실을 이 자료가 말해 주고 있다.
→ 이 자료에서 알려 준다.

2세트

91
〈보기〉에 제시된 한글 맞춤법 규정의 예에 해당하지 않는 것은?

보기
[한글 맞춤법 제29항] 끝소리가 'ㄹ'인 말과 딴 말이 어울릴 적에 'ㄹ' 소리가 'ㄷ' 소리로 나는 것은 'ㄷ'으로 적는다.

① 나흗날   ② 미닫이   ③ 이튿날
④ 잗주름   ⑤ 섣부르다

92
밑줄 친 부분이 어법에 맞는 것은?

① 그녀에게 받은 수모를 대갚았다.
② 그런 같찮은 일로 입씨름할 필요가 없다.
③ 오빠는 헤이한 마음에 큰 실수를 저질렀다.
④ 동생은 다른 사람들에 비해 실력이 달린다.
⑤ 언니는 속이 메식거려 밥을 먹을 수가 없었다.

93
밑줄 친 부분이 어법에 맞지 않는 것은?

① 은영이는 민수에게 별명을 붙였다.
② 광현이는 여권을 가방에 욱여넣었다.
③ 지연이는 늘그막에 자식을 얻어 기뻐했다.
④ 은재는 어릴 적부터 별에별 고생을 다 했다.
⑤ 형진이는 자그마치 십억이나 사기를 당했다.

94
밑줄 친 말의 띄어쓰기가 옳지 않은 것은?

① 그 책을 다 읽는 데 삼 일이 걸렸다.
② 그녀가 회사를 그만둔 지 삼 년이 지났다.
③ 일요일에는 아침 겸 점심으로 김밥을 먹곤 한다.
④ 그는 돕기는커녕 방해할 생각만 하고 있는 듯했다.
⑤ 학교측에서는 제적된 학생들의 복학 요구에 난색을 표했다.

95
밑줄 친 말이 표준어가 아닌 것은?

① 엄마는 딸의 가르마를 탔다.
② 할머니는 뇌졸증으로 쓰러졌다.
③ 삼촌은 콧수염에 구레나룻까지 길렀다.
④ 아등바등 살아 봤자 금 수저를 이길 수 없다.
⑤ 그녀는 성격이 까탈스럽기로 이름난 교수였다.

96

문장 표현이 가장 자연스러운 것은?

> ① 나무젓가락의 포장을 찢고 나서 음식을 다 먹는 데 걸리는 시간은 결코 넉넉히 잡아도 1시간 정도를 넘지 않는다. ② 그리고 버려진 나무젓가락이 완전히 썩는 데는 20년이 걸린다. ③ 한 번 쓰고 버리는 것도 아깝지만, 아름드리 백양나무와 자작나무 숲이 젓가락의 재료로 쓰이기 위해 사라지는 것은 더욱 안타깝다. ④ 자연은 인간의 삶을 위해 잘 보존되어져서 후세에 물려주어야 할 소중한 재산이다. ⑤ 그런데 한 번 쓰고 버리는 물건을 만들기 위해 무분별하게 베어 숲을 사라지게 해도 괜찮은 것일까?

97

잘못된 문장을 바르게 고친 것으로 적절하지 <u>않은</u> 것은?

① 이번 일은 반드시 사장 혼자 처리해야 한다. → 이번 일은 절대로 사장 혼자 처리해야 한다.
② 이 차량은 사람이나 짐을 싣는 용도로 사용된다. → 이 차량은 사람을 태우거나 짐을 싣는 용도로 사용된다.
③ 산골에서 재배한 고추가 처음으로 수확하는 기쁨을 맛보았다. → 산골에서 재배한 고추를 처음으로 수확하는 기쁨을 맛보았다.
④ 사실 얼마 동안은 무엇을 할지도, 딱히 해야 할 일도 없었다. → 사실 얼마 동안은 무엇을 할지도 몰랐고, 딱히 해야 할 일도 없었다.
⑤ 국민들은 저출산 문제의 해결책이 출산 장려금 지급에 달려 있다고 생각하지 않는다. → 국민들은 출산 장려금 지급이 저출산 문제를 해결할 수 있다고 생각하지 않는다.

---

90 출제 유형 문장 표현
| 정답 해설 | '이 자료가 말해 주고 있다'와 '이 자료에서 알려 준다' 모두 번역 투 표현이다. '자료'를 주체가 아니라 객체로 바꿔 '이 자료에서 알 수 있다' 정도로 고치는 것이 적절하다.

91 출제 유형 한글 맞춤법
| 정답 해설 | '미닫이'는 '밀-+닫-+-이'로 구성된 말로, 한글 맞춤법 제29항의 예에 해당하지 않는다.
| 오답률 줄이는 오답 해설 | ① 나흗날: 나흘+날
③ 이튿날: 이틀+날
④ 잗주름: 잘-+주름
⑤ 섣부르다: 설-+부르다

92 출제 유형 한글 맞춤법
| 오답률 줄이는 오답 해설 | ① 대갚았다 → 대갚음했다
② 같찮은 → 같잖은
③ 헤이한 → 해이한
⑤ 메식거려 → 메슥거려

93 출제 유형 표준어
| 정답 해설 | '별에별'을 '보통과 다른 갖가지의.'라는 뜻의 '별의별'로 바꿔 써야 한다.

94 출제 유형 띄어쓰기
| 정답 해설 | '측'은 '어떤 무리의 한쪽을 상대적으로 이르는 말.'을 의미하는 의존 명사이므로, 앞말과 띄어 써야 한다. '학교 측'이 올바르다.
| 오답률 줄이는 오답 해설 | ① '데'가 ''일'이나 '것'의 뜻을 나타내는 말.'로 사용될 경우에는 의존 명사이므로, 앞말과 띄어 써야 한다.
② '지'가 용언의 관형사형 뒤에서 '어떤 일이 있었던 때로부터 지금까지의 동안을 나타내는 말.'로 사용될 경우에는 의존 명사이므로, 앞말과 띄어 써야 한다.
③ '겸'은 둘 이상의 명사 사이에 쓰여 '그 명사들이 나타내는 의미를 아울러 지니고 있음을 나타내는 말.'의 의미를 지닌 의존 명사이므로, 앞말과 띄어 써야 한다.
④ '는커녕'은 앞말을 지정하여 어떤 사실을 부정하는 뜻을 강조하는 보조사로, 보조사 '는'에 보조사 '커녕'이 결합한 말이다. 따라서 앞말과 붙여 써야 한다.

95 출제 유형 표준어
| 정답 해설 | '뇌졸증'을 '뇌졸중'으로 바꿔 써야 한다.

96 출제 유형 문장 표현
| 오답률 줄이는 오답 해설 | ① '결코'라는 부사어가 문맥상 적절하지 않다.
② 내용상 '그리고'라는 접속 부사보다 '그러나' 혹은 '하지만'이 적절하다.
④ '보존되어져서'가 이중 피동 표현이다.
⑤ '베어'라는 서술어의 목적어 '나무를'이 생략된 문장이다. 필요한 문장 성분이 생략될 경우 보통 비문이 된다.

97 출제 유형 문장 표현
| 정답 해설 | 부사어와 서술어의 호응이 적절한지를 파악해야 한다. 대체로 '반드시'는 긍정, '절대로'는 부정과 호응을 이룬다. 따라서 고치기 전 문장이 더 적절하다.
| 오답률 줄이는 오답 해설 | ② 앞 문장은 목적어와 서술어의 호응이 적절하지 않다. '싣다'는 '사람'과 어울리지 않는 말이므로 '태우다'라는 적절한 서술어를 사용하여 바르게 고쳤다.
③ 앞 문장의 '고추가 ~ 기쁨을 맛보았다.'는 주어와 서술어의 호응이 적절하지 않다. '고추' 같은 무정 주어는 경험이나 동작을 나타내는 서술어와 호응하여 쓰면 어색하다.
④ 앞 문장의 서술어가 생략되어 있다. 적절한 서술어를 넣어 바르게 수정했다.
⑤ 관형화 구성으로 인해 전달하고자 하는 의미가 분명하게 드러나지 못한 경우이다. 관형화 구성을 버리고, 의미를 좀 더 명확하게 드러낸 문장으로 바르게 수정했다.

정답 90 ⑤ 91 ② 92 ④ 93 ④ 94 ⑤ 95 ② 96 ③ 97 ①

98
문장의 중의성을 해소하지 못한 것은?

① 형진이는 양말을 신고 있다. → 형진이는 양말을 신는 중이다.
② 초대받은 사람들이 다 오지 않았다. → 초대받은 사람들이 다는 오지 않았다.
③ 광현이는 주식 투자를 하고 있다. → 광현이는 지금 주식 투자를 하고 있다.
④ 아름다운 그녀의 초상화가 눈에 띄었다. → 아름다운, 그녀의 초상화가 눈에 띄었다.
⑤ 은재는 나보다 중기를 더 좋아한다. → 은재는 나와 중기 중에서 중기를 더 좋아한다.

99
〈보기〉의 밑줄 친 부분의 사례로 가장 적절한 것은?

| 보기 |

일반적으로 용언이 활용을 할 때는 어간이나 어미의 기본 형태가 바뀌지 않는다. 그러나 때로 어간이나 어미의 기본 형태가 불규칙적으로 바뀌는 현상이 일어나는 경우도 있는데, 이러한 용언을 '불규칙 용언'이라 한다. 불규칙 용언은 어간이 바뀌는 것, <u>어미가 바뀌는 것</u>, 어간과 어미 모두가 바뀌는 것으로 나눌 수 있다.

① 집에 누워(눕- + -어) 요양만 했다.
② 하늘이 푸르러(푸르- + -어) 기분이 좋다.
③ 공책에 두 번 써(쓰- + -어) 오는 게 숙제다.
④ 그녀는 피부가 하얘(하얗- + -아) 인기가 많다.
⑤ 때로는 마음에 묻어(묻- + -어) 버리는 게 낫다.

100
〈보기1〉을 바탕으로 〈보기2〉의 언어 자료를 이해한 내용으로 적절하지 않은 것은?

| 보기1 |

• 문장 성분은 문장을 이루는 데 골격이 되는 부분인 주어, 서술어, 목적어, 보어 등의 주성분과, 주로 주성분의 내용을 수식하는 부분인 관형어, 부사어 등의 부속 성분, 다른 문장 성분과는 직접적인 관련이 없는 부분인 독립어인 독립 성분으로 나눌 수 있다.
• 서술어의 자릿수란 서술어의 성격에 맞추어 필요한 문장 성분들의 개수를 말한다.

| 보기2 |

㉠ 허기진 그녀는 결국 빵집에서 빵을 훔쳤다.
㉡ 아주머니가 민수를 양자로 삼았다.
㉢ 나는 남자가 아니다.
㉣ 그녀는 어머니와 닮았다.
㉤ 은재야, 이제 시집가야지.

① ㉠은 4개의 주성분과 2개의 부속 성분으로 이루어진 문장이다.
② ㉡에서의 '삼다'는 세 자리 서술어에 해당한다.
③ ㉢은 주성분만으로 이루어진 문장이다.
④ ㉣에서 '어머니와'는 주성분은 아니지만 문장이 성립되기 위해서는 필요한 성분이다.
⑤ ㉤에서 '은재야'는 부르는 말로, 독립 성분에 해당한다.

101

〈보기〉의 밑줄 친 특성을 지닌 접사가 아닌 것은?

보기

'공부하다', '반짝거리다', '신비롭다'와 같은 말에서 '-하다, -거리다, -롭다'와 같은 접사는 어근의 품사를 바꾸어 주는 기능을 한다.

① 그는 자꾸만 헛된 수작만을 부렸다.
② 사고가 나자 구경꾼들이 몰려들었다.
③ 그는 대답 대신 웃음으로 얼버무렸다.
④ 이번 신상품은 날개 돋친 듯 팔려 나갔다.
⑤ 이번 여름은 역사상 기온이 가장 높이 올랐다.

102

한글 맞춤법에 따른 문장 부호의 사용이 적절하지 않은 것은?

① 닭과 지네, 개와 고양이는 상극이다.
② 서울~천안 정도는 출퇴근이 가능하다.
③ 우리는 그 일의 참·거짓을 따질 겨를도 없었다.
④ 그 말을 듣는 순간 ×××란 말이 목구멍까지 치밀었다.
⑤ 박경리의 '토지'는 전 5부 16권에 이르는 대하소설이다.

---

98 출제 유형 | 문장 표현
| 정답 해설 | ③의 앞 문장은 '광현이는 주식 투자를 하고 있는 중이다.'라는 진행의 의미와 '광현이의 직업이 주식 투자를 하는 일이다.'라는 두 가지 의미로 해석할 수 있다. 이를 '광현이는 지금 주식 투자를 하고 있다.'라고 바꾸어도 두 가지의 의미로 모두 해석될 수 있으므로 중의성이 해소됐다고 보기 어렵다.
| 오답률 줄이는 오답 해설 | ① '-고 있다'로 인해 중의성이 발생한 경우이다. '형진이가 양말을 신은 상태'인지 '형진이가 양말을 신고 있는 중'인지 불명확하다. 고친 문장은 진행의 의미로만 해석되므로 중의성이 해소된다.
② 초대받은 사람들이 전부 오지 않은 것인지 혹은 일부만 오지 않은 것인지 불명확하다. 조사 '는'을 사용하면서 후자의 의미로 한정되었다.
④ 수식의 범위가 모호하다. '아름다운'이 수식하는 대상이 '그녀'인지 '초상화'인지 불명확하다. 쉼표를 사용하면서 '아름다운'이 수식하는 대상이 '초상화'로 한정되었다.
⑤ 은재와 '나' 중 누가 중기를 더 좋아하는지를 비교하는 것인지, 은재가 '나'와 중기 중 누구를 더 좋아하는지를 비교하는 것인지 불명확하다. 수정된 문장은 은재가 '나'와 중기 중 누구를 더 좋아하는지를 말하고 있으므로, 중의성이 해소된다.

99 출제 유형 | 문법 요소
| 정답 해설 | 용언의 활용에 관한 문항이다. '푸르러'는 어간 '푸르-'는 유지되지만, 어미 '-어'가 '-러'로 바뀌는 불규칙 용언에 해당한다.
| 오답률 줄이는 오답 해설 | ① '누워'는 어간의 원래 형태인 '눕-'이 바뀌었으므로 어간이 바뀌는 불규칙 용언에 해당한다.
③ '써'는 어간 '쓰-'에서 모음 'ㅡ'가 탈락하는 것으로, 모음의 어미 앞에서 예외 없이 탈락하는 규칙 용언에 해당한다.
④ 어간과 어미가 모두 바뀌는 불규칙 용언이다.
⑤ 어간과 어미가 모두 바뀌지 않는 규칙 용언이다.

100 출제 유형 | 문법 요소
| 정답 해설 | '그녀는(주어)', '빵을(목적어)', '훔쳤다(서술어)'라는 3개의 주성분과 '허기진(관형어)', '결국(부사어)', '빵집에서(부사어)'라는 3개의 부속 성분으로 이루어져 있다.
| 오답률 줄이는 오답 해설 | ② '삼다'는 주어, 목적어, 부사어 3개의 성분이 필요한 세 자리 서술어이다.
③ '나는(주어), 남자가(보어), 아니다(서술어).'로 이루어진 문장이다.
④ '닮았다'는 '어머니와'라는 말이 있어야 문장이 성립된다.
⑤ '은재야'는 다른 문장 성분과는 직접적인 관련이 없는 부분인 독립어이다.

101 출제 유형 | 문법 요소
| 정답 해설 | 파생어를 만들어 주는 접사와 관련한 문항이다. '구경'과 '구경꾼'은 모두 명사로, 접사 '-꾼'이 붙었을 때 품사가 바뀌지 않는다.
| 오답률 줄이는 오답 해설 | ① 헛되다: 형용사/되다: 동사
③ 웃음: 명사/웃다: 동사
④ 날개: 명사/날다: 동사
⑤ 높이: 부사/높다: 형용사

102 출제 유형 | 문장 부호
| 정답 해설 | 문장 안에서 책의 제목이나 신문 이름 등을 나타낼 때는 그 앞뒤에 겹낫표(『 』)나 겹화살괄호(《 》)를 쓰는 것이 원칙이고 큰따옴표를 쓰는 것도 허용된다.

정답 | 98 ③　99 ②　100 ①　101 ②　102 ⑤

103
밑줄 친 음절이 길게 소리 나는 것은?

① 겨울이 되자 기온이 영하로 떨어졌다.
② 회사 내 인간관계는 영원한 골칫거리였다.
③ 그녀를 보니 갑자기 다음 작품의 영감이 떠올랐다.
④ 국어보다 영어 과목을 더 중시하는 이유를 알 수가 없다.
⑤ 우리는 수석의 영광을 차지한 그에게 아낌없는 박수를 보냈다.

104
외래어 표기가 올바른 것은?

① 도너츠   ② 넌센스   ③ 소세지
④ 카톨릭   ⑤ 비즈니스

105
로마자 표기가 잘못된 것은?

① 초지진: Chojijin
② 오륙도: Oryukdo
③ 속리산: Songnisan
④ 낙동강: Nakdonggang
⑤ 대관령: Daegwalryeong

3세트

106
다음 중, 〈보기〉의 적용을 받지 않는 것은?

| 보기 |

[한글 맞춤법 제19항] [붙임] 어간에 '-이'나 '-음' 이외의 모음으로 시작된 접미사가 붙어서 다른 품사로 바뀐 것은 그 어간의 원형을 밝히어 적지 아니한다.

① 날개   ② 마개   ③ 무덤
④ 늘그막 ⑤ 우스개

107
밑줄 친 부분이 어법에 맞는 것은?

① 교수는 끊임없이 궁시렁댔다.
② 김치를 담갔더니 허리가 아프다.
③ 괜시리 마음이 아픈 날들이 있다.
④ 나는 넓따란 길을 따라 계속 걸었다.
⑤ 사람들은 그를 영웅으로 치어올렸다.

108

밑줄 친 부분이 어법에 맞지 않는 것은?

① 그녀는 물을 <u>들이키고</u> 있었다.
② <u>하노라고</u> 한 것이 이 모양이다.
③ 신경을 안 <u>쓰려야</u> 안 쓸 수가 없다.
④ 해오라기 겉이 희다고 속까지 <u>흴쏘냐</u>?
⑤ 가지가 실하니 열매도 많이 <u>열리겠구먼</u>.

109

밑줄 친 부분의 띄어쓰기가 잘못된 것은?

① 그녀는 상사를 한 시간 <u>가량</u> 기다렸다.
② 그는 공부가 <u>안돼서</u> 잠깐 쉬고 있었다.
③ 동생은 가지고 있는 돈이 천 <u>원밖에</u> 없었다.
④ <u>맨주먹</u>으로 시작해서 이만큼 성공한 것이 꿈만 같다.
⑤ 어머니가 돌아가신 그 <u>무렵</u> 나는 초등학교 4학년이었다.

---

103 출제 유형 | 표준 발음법
| 정답 해설 | 말의 장단음을 구별할 수 있는지를 묻는 문항이다. '영원'의 '영'은 길게 소리 난다.
참 현재는 언중들이 장단음을 구별하여 말하는 경우가 거의 없다. 따로 공부하는 것을 추천하지는 않는다.

104 출제 유형 | 외래어 표기법
| 정답 해설 | '비즈니스'는 올바른 표기이다.
| 오답률 줄이는 오답 해설 | ① 도너츠 → 도넛
② 넌센스 → 난센스
③ 소세지 → 소시지
④ 카톨릭 → 가톨릭

105 출제 유형 | 로마자 표기법
| 정답 해설 | 'Daegwallyeong'으로 적어야 한다. 'ㄹ'은 모음 앞에서는 'r'로, 자음 앞이나 어말에서는 'l'로 적는 것이 원칙이지만, 'ㄹㄹ'로 발음될 경우에는 'll'로 적어야 한다.

106 출제 유형 | 한글 맞춤법
| 정답 해설 | '날개'는 '날다'의 어간 '날-'에 '-개'가 붙어 구성된 말로, 모음이 아니라 자음으로 시작된 접미사와 결합한 단어이다.
| 오답률 줄이는 오답 해설 | ② 마개: 막-+-애
③ 무덤: 묻-+-엄
④ 늘그막: 늙-+-으막
⑤ 우스개: 웃-+-으게

107 출제 유형 | 표준어
| 정답 해설 | '담그다'는 표준어이므로, 어법에 맞게 쓰였다.
| 오답률 줄이는 오답 해설 | ① 궁시렁댔다 → 구시렁댔다
③ 괜시리 → 괜스레
④ 넓따란 → 널따란
⑤ 치어올리다 → 치켜세우다, 추켜세우다, 추어올리다

108 출제 유형 | 한글 맞춤법
| 정답 해설 | '들이키고'를 '들이켜고'로 바꿔 써야 한다.

109 출제 유형 | 띄어쓰기
| 정답 해설 | ① '가량'이 '정도'의 뜻을 더하는 의미로 사용될 경우에는 접미사이므로, 앞말에 붙여 써야 한다.
| 오답률 줄이는 오답 해설 | ② '일, 현상, 물건 따위가 좋게 이루어지지 않다.'의 뜻으로 사용되는 '안되다'는 동사로, 하나의 단어이기 때문에 붙여 쓴다.
③ '밖에'는 '그것 말고는', '그것 이외에는'의 뜻을 나타내는 조사로, 앞말에 붙여 쓴다.
④ '맨-'이 '다른 것이 없는'의 뜻을 더할 경우에는 접두사이므로, 뒷말에 붙여 쓴다.
⑤ '무렵'은 '대략 어떤 시기와 일치하는 즈음.'이라는 뜻의 의존 명사이므로, 앞말과 띄어 쓴다.

정답 103 ② 104 ⑤ 105 ⑤ 106 ① 107 ② 108 ① 109 ①

110
밑줄 친 말이 표준어가 아닌 것은?

① 술국은 얼큰해야 제맛이다.
② 구렁이가 똬리를 틀고 있었다.
③ 울타리에 덩쿨을 올려 심은 애호박을 땄다.
④ 그녀는 아들이 다쳤다는 말을 듣고 식겁했다.
⑤ 만 원을 내고 우수리로 오백 원을 거슬러 받았다.

111
문장 표현이 자연스럽지 않은 것은?

① 줄타기는 연희의 내용을 효과적으로 전달하고자 극적 구성 방식을 취한다. ② 극적 구성 방식의 가장 일반적인 방법은 압박과 이완을 지속적으로 반복한다. ③ 자칫하면 위험한 상황이 발생할 수 있는 줄타기의 특성 때문에 줄타기는 다른 연희 종목들과는 비교할 수 없는 극적 긴장감을 줄광대와 관중에게 제공한다. ④ 그러나 줄광대들은 이러한 극적 긴장감을 너무 오래 지속시켜서는 안 된다. ⑤ 왜냐하면 지속적인 긴장의 압박은 줄광대에게 피로감을 줄 뿐만 아니라, 관중들에게 정신적 불안감을 줄 수도 있기 때문이다.

112
밑줄 친 외국어 번역 투의 표현을 잘못 고친 것은?

① 그는 선각자에 다름 아니다. → 선각자라 할 만하다.
② 시리아는 러시아 정찰기를 격추시킨 바 있다. → 격추한 바 있다.
③ 산불 예방은 아무리 강조해도 지나치지 않다. → 매우 중요하다.
④ 다음 달에도 관련 행사를 가질 예정이다. → 행사가 있을 예정이다.
⑤ 형은 어머니에게서 사정을 들은 다음 동생을 용서했다. → 어머니로부터

113
중의성이 없는 자연스러운 문장은?

① 이것은 선생님의 그림이다.
② 동생이 사과와 배 두 개를 주었다.
③ 아름다운 그녀의 작품을 보고 싶다.
④ 누나는 오늘 고향에서 온 친구를 만났다.
⑤ 오빠는 떠나는 그녀를 슬픈 마음으로 바라보았다.

114
〈보기〉의 내용을 참고할 때, 밑줄 친 단어를 바르게 분류하지 못한 것은?

| 보기 |

합성어는 의미 관계에 따라 크게 세 가지로 나눌 수 있다. 즉, '할미꽃'과 같이 앞 성분이 뒤 성분을 수식하는 형태를 띠는 '종속 합성어', '앞뒤'와 같이 앞 성분과 뒤 성분이 대등한 관계를 띠는 '대등 합성어', '갈등(葛藤)'과 같이 앞 성분과 뒤 성분이 원래 의미를 잃어버리고 새로운 의미로 사용되는 '융합 합성어'로 나눌 수 있다.

① 논밭을 팔았다. (→ 대등 합성어)
② 돌다리를 건넜다. (→ 대등 합성어)
③ 쇠망치를 쥐었다. (→ 종속 합성어)
④ 입방아에 올랐다. (→ 융합 합성어)
⑤ 비빔밥을 만들었다. (→ 종속 합성어)

115

〈보기〉의 ㉠에 해당하는 문장이 아닌 것은?

| 보기 |

㉠서술절을 안은문장은 한 문장에 주어가 두 개 있는 것처럼 보인다. 이때 앞에 나온 주어를 제외한 나머지 부분이 서술절에 해당한다. 서술절을 안은문장에서는 절 전체가 서술어의 기능을 한다.

① 그 집은 문이 크다.
② 토끼는 앞발이 짧다.
③ 나는 예쁜 네가 정말 좋다.
④ 그는 눈이 내리기를 기다린다.
⑤ 어머니께서는 인정이 많으시다.

116

〈보기〉의 밑줄 친 ㉠과 ㉡을 모두 충족하는 부정문은?

| 보기 |

부정문은 긍정의 문장에 부정을 나타내는 말을 써서 내용 전체 또는 일부를 부정하는 문장을 말한다. 부정문에는 어떤 부정문을 사용했느냐에 따라 ㉠'의지를 나타내는 부정문'과 '능력을 나타내는 부정문', '금지의 의미를 가지는 부정문'이 있으며, 부사어를 써서 짧게 표현하는 '짧은 부정문'과 용언으로 표현하는 ㉡'긴 부정문'이 있다.

① 이제는 밥을 먹지 말아라.
② 그는 오늘 밥을 못 먹었다.
③ 그는 오늘 밥을 안 먹었다.
④ 그는 오늘 밥을 먹지 않았다.
⑤ 그는 오늘 밥을 먹지 못했다.

---

110 출제 유형 표준어
| 정답 해설 | '덩쿨'을 '넝쿨'이나 '덩굴'로 바꿔 써야 한다.

111 출제 유형 문장 표현
| 정답 해설 | ②는 주술 호응이 적절하지 않은 문장이다. '극적 구성 방식의 가장 일반적인 방법은 압박과 이완을 지속적으로 반복하는 것이다.'로 써야 올바른 문장이 된다.

112 출제 유형 문장 표현
| 정답 해설 | '어머니로부터'는 영어 'from'에서 온 번역 투 표현이며, '어머니에게서'가 더 적절하다.

113 출제 유형 문장 표현
| 오답률 줄이는 오답 해설 | ① 이것이 '선생님을 그린 것'인지, '선생님이 그린 그림'인지 불명확하다.
② 동생이 준 것이 '사과와 배 각각 두 개'인지, '사과와 배 합쳐서 두 개'인지, '사과 하나와 배 두 개'인지 불명확하다.
③ '아름다운'이 수식하는 대상이 '그녀'인지 '그녀의 작품'인지 불명확하다.
④ '오늘'이 수식하는 대상이 분명하지 않아 중의성이 발생한 경우이다. '친구가 오늘 고향에서 온 것'인지 '누나가 친구를 오늘 만난 것'인지 불명확하다.

114 출제 유형 문법 요소
| 정답 해설 | '돌다리'는 '돌로 만든 다리'라는 의미로, 종속 합성어에 해당한다.

115 출제 유형 문법 요소
| 정답 해설 | 서술절을 안은문장을 찾을 수 있는지를 묻는 문항이다. ④는 명사절을 안은문장으로, 명사절 '눈이 내리기를'은 문장 내에서 목적어 역할을 하고 있다.
| 오답률 줄이는 오답 해설 | ① '문이 크다.'가 서술절이다.
② '앞발이 짧다.'가 서술절이다.
③ '예쁜 네가 정말 좋다.'가 서술절이다.
⑤ '인정이 많으시다.'가 서술절이다.

116 출제 유형 문법 요소
| 정답 해설 | 의지를 나타내는 부정문은 '안 부정문'이며, '안 부정문'이 '긴 부정문'으로 실현된 것은 '-지 않았다'의 형태이다.

| 정답 | 110 ③ 111 ② 112 ⑤ 113 ⑤ 114 ② 115 ④ 116 ④ |

117

문장 부호에 관한 규정이 잘못된 것은?

	규정	예시
①	부르거나 대답하는 말 뒤에 쉼표(,)를 쓴다.	지은아, 이리 좀 와 봐.
②	주석이나 보충적인 설명을 덧붙일 때 소괄호(( ))를 쓴다.	니체(독일의 철학자)의 말을 빌리면 다음과 같다.
③	물음의 말로 놀람이나 항의의 뜻을 나타내는 경우에 느낌표(!)를 쓴다.	이게 누구야!
④	대비되는 두 개 이상의 어구를 묶어 나타낼 때 그 사이에 쌍점(:)을 쓴다.	남반구 : 북반구
⑤	차례대로 이어지는 내용을 하나로 묶어 열거할 때 각 어구 사이에 붙임표(-)를 쓴다.	멀리뛰기는 도움닫기-도약-공중 자세-착지의 순서로 이루어진다.

118

밑줄 친 말의 발음이 올바른 것은?

① 그 아이는 티 없이 맑게[막께] 자랐다.
② 정해진 순서를 밟지[발:찌] 않고 진행했다.
③ 그와 오랜만에 광한루[광:한누]에 가보기로 했다.
④ 주민들이 요란한 폭발음[폭빠름]에 놀라 대피하였다.
⑤ 그 구두는 어머니가 생각한 것처럼 낡지[날찌] 않았다.

119

외래어 표기가 올바른 것은?

① 뉴튼 ② 바하 ③ 호치민
④ 징기스 칸 ⑤ 아인슈타인

120

로마자 표기가 잘못된 것은?

① 묵호: Mukko
② 월곶: Wolgot
③ 태안: Taean
④ 영월: Yeongwol
⑤ 평창: Pyeongchang

4세트

121

<보기>에 제시된 규정을 적용한 사례로 적절하지 않은 것은?

보기
[한글 맞춤법 제40항] 어간의 끝음절 '하'의 'ㅏ'가 줄고 'ㅎ'이 다음 음절의 첫소리와 어울려 거센소리로 될 적에는 거센소리로 적는다. [붙임 2] 어간의 끝음절 '하'가 아주 줄 적에는 준 대로 적는다.

① 다정타 ② 생각건대
③ 연구토록 ④ 넉넉치 않다
⑤ 익숙지 않다

122

밑줄 친 부분이 어법에 맞는 것은?

① 사장은 항상 직원들을 닥달만 했다.
② 비 오는 날이면 항상 널부러지고 싶다.
③ 그는 배개를 받치고 누워 텔레비전을 보았다.
④ 갑작스러운 질문에 그녀의 얼굴이 시뻘개졌다.
⑤ 주모는 걸쭉한 말솜씨로 손님들의 흥을 돋우었다.

123

밑줄 친 부분이 어법에 맞지 <u>않는</u> 것은?

① 무슨 말인지 당최 모르겠다.
② 그녀가 가던지 말던지 상관없다.
③ 그 사장을 상대하기가 만만찮다.
④ 그는 엔간한 일에는 화를 내지 않는다.
⑤ 덩치만은 얻다 내놓아도 손색이 없었다.

---

117 출제 유형 문장 부호
정답 해설 대비되는 두 개 이상의 어구를 묶어 나타낼 때는 그 사이에 빗금(/)을 쓴다.

118 출제 유형 표준 발음법
정답 해설 발음이 올바른 것은 '폭발음[폭빠름]'으로, 된소리되기와 연음 법칙이 적용되었다.

오답률 줄이는 오답 해설 ① 맑게[말께]
② 밟지[밥:찌]
③ 광한루[광:할루]
⑤ 늙지[늑찌]

119 출제 유형 외래어 표기법
오답률 줄이는 오답 해설 ① 뉴튼 → 뉴턴
② 바하 → 바흐
③ 호치민 → 호찌민
④ 징기스 칸 → 칭기즈 칸

120 출제 유형 로마자 표기법
정답 해설 '묵호'는 'Mukho'로 적어야 한다. 체언에서 'ㄱ, ㄷ, ㅂ' 뒤에 'ㅎ'이 따를 때에는 'ㅎ'을 밝혀 적는 것이 원칙이다.

121 출제 유형 한글 맞춤법
정답 해설 보통 '하다'의 앞말이 울림소리(모음, ㄴ, ㄹ, ㅁ, ㅇ)일 때, 'ㅎ'이 뒷말의 첫소리와 축약되는 양상을 보인다. '넉넉하지 않다'는 '하'가 아주 주는 경우이므로, '넉넉지 않다'로 쓰는 것이 맞다.

오답률 줄이는 오답 해설 ① '다정하다'는 '-하다'의 앞말이 울림소리인 'ㅇ'으로 끝난다. 따라서 'ㅎ'이 뒷말의 첫소리 'ㄷ'과 축약되어 '다정타'로 바뀐다.

122 출제 유형 표준어
정답 해설 '걸쭉하다'는 표준어이므로, 어법에 맞게 쓰였다.

오답률 줄이는 오답 해설 ① 닥달 → 닦달
② 널부러지고 → 널브러지고
③ 배개 → 베개
④ 시뻘개졌다 → 시뻘게졌다

123 출제 유형 표준어
정답 해설 '가던지 말던지'를 '가든지 말든지'로 바꿔 써야 한다. '-든'은 '-든지'의 준말로, 대상들 중에서 어느 것이든 선택될 수 있음을 나타내는 연결 어미로 사용된다. '-던'은 앞말이 관형어 구실을 하게 하고, 어떤 일이 과거에 완료되지 않고 중단되었다는 미완(未完)의 의미를 나타내는 어미로 사용된다.

참 -든: 선택/-던: 과거

정답 117 ④ 118 ④ 119 ⑤ 120 ① 121 ④ 122 ⑤ 123 ②

124

다음 중 어법에 따라 띄어쓰기를 바르게 한 것은?

① 부모와 자식 간에도 예의를 지켜야 한다.
② 그렇게 공부만 하던 그 조차 시험에 떨어졌다.
③ 거리에는 오징어따위의 건어물을 파는 사람들이 많았다.
④ 노력한만큼 대가를 얻는다는 말은 가끔 공허하게 들린다.
⑤ 그녀는 가방이 얼마 짜리인지 상관없이 구입할 예정이었다.

125

밑줄 친 말이 표준어가 아닌 것은?

① 은재는 돈을 무지 벌었다.
② 그 군인은 허우대가 멀쩡했다.
③ 날씨가 후텁지근해서 불쾌지수가 높다.
④ 공사를 마치고 나자 온몸이 땀에 쩔었다.
⑤ 그는 돈도 안 내고 물건을 거저 가지려 했다.

126

문장 표현이 자연스럽지 않은 것은?

① 스마일 마스크 증후군은 속마음은 괴롭지만 겉으로는 억지로 웃어야만 하는 현상을 가리킨다. ② 이 현상은 항상 밝은 모습을 보여야 한다는 생각에 사로잡혀 감정을 밖으로 발산하지 못해 생기는 우울증의 일종으로 의학적 용어로는 '가면성 우울증'으로 불리운다. ③ 이 증후군을 앓는 사람들은 식욕이 감퇴하거나 매사에 재미가 없고 의욕이 떨어지며 피로감을 느끼게 된다. ④ 스마일 마스크 증후군은 자신의 감정을 드러내지 못하고 항상 웃어야 하는 직업을 가진 감정 노동자들에게서 많이 나타나는 것으로 알려져 있다. ⑤ 고객들에게 깍듯이 대해야 하는 서비스 종사자나 판매원, 경쟁과 성과 달성의 부담에 내몰린 직장인 가운데서 이런 질병에 시달린다고 호소하는 사람이 늘고 있다.

127

문장 표현이 가장 자연스러운 것은?

① 아무래도 그가 범인이라고 생각되어집니다.
② 비단 동물뿐 아니라 사람도 본능의 지배를 받는다.
③ 그는 우락부락한 외모와 달리 성격은 여간 상냥했다.
④ 생선의 신선도는 눈보다 아가미를 살펴보고 고르는 것이 요령이다.
⑤ 그 나라는 외부 세력과 외교적 교섭이나 전쟁을 치르면서 평화의 길로 나아갔다.

128

중의성이 없는 자연스러운 문장은?

① 도대체 길이 없다.
② 아직도 친구들이 아무도 모이지 않았다.
③ 형은 비싼 보석을 샀지만 그것을 숨기었다.
④ 그녀는 어떠한 사람이든지 만나고 싶어 한다.
⑤ 어려운 처지에 있던 그의 아들은 끝내 돌아오지 않았다.

129

다음은 조사 '에'에 대한 뜻풀이의 일부이다. 이에 해당하는 용례를 〈보기〉에서 있는 대로 골라 바르게 묶은 것은?

> 앞말이 원인의 부사어임을 나타내는 격 조사.

보기
㉠ 그는 언덕 위에 집을 지었다.
㉡ 나는 그의 의견에 찬성한다.
㉢ 그는 요란한 소리에 잠을 깼다.
㉣ 그녀는 바람에 꽃이 진다고 슬퍼했다.

① ㉠, ㉢ ② ㉡, ㉣ ③ ㉢, ㉣
④ ㉠, ㉡, ㉢ ⑤ ㉡, ㉢, ㉣

130

〈보기〉의 설명을 참고할 때, '탈락'과 '교체'가 모두 일어나는 것은?

보기
질문: '흙담'을 발음할 때 어떤 음운 변동이 일어납니까?
대답: '흙담'을 발음할 때는 'ㄺ'에서 'ㄹ'이 탈락하는 현상, 'ㄷ'이 'ㄸ'으로 교체되는 현상이 일어납니다. 그래서 [흑땀]으로 발음됩니다.

① 맏형[마텽]
② 밥물[밤물]
③ 콩엿[콩녇]
④ 넋두리[넉뚜리]
⑤ 헛웃음[허두슴]

---

124 출제 유형 띄어쓰기
정답 해설 '간'이 '관계'의 뜻을 나타내는 말로 사용될 경우에는 의존 명사이므로 앞말과 띄어 써야 한다.
오답률 줄이는 오답 해설 ② '조차'는 '이미 어떤 것이 포함되고 그 위에 더함의 뜻을 나타내는 보조사.'로, 앞말과 붙여 쓴다.
③ '따위'는 '앞에 나온 것과 같은 종류의 것들이 더 있음.'을 나타내는 의존 명사이므로, 앞말과 띄어 쓴다.
④ '만큼'이 용언의 관형사형 뒤에 나타나는 경우에는 의존 명사이므로, 앞말과 띄어 쓴다.
⑤ '짜리'는 '그만한 수나 양을 가진 것.' 또는 '그만한 가치를 가진 것.'의 뜻을 더하는 접미사로, 앞말과 붙여 쓴다.

125 출제 유형 표준어
정답 해설 '쩔었다'를 '절었다'로 바꿔 써야 한다.

126 출제 유형 문장 표현
정답 해설 '밖으로 발산하지'는 의미상 중복된 표현이며, '불리운다'는 이중 피동 표현이므로 '불린다'로 고쳐야 한다.

127 출제 유형 문장 표현
정답 해설 '비단'은 부정하는 말 앞에서 '다만', '오직'의 뜻으로 쓰이는 부사로, 서술어와 호응이 이루어진 자연스러운 문장이다.
오답률 줄이는 오답 해설 ① '생각되어지다'는 '–되다'와 '–아/어지다'가 중복 결합된 이중 피동 표현이다.
③ '여간'은 주로 부정의 의미를 나타내는 말과 함께 사용되는 부사이다. 따라서 부사어와 서술어의 호응이 적절하지 않다.
④ '생선의 신선도는 ~ 요령이다.'에서 주어와 서술어의 호응이 이루어지지 않아 자연스럽지 않다.
⑤ 명사화 구성으로, 자연스럽지 않다. '그 나라는 외부 세력과 외교적으로 교섭하거나 전쟁을 치르면서 평화의 길로 나아갔다.'로 바꾸는 것이 좋다.

128 출제 유형 문장 표현
정답 해설 ②는 '친구 중 모인 사람이 아무도 없다.'라는 뜻으로 자연스러운 문장이다.
오답률 줄이는 오답 해설 ① '길'이라는 다의어에 의해 중의성이 발생하는 문장이다. '통로'로서의 '길'인지, '방법'으로서의 '길'인지 명확하지 않다.
③ '숨기다'의 대상인 목적어 '그것을'의 의미가 중의적이다. '보석'을 숨긴 것인지, '비싼 보석을 산 사실'을 숨긴 것인지 명확하지 않다.
④ 그녀가 다른 사람들을 만나고 싶어 하는 것인지, 다른 사람들이 그녀를 만나고 싶어 하는 것인지 명확하지 않다.
⑤ '어려운 처지에 있던'의 수식의 대상이 '그'인지 '그의 아들'인지 명확하지 않다.

129 출제 유형 문법 요소
오답률 줄이는 오답 해설 ㉠ '에'가 앞말이 처소의 부사어임을 나타내는 격 조사로 쓰였다.
㉡ '에'가 앞말이 어떤 움직임을 일으키게 하는 대상의 부사어임을 나타내는 격 조사로 쓰였다.

130 출제 유형 문법 요소
정답 해설 음운의 변동과 관련된 문항이다. '넋두리'는 '넋'에서 'ㅅ'이 '탈락'한 후, 'ㄷ'이 'ㄱ'의 영향을 받아 'ㄸ'으로 '교체'되는 현상이 일어난다.
오답률 줄이는 오답 해설 ① 'ㄷ + ㅎ → ㅌ'으로 바뀌는 '축약'이 일어난다.
② 'ㅂ + ㅁ → ㅁ + ㅁ'으로 바뀌는 '교체(동화)'가 일어난다.
③ '엿'의 'ㅅ'이 'ㄷ'으로 '교체'되고, 초성에 'ㄴ'이 '첨가'된다.
⑤ '헛'의 'ㅅ'이 'ㄷ'으로 '교체'된 후 연음되는 현상이 일어난다.

| 정답 | 124 ① | 125 ④ | 126 ② | 127 ② | 128 ② | 129 ③ | 130 ④ |

131

다음 밑줄 친 부분 중 사동 표현이 아닌 것은?

① 아빠가 동생을 차에 태웠다.
② 엄마가 아이에게 밥을 먹였다.
③ 나는 이 방송도 믿기지 않았다.
④ 아버지가 그에게 짐을 지게 했다.
⑤ 철수가 손을 들어 차를 정지시켰다.

133

〈보기〉에 제시된 표준 발음법 규정의 예로 적절하지 않은 것은?

보기
[표준 발음법 제10항] 겹받침 'ㄳ', 'ㄵ', 'ㄼ', 'ㄽ', 'ㄾ', 'ㅄ'은 어말 또는 자음 앞에서 각각 [ㄱ, ㄴ, ㄹ, ㅂ]으로 발음한다.

① 넋과[넉꽈] ② 넓다[널따]
③ 밟게[발:께] ④ 외곬[외골]
⑤ 핥다[할따]

134

외래어 표기가 올바른 것은?

① 루즈   ② 매니아   ③ 리더십
④ 콩쿨   ⑤ 런닝셔츠

132

문장 부호에 관한 규정이 잘못된 것은?

	규정	예시
①	할 말을 줄였을 때 줄임표(……)를 쓴다.	"어디 나하고 한번……." 하고 민수가 나섰다.
②	같은 자격의 어구를 열거할 때 그 사이에 쉼표(,)를 쓴다.	근면, 검소, 협동은 우리 겨레의 미덕이다.
③	글자가 들어가야 할 자리를 나타낼 때 숨김표(○, ×)를 쓴다.	훈민정음의 초성 중에서 아음(牙音)은 ○○○의 석 자다.
④	생략할 수 있는 요소임을 나타낼 때 소괄호(( ))를 쓴다.	광개토(대)왕은 고구려의 전성기를 이끌었던 임금이다.
⑤	문장 내용 중에서 주의가 미쳐야 할 곳이나 중요한 부분을 특별히 드러내 보일 때 밑줄(___)을 쓴다.	지금 필요한 것은 지식이 아니라 실천입니다.

135

로마자 표기가 잘못된 것은?

① 팔당: Palddang
② 마라도: Marado
③ 광안리: Gwangalli
④ 화랑대: Hwarangdae
⑤ 대한문: Daehanmun

5세트

136

<보기>에 제시된 규정을 바르게 적용한 것은?

보기
[한글 맞춤법 제38항] 'ㅏ, ㅗ, ㅜ, ㅡ' 뒤에 '-이어'가 어울려 줄어질 적에는 준 대로 적는다.

① 뉘여 ② 띠어 ③ 쏘여
④ 쓰어 ⑤ 틔여

137

밑줄 친 부분이 어법에 맞는 것은?

① 그가 나를 차다니 어의없다.
② 공주의 얼굴이 조금 핼쓱해 보였다.
③ 이번 일은 어물쩡 넘어갈 일이 아니다.
④ 아버지는 얼굴이 붉으락푸르락 달아올랐다.
⑤ 사랑스런 아이를 보고 있으면 마냥 행복하다.

---

131 출제 유형 **문법 요소**
| 정답 해설 | ③은 사동문이 아니라 피동문이다. 사동문에는 어간에 사동 접미사 '-이-, -히-, -리-, -기-, -우-, -구-, -추-'를 결합하거나 접미사 '-시키다'를 결합하는 파생적 사동문과, 어간에 '-게 하다'를 결합한 통사적 사동문이 있다.
| 오답률 줄이는 오답 해설 | ①, ②, ⑤ 파생적 사동문이다.
④ 통사적 사동문이다.

132 출제 유형 **문장 부호**
| 정답 해설 | 글자가 들어가야 할 자리를 나타낼 때는 빠짐표(□)를 쓴다. 숨김표(○, ×)는 금기어나 공공연히 쓰기 어려운 비속어임을 나타낼 때, 비밀을 유지해야 하거나 밝힐 수 없는 사항임을 나타낼 때 쓴다.

133 출제 유형 **표준 발음법**
| 정답 해설 | 표준 발음법 제10항의 예외 조항으로 '다만, '밟-'은 자음 앞에서 [밥]으로 발음'한다로 되어 있다. 따라서 밟게[밥:께]로 발음해야 한다.

134 출제 유형 **외래어 표기법**
| 오답률 줄이는 오답 해설 | ① 루즈 → 루주
② 매니아 → 마니아
④ 콩쿨 → 콩쿠르
⑤ 런닝셔츠 → 러닝셔츠

135 출제 유형 **로마자 표기법**
| 정답 해설 | 'Paldang'으로 적어야 한다. 국어의 음운 변동은 표기에 반영하는 것이 원칙이나, 된소리되기는 표기에 반영하지 않는다.

136 출제 유형 **한글 맞춤법**
| 정답 해설 | 어간 끝 모음 'ㅏ, ㅗ, ㅜ, ㅡ'가 '-이어'와 결합하여 줄어질 때는 두 가지 형태로 나타난다. '-이'가 앞 음절에 붙어 'ㅐ, ㅚ, ㅟ, ㅢ'가 되거나 뒤 음절에 붙어 '-여'의 형태로 나타난다. 따라서 '쏘이어 → 쐬어/쏘여'로 정답은 ③이다.
| 오답률 줄이는 오답 해설 | ① 누이어 → 뉘어/누여
② 뜨이어 → 띄어
　참 '띄다'의 본말에는 '뜨이다'와 '띄우다'가 있음. '뜨이다'는 '뜨다'의 피동사로, '뜨여'로 줄여 사용할 수 있음. 반면 '띄우다'는 '뜨다'의 사동사로, '띄어쓰기, 띄어 쓰다'와 같이 사용되며, '뜨여쓰기, 뜨여 쓰다'와 같은 형태는 사용되지 않음. 이를 고려하여 '뜨이어'의 준말로 '띄어'만 규정에 제시한 것임.
④ 쓰이어 → 씌어/쓰여
⑤ 트이어 → 틔어/트여

137 출제 유형 **표준어**
| 정답 해설 | '붉으락푸르락'은 어법에 맞는 표기이다.
| 오답률 줄이는 오답 해설 | ① 어의없다 → 어이없다
② 핼쓱해 → 해쓱해/핼쑥해
③ 어물쩡 → 어물쩍
⑤ 사랑스런 → 사랑스러운

| 정답 | 131 ③ | 132 ③ | 133 ③ | 134 ③ | 135 ① | 136 ③ | 137 ④ |

138
밑줄 친 부분이 어법에 맞지 않는 것은?

① 엄마는 잠든 아기를 자리에 <u>뉘었다</u>.
② <u>얽히고설킨</u> 인연을 풀기가 쉽지 않다.
③ 내가 가진 돈은 <u>통틀어</u> 오백 원뿐이다.
④ 학생은 목이 <u>메여</u> 아무 말도 할 수가 없었다.
⑤ 아버지는 그 사람을 사윗감으로 <u>마뜩잖게</u> 생각하였다.

139
밑줄 친 부분의 띄어쓰기가 올바른 것은?

① 왜 사냐고 물으니 그냥 <u>웃을뿐이다</u>.
② 병실에 <u>가족외의</u> 사람은 출입을 제한했다.
③ <u>푸르디 푸른</u> 하늘을 보고 있자니, 눈물이 났다.
④ <u>십오 년여의</u> 세월이 흘렀어도 그는 변함이 없었다.
⑤ 인터넷 <u>상에서</u> 그 연예인에 대한 비판이 끊임없이 흘러나왔다.

140
밑줄 친 말이 표준어가 아닌 것은?

① 이번 출장은 <u>단출하게</u> 떠나기로 했다.
② 오빠는 <u>자투리</u> 시간을 효과적으로 이용했다.
③ 할아버지는 <u>멀쑥한</u> 옷차림으로 나들이를 갔다.
④ 일이 꺼림칙하게 되어 가더니 결국 <u>사단</u>이 났다.
⑤ 그녀는 혼자 살기에 <u>안성맞춤</u>인 오피스텔을 구입했다.

141
문장 표현이 가장 자연스러운 것은?

① 과거에 우리는 생각 없이 물자를 쓰고 버린다. ② 이렇게 버려진 물자는 큰 낭비가 되기도 하지만 더욱 심각한 것은 그것으로 인하여 오염되고 파괴된다는 것이다. ③ 우리는 모두 깨끗한 환경 속에서 즐겁고 보람된 삶을 누리고 싶어 한다. ④ 그리고 우리 자연은 크게 오염되어 지금 위기 상황에 놓여 있다. ⑤ 우리가 사는 단 하나뿐인 지구의 자연이 파괴되어지면 그와 동시에 우리 생활의 터전이 사라지게 되므로 이에 대한 대책이 필요하다.

142
중복 표현이 포함된 문장이 아닌 것은?

① 아무리 어려운 난관이라도 극복하는 재미가 있다.
② 그녀는 일생을 돌이켜 회고하면서 울음을 터뜨렸다.
③ 사업이 망한 그는 딸의 작은 소원도 들어줄 수가 없었다.
④ 요즘 기상청은 날씨를 미리 예측하는 일은 포기한 듯했다.
⑤ 할머니는 저 멀리 푸른 창공을 날고 있는 새를 바라보았다.

143
문장의 중의성을 해소하지 못한 것은?

① 회원들이 다 오지 않았다. → 회원들이 전부 오지 않았다.
② 형이 누나를 차에 태웠다. → 형이 누나를 차에 타게 했다.
③ 나는 용감한 친구의 형을 만났다. → 나는 친구의 용감한 형을 만났다.
④ 아버지는 사과와 배 두 개를 골랐다 → 아버지는 사과 한 개와 배 한 개를 골랐다.
⑤ 사장님은 어제 한국을 방문한 외국인을 만났다. → 사장님은 한국을 방문한 외국인을 어제 만났다.

144

〈보기〉를 참고할 때, '파생적 피동문'으로 바꿀 수 없는 것은?

| 보기 |

피동사에 의한 피동을 '파생적 피동문'이라 하는데, 피동사는 주어가 제힘으로 행하는 동작을 나타내는 능동사 어근에 피동 접미사 '-이-, -히-, -리-, -기-' 등을 결합하여 만들 수 있다.

① 닭이 파리를 먹었다.
② 경찰이 도둑을 잡았다.
③ 폭풍우가 나무를 흔들었다.
④ 그가 울고 있는 여자를 안았다.
⑤ 오는 길에 그는 소나기를 만났다.

145

〈보기〉의 설명을 따를 때, 밑줄 친 부분에 해당하는 예로 적절한 것은?

| 보기 |

우리말의 합성어는 형성 방식이 국어의 정상적인 단어 배열법에 일치하는 통사적 합성어와 그렇지 않은 비통사적 합성어로 나눌 수 있다.

① 그는 의지가 굳세다.
② 나는 일본식 덮밥을 좋아한다.
③ 올해는 유난히 늦더위가 심하다.
④ 지금 부슬비가 내리기 시작했다.
⑤ 새해를 맞아 다이어트를 결심했다.

---

138 출제 유형 표준어
| 정답 해설 | '메어'를 '메어'로 바꿔 써야 한다. 기본형이 '메다'이므로 '메-+-어 → 메어'로 써야 한다.

139 출제 유형 띄어쓰기
| 정답 해설 | '-여'는 '그 수를 넘음.'의 뜻을 더하는 접미사로, 앞말과 붙여 써야 한다.
| 오답률 줄이는 오답 해설 | ① '뿐'이 용언의 관형사형 뒤에 나타날 경우 의존 명사이므로, 앞말과 띄어 써야 한다.
② '외'가 '일정한 범위나 한계를 벗어나는 말.'을 뜻할 경우 의존 명사로 사용된다. 따라서 앞말과 띄어 써야 한다.
③ '-디'는 주로 '-디-은' 구성으로 쓰여 용언의 어간을 반복하여 그 뜻을 강조하는 연결 어미로 사용된다. 따라서 '푸르디푸른'으로 붙여 써야 한다.
⑤ '-상'이 '추상적인 공간에서의 한 위치'의 뜻을 더할 경우 접미사로 사용된다. 따라서 '인터넷상'으로 붙여 써야 한다.

140 출제 유형 표준어
| 정답 해설 | 흔히 '사단이 나다.'라고 사용하지만, 이는 표준어가 아니다. '사달이 나다.'가 옳은 표현이다.

141 출제 유형 문장 표현
| 오답률 줄이는 오답 해설 | ① '과거에'와 '버린다'의 시제가 서로 호응하지 않는다. 과거 시제와 현재 시제가 동시에 한 문장에 사용되는 것은 어색하다. '과거에'를 '요즈음'으로 바꾸는 것이 좋다.
② 서술어 '오염되고 파괴되는'의 주어가 생략되어 있다. 앞부분에 '우리의 자연이'를 넣어 주면 적절한 문장이 된다.
④ '그리고'라는 접속 부사의 사용이 잘못되었다. 맥락상 '그러나'라는 접속 부사가 더 적절하다.
⑤ '파괴되어지면'은 이중 피동 표현이다. '파괴되면'으로 바꾸는 것이 적절하다.

142 출제 유형 문장 표현
| 정답 해설 | '소원'은 '어떤 일이 이루어지기를 바람. 또는 그런 일.'이라는 뜻으로, '작은 소원'은 중복된 표현이 아니다.
| 오답률 줄이는 오답 해설 | ① '난관'은 '일을 하여 나가면서 부딪치는 어려운 고비.'라는 뜻으로, '어려운 난관'은 중복된 표현이다.
② '회고하다'는 '지나간 일을 돌이켜 생각하다.'라는 뜻으로, '돌이켜 회고하다.'는 중복된 표현이다.
④ '예측하다'는 '미리 헤아려 짐작하다.'라는 뜻으로, 이미 '미리'의 의미를 포함하고 있다.
⑤ '창공'은 '맑고 푸른 하늘.'이라는 뜻으로, '푸른 창공'은 중복된 표현이다.

143 출제 유형 문장 표현
| 정답 해설 | '다'를 '전부'로 교체하여도 '회원들이 단 한 명도 오지 않았다.'라는 의미와 '일부만 왔다.'라는 두 가지 의미로 해석이 가능하다. 따라서 중의성을 해소했다고 보기 어렵다.
| 오답률 줄이는 오답 해설 | ② '형이'를 주어로 하는 사동 표현으로, 직접 사동(형이 누나를 직접 들어서 차에 태움.)과 간접 사동(형이 누나에게 지시해 누나가 차에 탐.) 두 가지 의미로 해석된다. 수정된 문장은 간접 사동의 의미로만 해석된다.
③ '용감한'이 수식하는 대상이 '친구'인지 '친구의 형'인지 명확하지 않다. 수정된 문장은 후자의 의미로 해석된다.
④ 아버지가 고른 사과와 배의 개수가 명확하지 않다. 사과 하나와 배 두 개인지, 사과와 배 각각 하나인지 불명확하다. 수정된 문장은 후자의 의미로만 해석된다.
⑤ '어제'가 수식하는 대상이 분명하지 않아 중의성이 발생한 경우이다. '외국인이 어제 한국을 방문한 것'인지 '한국을 방문한 외국인을 어제 만났다는 것'인지 의미가 불명확하다. '어제'의 위치를 수정하면 후자의 의미만 남게 되어 중의성이 해소된다.

144 출제 유형 문법 요소
| 정답 해설 | '만나다'는 피동 접미사 '-이-, -히-, -리-, -가-'와 결합하여 피동사 형태를 만들 수가 없다.
| 오답률 줄이는 오답 해설 | ① 파리가 닭에게 먹혔다. → 먹+히+었다
② 도둑이 경찰에게 잡혔다. → 잡+히+었다
③ 나무가 폭풍우에 흔들렸다. → 흔들+리+었다
④ 울고 있는 여자가 그에게 안겼다. → 안+기+었다

145 출제 유형 문법 요소
| 정답 해설 | 통사적 합성어와 비통사적 합성어를 구분할 줄 아는지를 평가하는 문항이다. '새해'는 '새(관형사) + 해(명사)'가 결합한 통사적 합성어이다.
| 오답률 줄이는 오답 해설 | ① '굳세다'는 연결 어미 없이 '굳(어간) + 세다(용언)'가 결합한 비통사적 합성어이다.
② '덮밥'은 관형사형 어미 없이 '덮(어간) + 밥(명사)'이 결합한 비통사적 합성어이다.
③ '늦더위'는 관형사형 어미 없이 '늦(어간) + 더위(명사)'가 결합한 비통사적 합성어이다.
④ '부슬비'는 '부슬(부사) + 비(명사)'가 결합한 비통사적 합성어이다.

| 정답 | 138 ④ 139 ④ 140 ④ 141 ③ 142 ③ 143 ① 144 ⑤ 145 ⑤ |

146

〈보기〉의 밑줄 친 부분의 품사와 문장 성분을 모두 바르게 묶은 것은?

보기
<u>아름다운</u> 그녀를 볼 때마다 나는 항상 마음이 두근거렸다.

	품사	문장 성분
①	부사	서술어
②	관형사	관형어
③	관형사	부사어
④	형용사	관형어
⑤	형용사	부사어

147

문장 부호의 쓰임에 관한 설명으로 적절하지 <u>않은</u> 것은?

① ( ) → 주석이나 보충적인 내용을 덧붙일 때 쓴다.
② [ ] → 고유어에 대응하는 한자어를 함께 보일 때 쓴다.
③ : → 표제 다음에 해당 항목을 들거나 설명을 붙일 때 쓴다.
④ ~ → 두 개 이상의 어구가 밀접한 관련이 있음을 나타내고자 할 때 쓴다.
⑤ { } → 열거된 항목 중 어느 하나가 자유롭게 선택될 수 있음을 보일 때 쓴다.

148

밑줄 친 말의 발음이 올바른 것은?

① 열에 <u>여덟이</u>[여더리] 오지 않았다.
② 아저씨는 얼굴이 <u>넓둥글다</u>[넙둥글다].
③ <u>금요일</u>[그묘일]에는 맥주가 제격이다.
④ 아이들이 고무줄을 <u>끊고</u>[끈꼬] 도망쳤다.
⑤ 어릴 적 가끔 친구들과 <u>불장난</u>[불짱난]을 했다.

149

외래어 표기가 올바른 것은?

① 가디건　　② 판타지　　③ 심포지움
④ 프로포즈　　⑤ 헐리우드

150

국어의 로마자 표기에 대한 설명으로 <u>틀린</u> 것은?

① 된소리되기는 표기에 반영하지 않는다.
② 고유 명사는 첫 글자를 대문자로 적는다.
③ 이름에서 일어나는 음운 변화는 표기에 반영한다.
④ 인명, 회사명, 단체명 등은 그동안 써 온 표기를 쓸 수 있다.
⑤ 발음상 혼동의 우려가 있을 때에는 음절 사이에 붙임표(-)를 쓸 수 있다.

---

146 출제 유형 문법 요소
| 정답 해설 | 품사와 문장 성분을 이해하고 있는지를 평가하는 문항이다. '아름답다'는 품사로는 '형용사'이다. 그리고 문장에서 뒤에 있는 체언 '그녀'를 수식하는 역할을 하고 있으므로 문장 성분으로는 '관형어'에 해당한다.
[참] 품사(9개): 명사, 대명사, 수사, 조사, 동사, 형용사, 관형사, 부사, 감탄사
문장 성분(7개): 주어, 서술어, 목적어, 보어, 관형어, 부사어, 독립어

147 출제 유형 문장 부호
| 정답 해설 | 두 개 이상의 어구가 밀접한 관련이 있음을 나타내고자 할 때 쓰는 문장 부호는 붙임표(-)이다. 물결표(~)는 기간이나 거리 또는 범위를 나타낼 때 쓴다. 이때 물결표 대신 붙임표를 쓸 수 있다.

148 출제 유형 표준 발음법
| 오답률 줄이는 오답 해설 | ① 여덟이[여덜비]
② 넓둥글다[넙뚱글다]
④ 끊고[끈코]
⑤ 불장난[불장난]

149 출제 유형 외래어 표기법
| 오답률 줄이는 오답 해설 | ① 가디건 → 카디건
③ 심포지움 → 심포지엄
④ 프로포즈 → 프러포즈
⑤ 헐리우드 → 할리우드

150 출제 유형 로마자 표기법
| 정답 해설 | 이름에서 일어나는 음운 변화는 표기에 반영하지 않는다.

| 정답 | 146 ④　147 ④　148 ③　149 ②　150 ③ |

어법 취약유형 체크표

문항번호	정답	유형	맞고틀림
76	③	한글 맞춤법	
77	①	한글 맞춤법	
78	⑤	한글 맞춤법	
79	④	띄어쓰기	
80	④	문장 부호	
81	③	표준어	
82	②	표준어	
83	①	표준어	
84	④	표준 발음법	
85	②	외래어 표기법	
86	②	로마자 표기법	
87	④	문장 표현	
88	④	문장 표현	
89	③	문법 요소	
90	⑤	문장 표현	
91	②	한글 맞춤법	
92	④	한글 맞춤법	
93	④	표준어	
94	⑤	띄어쓰기	
95	②	표준어	
96	③	문장 표현	
97	①	문장 표현	
98	③	문장 표현	
99	②	문법 요소	
100	①	문법 요소	
101	②	문법 요소	
102	⑤	문장 부호	
103	②	표준 발음법	
104	⑤	외래어 표기법	
105	⑤	로마자 표기법	
106	①	한글 맞춤법	
107	②	표준어	
108	①	한글 맞춤법	
109	①	띄어쓰기	
110	③	표준어	
111	②	문장 표현	
112	⑤	문장 표현	
113	⑤	문장 표현	
114	②	문법 요소	
115	④	문법 요소	
116	④	문법 요소	
117	④	문장 부호	
118	④	표준 발음법	
119	⑤	외래어 표기법	
120	①	로마자 표기법	
121	④	한글 맞춤법	
122	⑤	표준어	
123	②	표준어	
124	①	띄어쓰기	
125	④	표준어	
126	②	문장 표현	
127	②	문장 표현	
128	②	문장 표현	
129	③	문법 요소	
130	④	문법 요소	
131	③	문법 요소	
132	③	문장 부호	
133	③	표준 발음법	
134	③	외래어 표기법	
135	①	로마자 표기법	
136	③	한글 맞춤법	
137	④	표준어	
138	④	표준어	
139	④	띄어쓰기	
140	④	표준어	
141	③	문장 표현	
142	③	문장 표현	
143	①	문장 표현	
144	⑤	문법 요소	
145	⑤	문법 요소	
146	④	문법 요소	
147	④	문장 부호	
148	③	표준 발음법	
149	②	외래어 표기법	
150	③	로마자 표기법	

에듀윌이
너를
지지할게
ENERGY

인생은 끊임없는 반복.
반복에 지치지 않는 자가 성취한다.

– 윤태호 「미생」 중

PART III 쓰기

출제비중 **5%**

공략TIP

쓰기 영역에서는 5문제가 1개의 주제로 긴밀하게 연계되어 있거나 2문항 1주제 또는 3문항 1주제 형태로 출제되고 있다. 최근 사회적인 이슈, 정부의 정책에 관심을 가지면 문제를 푸는 데 도움이 된다. 대체로 정답률이 높은 편이나 자료 활용 방안, 개요 수정 및 상세화 방안의 정답률은 상대적으로 낮은 편이므로 주의하자.

III. 쓰기

기출변형 문제

1세트

[01~03] '유기 동물 증가에 따른 대책 마련'을 주제로 글을 작성하려고 한다. 제시된 물음에 답하시오.

01

글을 쓰기 위해 계획한 내용으로 적절하지 않은 것은?

- **주제**: 유기 동물 증가에 따른 대책 마련 촉구
- **목적**: 유기 동물 증가에 따른 피해 사례 방지와 문제점의 해결 방안 마련
- **예상 독자**: 정부 관련 부처, 지방 자치 단체, 일반인
- **글의 내용**
  - 생명 경시 풍조로 인해 동물을 버리는 경우가 많음을 설명한다. ·· ①
  - 유기 동물 관리 시설이 부족하고 정부의 지원이 미흡함을 지적한다. ·· ②
  - 생명의 소중함을 인식시키기 위한 홍보 정책 등이 필요함을 강조한다. ·· ③
  - 생활 속에서 쉽게 실천할 수 있는 멸종 위기 동물 보호법의 내용을 소개한다. ································· ④
  - 유기 동물 관리 시설에 대한 정부의 지원 필요성을 강조하고 실행을 촉구한다. ····························· ⑤

02

〈글쓰기 자료〉에 제시된 자료의 활용 방안으로 적절하지 않은 것은?

〈글쓰기 자료〉

㉠ 서울과 경기권에 전국 유기 동물 보호소의 60%가 운영되고 있으며 기타 지역은 그 수가 매우 적다.
㉡ 조사 결과에 따르면 유기된 반려동물은 지난해 8만 3천 마리가량이며 그 수가 지속적으로 증가하는 추세이다.
㉢ 일본과 대만은 동물 등록제를 오랜 기간 시행하고 동물 보호 교육을 강화하면서 유기 동물 수가 현저히 줄었다.
㉣ 최근 5년간 유기된 반려동물 중 13만 마리는 새로운 주인을 찾았으나, 12만 마리는 안락사가 되었고, 10만 마리는 자연사했다.

① ㉠을 활용하여, 유기 동물 관리 시설이 부족하며 지역별 편차가 심함을 설명한다.
② ㉡을 활용하여, 유기 동물 증가에 따른 대책 마련이 절실함을 강조하고 대책 마련을 촉구한다.
③ ㉡과 ㉢을 활용하여, 유기 동물 증가를 막는 해외 대책을 차용하여 활용하는 방안을 제시한다.
④ ㉠과 ㉢을 활용하여, 정부와 지자체 차원의 제도적·구조적 행정 조치가 필요함을 설명한다.
⑤ ㉣을 활용하여, 유기 동물의 안락사와 자연사의 구체적인 과정을 비교하여 독자의 이해를 돕는다.

03

위의 계획과 자료를 바탕으로 〈개요〉를 작성하였다. 〈개요〉의 수정 및 상세화 방안으로 적절하지 <u>않은</u> 것은?

┌─ 개요 ─┐

Ⅰ. 서론
  1. '유기 동물'의 개념
  2. 유기 동물의 수가 점차 증가하는 현황 ············ ㉠

Ⅱ. 본론
  1. 유기 동물 증가의 원인
    – 유기 동물의 주인 인도 방법의 부재
    – 생명의 소중함을 인식시키기 위한 교육 ·········· ㉡
    – 유기 동물 관리 시설의 부족과 관련 정책 정부 지원 부족
  2. 동물 유기를 막기 위한 방안
    – 유기 억제를 위한 제도적 장치의 부재 ············ ㉢
    – 반려동물과 주인의 정보를 관리하는 동물 등록제 강화
    – 정부 차원의 지원 확대와 일반인의 의식 개선 캠페인 벌이기 ·················· ㉣

Ⅲ. 결론
  유기 동물 민간 관리 단체의 운영 현황에 대한 국내외 사례 조사 ················· ㉤

① ㉠은 글의 객관성을 높이기 위해 다년간의 통계 조사 결과를 제시하며 설명하도록 한다.
② ㉡은 상위 항목과의 연관성을 고려하여 Ⅱ-2의 하위 항목으로 위치를 옮겨 제시한다.
③ ㉢은 글의 설득력을 높이기 위해 '유기 억제를 위한 제도적 장치의 해외 사례'를 추가하여 제시한다.
④ ㉣은 기존에 진행되고 있는 지원의 현황을 확인하고 부족한 점을 보완하는 내용을 추가하여 구성한다.
⑤ ㉤은 결론의 내용으로 적합하지 않으므로 삭제하고, 본론의 내용을 요약하여 제시하는 것으로 수정한다.

[04~05] 위의 내용을 토대로 작성한 강연문이다. 제시된 물음에 답하시오.

> 이제 국내에 반려동물이 700만 마리에 달하는 시대가 되었습니다. 국민 7명당 1명꼴로 반려동물을 기르다 보니 동물 학대가 심심치 않게 일어나고 (A)동물 유기 문제는 더욱 심각해지고 있습니다. 5년간 발견된 유기 동물 가운데 13만 마리는 새로운 주인을 찾았으나, 12만 마리는 안락사가 되었고, 10만 마리는 자연사했습니다. ㉠게다가 통계 결과가 놀랍지 않으신가요?
>
> 그럼에도 불구하고 ㉡통계 자료에 유기견 보호소의 수는 턱없이 부족하여 서울과 경기 등 일부 지역을 제외하고는 도시 전체에 1~2곳 정도의 보호소가 있을 뿐이어서 유기견의 보호가 어려운 상황입니다. 특히 휴가철이 낀 7~8월에는 유기견의 수가 급격히 증가하므로 이를 위한 대비책도 필요하며, 반려동물을 유기하는 비율이 높은 대도시를 대상으로 동물 등록제 시행이 원활할 수 있도록 정책적으로 지원하는 ㉢방안입니다.
>
> 일본과 대만의 경우에는 동물 등록제가 효율적으로 실행되어 유기된 반려동물의 수가 많이 줄어들고 있다고 합니다. 우리나라도 동물 등록제가 시행되고 있으나 아직은 기대만큼 유기 동물의 숫자가 감소하지 못한 것으로 나타나고 있습니다. ㉣그러나 정부의 효과적인 대책 마련이 필요하며, ㉤이와 같이 우리 사회의 유기 동물에 대한 관심과 이해가 높아져야 하는 시점이 아닌가 생각합니다.

04

글의 내용으로 보아 (A)의 상황에 가장 적합한 한자 성어는?

① 권토중래(捲土重來)
② 설상가상(雪上加霜)
③ 금상첨화(錦上添花)
④ 비분강개(悲憤慷慨)
⑤ 절차탁마(切磋琢磨)

05

㉠~㉤을 수정하려고 할 때, 그 방안으로 적절하지 않은 것은?

① ㉠: 앞 문장과의 자연스러운 연결을 위해 '이러한'으로 수정한다.
② ㉡: 문맥에 적합하도록 '통계 자료에서 보시다시피'로 수정한다.
③ ㉢: 내용의 흐름에 맞게 '방안이 마련되어 있습니다.'로 수정한다.
④ ㉣: 자연스러운 문장의 흐름을 고려하여 '따라서'로 수정한다.
⑤ ㉤: 문장 성분들 간의 호응을 고려하여 '이와 함께'로 수정한다.

2세트

[06~08] '미세 먼지의 측정 현황과 문제점 개선 방안'을 주제로 글을 작성하려고 한다. 제시된 물음에 답하시오.

06

글을 작성하기 위하여 계획한 내용으로 적절하지 않은 것은?

연구 목적	미세 먼지의 측정이 정확하게 되고 있는지 현황 파악, 문제점 개선 방안 고찰
연구 내용	– 미세 먼지의 측정 현황과 그 문제점 파악 – 미세 먼지의 측정 보완 방안의 모색
연구 방법	– 미세 먼지의 개념과 측정의 필요성에 대한 의의를 확인한다. ……………………………… ① – 미세 먼지의 측정 기준을 알아보고, 문제점은 없는지 살펴본다. ………………………… ② – 미세 먼지와 황사로 인한 대기 오염의 상관관계를 파악하여 제시한다. ……………… ③ – 미세 먼지 측정소의 현황을 파악하고 관련 인터뷰 내용을 제시한다. ………………… ④ – 문제점과 개선 방안의 주요한 내용을 정리하여 보고서를 마무리한다. ……………… ⑤

07

〈글쓰기 자료〉에 제시된 자료의 활용 방안으로 적절하지 않은 것은?

〈글쓰기 자료〉

㉠ 미세 먼지 주의보 발령 현황에 따르면 5년 전부터 주의보 발령 횟수와 일수가 지속적으로 증가하고 있다.

㉡ 최근 16개 도시 중 7개 도시의 대기 오염도 최고값이 대기 환경 기준을 넘어섰으며, 16개 모든 도시의 대기 오염도의 최저값이 대기 환경 기준에 근접하였다.

㉢ 미세 먼지 측정소 간격이 먼 지방은 한 곳의 측정값이 대표성을 갖기 어려우며 서울의 경우에도 측정소의 측정값이 다른 기계의 측정값과 다르게 나타난다.

㉣ 대기 중 미세 먼지가 매우 나쁨 수준인 날 밖을 돌아다니는 것이 담배 연기가 나오는 방 안에 있는 것과 마찬가지거나 더 나쁘다는 분석이 있다.

① ㉠을 활용하여, 미세 먼지로 인한 대기 오염이 점점 심각해지고 있음을 강조한다.
② ㉡을 활용하여, 대기 오염도의 최저값이 대기 환경 기준에 미달했음을 근거로 불안감을 해소해야 한다고 주장한다.
③ ㉢을 활용하여, 미세 먼지의 측정이 정확하게 되지 못하고 있다는 문제점을 지적하고 이를 해결할 방안을 모색한다.
④ ㉠과 ㉣을 활용하여, 미세 먼지가 인체에 해로움을 강조하고 이를 미세 먼지 측정의 필요성과 연계하여 설명한다.
⑤ ㉡과 ㉣을 활용하여, 미세 먼지 문제가 심각한 현실을 제시하고 이를 개선할 방안 마련이 시급함을 주장한다.

| 04 출제 유형 | **논지 전개**
| 정답 해설 | '난처한 일이나 불행한 일이 잇따라 일어남을 이르는 말.'인 '설상가상(雪上加霜)'이 (A)의 상황에 가장 적합하다.
| 오답률 줄이는 오답 해설 | ① 권토중래(捲土重來): 땅을 말아 일으킬 것 같은 기세로 다시 온다는 뜻으로, 한 번 실패하였으나 힘을 회복하여 다시 처들어옴을 이르는 말.
③ 금상첨화(錦上添花): 비단 위에 꽃을 더한다는 뜻으로, 좋은 일 위에 또 좋은 일이 더하여짐을 비유적으로 이르는 말.
④ 비분강개(悲憤慷慨): 슬프고 분하여 마음이 북받침.
⑤ 절차탁마(切磋琢磨): 옥이나 돌 따위를 갈고 닦아서 빛을 낸다는 뜻으로, 부지런히 학문과 덕행을 닦음을 이르는 말.

| 05 출제 유형 | **퇴고**
| 정답 해설 | 앞으로 해 나가야 할 일을 다루는 내용의 흐름을 고려하여 '방안이 마련되어야 할 것입니다.'로 수정하는 것이 적절하다.

| 06 출제 유형 | **글쓰기 계획**
| 정답 해설 | 미세 먼지의 측정 현황과 문제점 개선 방안에 대한 보고서이므로, 미세 먼지와 황사로 인한 대기 오염의 상관관계는 제시할 필요가 없다.

| 오답률 줄이는 오답 해설 | ① 미세 먼지의 개념과 측정의 필요성에 대한 의의를 확인하는 것은 미세 먼지의 측정 현황과 문제점 개선 방안에 접근하는 데 적절하다.
② 보고서의 핵심 내용이므로 적절한 계획이다.
④ 측정소의 현황을 파악하고 관련 인터뷰 내용을 제시하여 보고서의 주요한 내용을 보충할 수 있다.
⑤ 결론에서는 앞에서 언급된 내용을 정리하여 제시하고 마무리를 짓는다.

| 07 출제 유형 | **자료 활용 방안**
| 정답 해설 | 16개 모든 도시의 대기 오염도의 최저값이 대기 환경 기준에 근접하였다는 것은 대기 오염이 그만큼 심각하다는 의미이다. 따라서 ㉡은 대기 오염의 심각성을 강조하고 정확한 미세 먼지 측정의 필요성을 강조하는 데에 활용하는 것이 바람직하다.

| 정답 | 04 ② 05 ③ 06 ③ 07 ②

08

위의 계획과 자료를 바탕으로 〈개요〉를 작성하였다. 〈개요〉의 수정 및 상세화 방안으로 적절하지 않은 것은?

개요

- Ⅰ. 서론 ··· ㉠
  1. 미세 먼지 개념
  2. 미세 먼지의 농도 ······················· ㉡
- Ⅱ. 미세 먼지 측정 현황과 문제점
  1. 미세 먼지 측정 기준의 현황과 문제점 ······· ㉢
  2. 대기 오염 전광판 시설 확충 방안 ············· ㉣
- Ⅲ. 미세 먼지 측정 문제점 개선 방안
  1. 미세 먼지 측정 관련 기준 정비
  2. 미세 먼지 측정소의 시설 확충 방안 ········· ㉤
- Ⅳ. 결론

① ㉠에서는 미세 먼지의 심각성과 피해 사례를 제시하여 이 연구의 목적을 뚜렷하게 보여 준다.
② ㉡은 서론의 하위 항목으로 적절하지 않으므로, '미세 먼지의 심각성'을 보여 주는 구체적인 사례를 제시하는 내용으로 수정한다.
③ ㉢에서는 측정된 미세 먼지의 농도를 구체적으로 제시하여 독자가 미세 먼지의 심각성을 이해하도록 한다.
④ ㉣은 개선 방안의 하위 항목에 포함되는 것이 적절하므로 Ⅲ으로 이동시키고, Ⅱ-2에서는 '미세 먼지 측정소의 현황과 문제점'을 다룬다.
⑤ ㉤에서는 해외의 미세 먼지 측정소 시설에 관한 구체적 사례를 들어 어떻게 시설을 확충하는 것이 좋을지 참고할 수 있게 한다.

[09~10] 위의 내용을 토대로 작성한 보고서의 일부이다. 제시된 물음에 답하시오.

미세 먼지는 최고 등급인데 황사는 가장 낮은 등급으로 나와서 야외 활동을 해도 된다는 건지 안 된다는 건지 헷갈리는 경우가 많다. 발표하는 기관마다 기준이 제각각이라서 그런 것인데, ㉠혼란을 발생한다는 지적이 나오고 있다. 황사가 잔뜩 밀려들어 온 지난 토요일, 서울의 미세 먼지 농도는 세제곱미터당 189㎍을 기록했다. 미세 먼지를 기준으로 150㎍을 넘어 '매우 나쁨' 수준으로 주의보까지 내려졌는데, 황사를 기준으로 하면 그냥 '보통' 수준이다. 황사가 원인 물질이었지만 정작 황사 특보는 ㉡특히 없는 것이 바람직하다. 보통 미세 먼지는 석탄이나 디젤 연소 때 발생하는 질소 화합물이 주축인 반면, 황사는 몽골 등에서 발생한 모래 먼지이다. ㉢따라서 주의보를 발령하는 기준으로 보면 황사가 미세 먼지보다 2배 이상 높고 초미세 먼지는 ㉣그 절반 수준인 것을 알 수 있다. 황사는 기상청이, 미세 먼지는 환경부가 맡고 있는 (ⓐ)이 큰 문제이다. 이로 인해 평소 기상청은 미세 먼지에 대한 분석이나 언급을 꺼리고 있다. 황사가 주된 원인일 경우 환경부가 기상청에 설명을 떠미는 바람에 엇박자를 초래하고 있는 것이다. 반면 중국의 경우 이미 '공기 품질 지수'를 개발해 6등급으로 나누고, 주요 오염 물질을 따로 표기해 한눈에 알아보고 대비할 수 있도록 했다. 대기질에 대한 관심이 커지는 만큼 관련 기준과 관리를 정비할 ㉤시점을 확인해야 한다.

09

글의 내용으로 보아 ⓐ에 들어갈 한자 성어로 가장 적절한 것은?

① 불치하문(不恥下問)
② 안분지족(安分知足)
③ 다기망양(多岐亡羊)
④ 교언영색(巧言令色)
⑤ 사분오열(四分五裂)

10

㉠~㉤을 수정하려고 할 때, 그 방안으로 적절하지 않은 것은?

① ㉠: '혼란만 부추긴다는'으로 내용을 수정하면 문장의 호응이 자연스러워진다.
② ㉡: 문장 내의 호응이 적절하지 않으므로 '전혀 없었던 것이다.'로 수정한다.
③ ㉢: 문맥의 흐름이 적절하지 않으므로 '그런데'로 수정하는 것이 바람직하다.
④ ㉣: '그 절반 수준인 것을'이 자연스럽지 않으므로 '그 절반이나 됨을'로 수정해야 한다.
⑤ ㉤: 내용의 흐름이 적절하지 않으므로 '시점이다.' 혹은 '시점이 된 것이다.' 등으로 수정한다.

---

08 출제 유형 개요 수정 및 상세화 방안
정답 해설 ㉢은 '미세 먼지 측정 현황과 문제점'의 하위 항목이다. 따라서 미세 먼지의 심각성을 강조하는 것이 아니라 미세 먼지 측정 기준의 현황과 문제점을 다루어야 한다. 미세 먼지의 심각성은 서론에서 다루는 것이 적절하다.

09 출제 유형 논지 전개
정답 해설 대기 오염에 대해 각기 다른 두 부서에서 담당하고 있어 문제가 발생한 것이므로 '질서 없이 어지럽게 흩어지거나 헤어짐.'이라는 뜻의 '사분오열(四分五裂)'이 가장 적절하다.

오답률 줄이는 오답 해설 ① 불치하문(不恥下問): 손아랫사람이나 지위나 학식이 자기만 못한 사람에게 모르는 것을 묻는 일을 부끄러워하지 아니함.
② 안분지족(安分知足): 편안한 마음으로 제 분수를 지키며 만족할 줄을 앎.
③ 다기망양(多岐亡羊): 방침이 많아서 도리어 갈 바를 모름.
④ 교언영색(巧言令色): 아첨하는 말과 알랑거리는 태도.

10 출제 유형 퇴고
정답 해설 ④에서 제시한 내용이 오히려 문맥의 흐름에 어울리지 않으므로 수정하지 않고 원래대로 두는 것이 적절하다.

정답 08 ③ 09 ⑤ 10 ④

3세트

[11~13] '고령자 취업 현황'을 주제로 글을 작성하려고 한다. 제시된 물음에 답하시오.

11

글을 쓰기 위해 계획한 내용으로 적절하지 않은 것은?

연구 목적	고령자 취업 현황 조사 및 문제점 파악과 개선점 마련
연구 내용	• 고령자의 취업 실태 파악 • 고령자의 취업 목적 조사
연구 방법	– 저출산의 원인과 출산 장려 정책의 필요성과 의의를 검토한다. ················ ① – 고령자들의 취업 이유가 무엇인지 설문 조사 결과를 정리하여 제시한다. ················ ② – 고령 인구의 비중 추이를 확인하여 고령자 취업과의 상관관계를 찾는다. ················ ③ – 고령자 취업의 문제점을 전문가와의 인터뷰를 통해 확인한다. ················ ④ – 고령자 취업 구조의 개선이 필요한 이유를 다시 한번 강조한다. ················ ⑤

12

〈글쓰기 자료〉에 제시된 자료의 활용 방안으로 적절하지 않은 것은?

〈글쓰기 자료〉

㉠ 조사에 따르면 남녀 고령자 모두 생활비의 마련을 위해 취업을 하는 것으로 나타났다.
㉡ 고령 인구가 차지하는 비율이 7% 이상이면 고령화 사회이며 우리나라는 현재 고령 인구 비중이 15% 이상이다.
㉢ 노인 가구의 월평균 소득은 그 외 가구의 월평균 소득의 약 38%에 불과하며 노인 가구의 절반 이상이 소득이 적은 공익형 일자리에서 일하고 있다.
㉣ 근래 노인의 취업 비율은 30%에 머물러 있으며 대부분 주중 20시간 미만으로 근무를 하고 있다.

① ㉠을 활용하여, 고령자가 취업하는 이유가 경제적인 부분과 밀접한 현실을 강조한다.
② ㉡을 활용하여, 우리 사회가 이미 고령화 사회로 진입했으며 고령자의 사회 활동이 사회 안에서 중요한 비중을 차지하고 있음을 밝힌다.
③ ㉠과 ㉡을 활용하여, 우리 사회가 고령화 사회로 진입해 있다는 것과 그 사회 안에서 고령자의 삶이 어떠해야 하는가에 대해 고찰해 본다.
④ ㉠과 ㉢을 활용하여, 경제적인 이유로 취업 활동을 하는 고령자가 많으나 그 목적이 달성되지 못하는 점을 지적한다.
⑤ ㉠과 ㉣을 활용하여, 고령자가 여가를 어떻게 보내도록 하는 것이 좋을지 적절한 방안을 제시한다.

13

위의 계획과 자료를 바탕으로 〈개요〉를 작성하였다. 〈개요〉의 수정 및 상세화 방안으로 적절하지 <u>않은</u> 것은?

```
┌─────────────── 개요 ───────────────┐
 Ⅰ. 서론 ·········································· ㉠
    고령자의 경제적 어려움 ················· ㉡
 Ⅱ. 고령자 취업의 현황
    1. 고령자 취업의 목적
    2. 고령화 사회로의 진입 ··················· ㉢
 Ⅲ. 고령자 취업의 방향 제안
    1. 개인적인 노력의 방향 ··················· ㉣
    2. 기관과 정부가 노력할 내용
 Ⅳ. 결론 ··········································· ㉤
```

① ㉠: 평균 수명 100세의 시대, 고령화 사회의 대표적인 현상을 예로 들어 고령자의 사회적 비중이 높아진 현실을 설명한다.

② ㉡: 고령자의 경제적 어려움을 보여 주는 구체적 사례와 통계 수치 등을 제시하여 본론에서 전개할 내용의 설득력을 높인다.

③ ㉢: 고령화 사회로의 진입이 얼마 남지 않았음을 시사하며 대비책을 마련해야 함을 강조한다.

④ ㉣: 고령자가 취업을 위해 기울일 수 있는 개인적인 노력의 구체적 내용을 제시하도록 한다.

⑤ ㉤: 고령자 취업에서 발생할 수 있는 문제점을 제시하며 이를 해결하기 위한 개인적, 사회적 노력이 필요함을 다시 한 번 강조한다.

[14~15] 위의 내용을 토대로 작성한 보고서의 일부이다. 제시된 물음에 답하시오.

위의 조사 결과와 같이 우리 사회에서 고령자의 취업은 선택이 아닌 필수가 되었다. 단순히 무료함에서 해방되고 정체성을 찾기 위한 과정이 아닌, ㉠<u>노후 생계를 유지를 위한 소득이 필요하기 때문이다.</u>

그러나 근래 노인의 취업 비율은 30%대에 머물러 있다. 취업 노인의 종사 직종은 농림 어업 숙련 종사자, 단순 노무, 판매 종사자 순임을 확인할 수 있는데, 이마저도 주 20시간 미만의 짧은 시간만 근무를 하는 것으로 나타났다. 많은 고령자들은 일을 하고 싶어도 일할 자리가 없다는 말을 하고 있다. ㉡<u>예를 들어</u> 다양한 직종에서 근무할 환경이 열려 있지 않다는 것이다.

이러한 고령자 취업의 문제점들을 개선하기 위해서는 고령자가 개인적으로 해 나가야 할 노력과 기관 및 정부에서 해야 하는 노력이 병행되어야만 할 것이다.

우선 고령자가 자신의 취업을 위해 노력해야 할 부분이 있을 것이다. 자신의 경력을 객관적으로 분석하고, 자신이 잘할 수 있는 분야가 무엇인지를 명확히 알고 있는 것이 중요하다. 이러한 조건들을 토대로 직종과 업종을 정해서 효율적인 구직 활동을 실행해야 한다. ㉢<u>전혀</u> 취업을 위해 무작정 (ⓐ)하기보다는 자신이 가진 경력을 잘 살려서 그 기술과 노하우를 계속 활용하기에 적절한 직업을 찾는 것이 좋다.

다음으로 기관과 정부에서 담당해야 하는 역할이 있다. 우선 고령자 취업 알선 센터와 같은 기관에서는 취업 희망자를 발굴하며 ㉣<u>상담이 유도되고</u> 구직 등록을 진행하여 대상 어르신들에게 적합한 직종을 알선하는 지원을 해야 한다. 이와 함께 고령자가 취업 후 지속적으로 일자리를 유지할 수 있도록 취업 적응 교육을 실시해야 할 것이다. 취업 후 고령자의 인력 활용에 대한 구인처의 만족도 관리도 ㉤<u>수반된 것이다.</u>

---

11 출제 유형 **글쓰기 계획**
| 정답 해설 | 저출산이 고령화 사회와 연관성이 있기는 하지만, 해당 글의 주요한 목적은 고령자 취업의 현황 조사 및 문제점 파악, 개선점 마련이므로 ①은 연구 방법에 포함되기에 적절하지 않다.

12 출제 유형 **자료 활용 방안**
| 정답 해설 | 고령자가 여가를 어떻게 보내도록 할 것인가 하는 방안은 '고령자 취업 현황'이라는 글의 주제와 거리가 멀다.

13 출제 유형 **개요 수정 및 상세화 방안**
| 정답 해설 | '고령화 사회로의 진입'은 '고령자 취업의 현황'의 하위 항목으로 적절하지 않으므로, 서론으로 이동하여 서술하는 것이 적절하다. 또한 우리나라는 이미 고령화 사회에 진입해 있다.

| 정답 | 11 ①   12 ⑤   13 ③ |

14

글의 내용으로 보아 (ⓐ)에 들어갈 한자 성어로 가장 적절한 것은?

① 일벌백계(一罰百戒)
② 오월동주(吳越同舟)
③ 망연자실(茫然自失)
④ 동분서주(東奔西走)
⑤ 전광석화(電光石火)

15

㉠~㉤을 수정하려고 할 때, 그 방안으로 적절하지 않은 것은?

① ㉠: 자연스러운 연결을 위해 조사 '를'을 '의'로 수정한다.
② ㉡: 맥락이 부자연스러우므로 '그만큼'으로 수정하여 의미를 강조한다.
③ ㉢: 호응이 맞지 않으므로 '전혀'를 '특히'로 수정하도록 한다.
④ ㉣: 문장 내의 적절한 호응을 고려하여 '상담을 유도하고'로 고친다.
⑤ ㉤: 시제가 적절하지 않음을 고려하여 '수반된 것이었다.'로 수정한다.

---

14 출제 유형 논지 전개

정답 해설 빈칸의 앞에 있는 '무작정'과 어울려 '무작정 바쁘게 돌아다닌다.'의 의미가 맥락상 적절하다. 따라서 '사방으로 이리저리 몹시 바쁘게 돌아다님을 이르는 말.'인 '동분서주(東奔西走)'가 가장 적절하다.

오답률 줄이는 오답 해설 ① 일벌백계(一罰百戒): 한 사람을 벌주어 백 사람을 경계한다는 뜻으로, 다른 사람들에게 경각심을 불러일으키기 위하여 본보기로 한 사람에게 엄한 처벌을 하는 일을 이르는 말.
② 오월동주(吳越同舟): 서로 적의를 품은 사람들이 한자리에 있게 된 경우나 서로 협력하여야 하는 상황을 비유적으로 이르는 말.
③ 망연자실(茫然自失): 멍하니 정신을 잃음.
⑤ 전광석화(電光石火): 번갯불이나 부싯돌의 불이 번쩍거리는 것과 같이 매우 짧은 시간이나 매우 재빠른 움직임 따위를 비유적으로 이르는 말.

15 출제 유형 퇴고

정답 해설 글의 마지막 문장은 앞으로의 일에 대한 방향을 제시하고 있으므로, ㉤은 '수반되어야 할 것이다.'로 수정하는 것이 바람직하다.

정답 14 ④ 15 ⑤

쓰기 취약유형 체크표

문항번호	정답	유형	맞고 틀림
01	④	글쓰기 계획	
02	⑤	자료 활용 방안	
03	③	개요 수정 및 상세화 방안	
04	②	논지 전개	
05	③	퇴고	
06	③	글쓰기 계획	
07	②	자료 활용 방안	
08	③	개요 수정 및 상세화 방안	
09	⑤	논지 전개	
10	④	퇴고	
11	①	글쓰기 계획	
12	⑤	자료 활용 방안	
13	③	개요 수정 및 상세화 방안	
14	④	논지 전개	
15	⑤	퇴고	

PART IV

창안

출제비중 **10%**

공략TIP

창안 영역은 대체로 정답률이 높은 편이다. 유비 추론과 관련된 문항이 많이 출제되므로 유비 추론의 개념을 명확하게 이해해야 한다. 또 〈보기〉의 제재와 선지의 핵심 내용을 잘 연결해서 파악하는 것이 중요하다.

Ⅳ. 창안

기출변형 문제

1세트

[01~05] '다리의 붕괴 원인'을 '인생'에 유비(類比)하고자 한다. 다음을 읽고 물음에 답하시오.

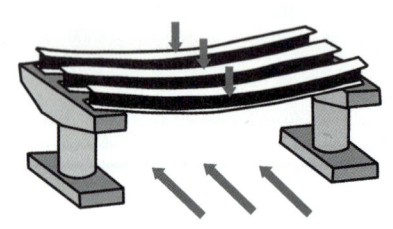

그림 (가)

1994년 한강 성수 대교 붕괴 원인

교각과 교각 사이의 거리가 너무 길면 안전하지 않다. 위에서 누르는 하중이 보의 가운데에 집중되기 때문이다. ㉠보의 중심부에 지속적으로 하중이 누적되면서 균열이 발생하게 되고, 이는 결국 보를 부러뜨려 다리를 붕괴시킬 수 있다.

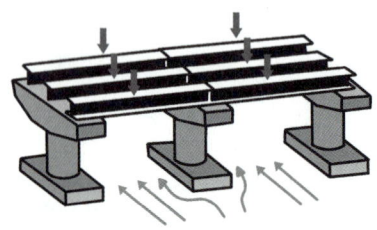

그림 (나)

2020년 강원도 소하천 다리 붕괴 원인

교각 사이의 간격이 너무 좁으면 물의 흐름이 빨라져 안전하지 않다. 물의 흐름이 빨라지면 ㉡교각의 밑부분이 깎여 나가는 세굴 현상이 발생하고, 이는 결국 교각을 기울이게 하여 다리를 붕괴시킬 수 있다.

그림 (다)

1940년 미국 현수교 붕괴 원인

현수교는 교각을 단 두 개로 줄인 후, 다리 상판을 줄이 당기는 힘으로 버티는 구조를 취하고 있다. 이때 ㉢다리 상판을 가볍게 만들면, 바람에 출렁거리면서 뒤틀려 붕괴될 수 있다. 그렇다고 상판을 너무 무겁게 만들면 줄에 부담을 주어 줄이 끊어질 수 있다.

01

윗글의 ㉠과 관련지어 활용할 수 있는 내용으로 가장 적절한 것은?

① 나만 옳다고 주장하면 결국 일을 그르치게 된다.
② 모두가 책임을 미루면 결국 조직이 망가지게 된다.
③ 연인 사이에 불만이 계속 쌓이면 결국 헤어지게 된다.
④ 쉬지 않고 일을 하다 보면 결국 목적을 달성하게 된다.
⑤ 고민만 하고 행동하지 않으면 결국 아무것도 이루지 못하게 된다.

02

윗글의 ⓒ과 관련지어 설명할 수 있는 사례로 가장 적절한 것은?

① 내신 성적은 매우 좋았지만 수능 최저 등급을 만족하지 못해 탈락했다.
② 광고주의 요구로 광고를 대폭 늘리자 침대 판매량이 10% 가량 증가했다.
③ 천적인 매기를 넣어 수족관까지 정어리를 운반하자 정어리 대부분이 살아남았다.
④ 십자 인대가 파열되자 근처에 있는 관절이 비정상적으로 움직여 아예 무릎이 망가졌다.
⑤ 환경 오염을 줄이기 위해 태양광 시설을 늘렸지만 산림 파괴로 인해 환경 오염이 더욱 심해졌다.

03

윗글의 ⓒ과 관련지어 활용할 수 있는 사자성어로 가장 적절한 것은?

① 고장난명(孤掌難鳴)
② 과유불급(過猶不及)
③ 남가일몽(南柯一夢)
④ 반포지효(反哺之孝)
⑤ 천재일우(千載一遇)

04

그림 (가)와 (나)의 관계와 가장 유사한 속담의 짝은?

① 우물 안 개구리 – 댓구멍으로 하늘을 본다
② 빛 좋은 개살구 – 보기 좋은 떡이 먹기에도 좋다
③ 가마 타고 옷고름 단다 – 말 태우고 버선 깁는다
④ 바늘구멍으로 황소바람 들어온다 – 개미구멍으로 공든 탑 무너진다
⑤ 될성부른 나무는 떡잎부터 알아본다 – 용 될 고기는 모이 철부터 안다

---

01 출제 유형 유비 추론을 통한 내용 생성
정답 해설 두 대상 사이의 유사점을 타당하게 관련지은 것을 찾는 문항이다. 연인 사이에 불만이 계속 쌓이는 것은 보의 중심부에 하중이 누적되는 것으로 연결할 수 있고, 헤어지게 되는 것은 결국 다리가 붕괴되는 것으로 연결할 수 있다.

02 출제 유형 유비 추론을 통한 내용 생성
정답 해설 두 대상 사이의 유사점을 타당하게 관련지은 것을 찾는 문항이다. ⓒ은 교각과 다리 전체가 매우 밀접한 관계이며, 교각에 문제가 생겼을 경우 다리가 붕괴될 수 있다는 내용이다. 교각의 밑부분이 깎여 나가는 것과 십자 인대의 파열을 연결할 수 있고 다리가 붕괴되는 것과 아예 무릎이 망가지는 것을 연결할 수 있다.

03 출제 유형 유비 추론을 통한 내용 생성
정답 해설 ⓒ은 다리 상판이 너무 가볍거나 무거울 경우 문제가 생길 수 있다는 내용이다. 따라서 '정도를 지나침은 미치지 못함과 같다는 뜻으로, 중용(中庸)이 중요함을 이르는 말.'인 '과유불급(過猶不及)'이 가장 적절한 사자성어에 해당한다.
오답률 줄이는 오답 해설 ① 고장난명(孤掌難鳴): 외손뼉만으로는 소리가 울리지 아니한다는 뜻으로, 혼자의 힘만으로 어떤 일을 이루기 어려움을 이르는 말.
③ 남가일몽(南柯一夢): 꿈과 같이 헛된 한때의 부귀영화를 이르는 말.
④ 반포지효(反哺之孝): 까마귀 새끼가 자라서 늙은 어미에게 먹이를 물어다 주는 효(孝)라는 뜻으로, 자식이 자란 후에 어버이의 은혜를 갚는 효성을 이르는 말.
⑤ 천재일우(千載一遇): 천 년 동안 단 한 번 만난다는 뜻으로, 좀처럼 만나기 어려운 좋은 기회를 이르는 말.

04 출제 유형 구체적 그림을 활용한 내용 생성
정답 해설 그림 (가)와 (나)는 반의 관계이다.
- 빛 좋은 개살구: 겉보기에는 먹음직스러운 빛깔을 띠고 있지만 맛은 없는 개살구라는 뜻으로, 겉만 그럴듯하고 실속이 없는 경우를 비유적으로 이르는 말.
- 보기 좋은 떡이 먹기에도 좋다: 내용이 좋으면 겉모양도 반반함을 비유적으로 이르는 말.

오답률 줄이는 오답 해설 ①, ③, ④, ⑤ 유의 관계이다.

정답 01 ③ 02 ④ 03 ② 04 ②

05

윗글을 참고하여 공익 광고 문구를 〈조건〉에 맞게 창작한 것으로 가장 적절한 것은?

| 조건 |
'사람과의 관계'를 '교각의 속성'에 빗대어 표현할 것.

① 소수의 사람과 밀접하게 관계를 맺어야 건강한 인간관계를 만든다.
② 많은 기둥이 떠받치는 다리처럼 친구가 많을수록 인생이 풍요롭다.
③ 교량을 보수하는 데 시간이 많이 걸리듯 친구를 만드는 데도 시간이 든다.
④ 다리 상판이 무거워야 안전하듯 상대방과 신뢰를 두텁게 쌓는 것이 필요하다.
⑤ 교각 사이의 거리가 너무 가깝거나 너무 멀면 문제가 되듯이 타인과도 적절한 거리가 중요하다.

[06~08] 활을 만드는 기술을 인간 사회에 유비(類比)하고자 한다. 다음 글을 읽고 물음에 답하시오.

> 복원력이란 물체가 변형되었을 때 그 물체를 본디의 상태로 되돌리려고 하는 힘으로, 물체의 재질과 변형 정도에 따라 힘의 크기가 다르다. 활은 이러한 복원력을 이용한 무기이다.
> 활의 시위를 당기면 당기는 만큼의 복원력이 발생한다. 복원력은 ㉠물리학적인 에너지의 전환 과정이기도 하다. 사람이 시위를 당기면 당길수록 더 큰 위치 에너지가 발생하게 된다. 이때 시위를 놓으면 화살은 날아가게 된다. 바로 이 과정에서 위치 에너지가 운동 에너지로 전환된다. 즉 시위를 당긴 거리만큼 발생한 위치 에너지가 운동 에너지로 바뀌어 화살을 날아가게 하는 것이다. 한편 복원력은 활대가 휘는 정도와 관련이 있다. 일반적으로 활대가 휘면 휠수록 복원력은 더 커지게 된다.
> 따라서 좋은 활을 만들기 위해서는 더 큰 위치 에너지를 만들어낼 수 있는 탄성이 좋은 활대가 필요하다. ㉡각궁은 동물의 뿔이나 뼈, 힘줄, 탄성 좋은 나무 등 다양한 재료를 조합해서 만들기 때문에 나무만을 재료로 만든 활보다 탄성과 복원력이 뛰어나다. 바로 이러한 특성으로 인해 각궁은 뛰어난 사거리와 관통력을 갖게 되었다.

06

윗글의 '복원력'에 빗대어 설명할 수 있는 논리로 가장 적절한 것은?

① 복원력은 스트레스가 가중되는 상황을 의미한다.
② 복원력은 스트레스를 극복하는 능력을 의미한다.
③ 복원력은 스트레스를 방지하는 방법을 의미한다.
④ 복원력은 스트레스에 대처하는 방안을 의미한다.
⑤ 복원력은 스트레스로 인해 느끼는 고통을 의미한다.

07

㉠을 활용하여 이끌어 낼 수 있는 내용으로 가장 적절한 것은?

① 적당한 스트레스는 일상생활에 활력소를 가져다준다.
② 스트레스를 받았을 때는 즉시 일을 멈추고 내면을 성찰해야 한다.
③ 외적인 이유로 스트레스를 받으면 반드시 외적인 요인을 제거해야 한다.
④ 목표를 달성하기 위해 받는 스트레스는 원하는 목표가 높을수록 커진다.
⑤ 스트레스 요인을 분석해서 앞으로 스트레스를 받지 않는 환경을 만들어야 한다.

08

㉡을 활용하여 주장할 수 있는 내용으로 가장 적절한 것은?

① 어떤 방법을 사용하더라도 스트레스는 피하기 어렵다.
② 개개인의 다양성을 인정하는 사회가 스트레스에 약하다.
③ 스트레스를 피하려면 명상 등 다양한 방법을 활용할 수 있다.
④ 조직에서 단합이 잘되면 스트레스 발생 빈도를 낮출 수 있다.
⑤ 주변 사람들과의 협력을 통해 스트레스에 대응하는 능력을 높일 수 있다.

[09~10] 다음 그림 (가)와 (나)를 보고 물음에 답하시오.

그림 (가) 　　　　그림 (나)

09

다음은 그림 (가)와 (나)를 분석한 표이다. 적절하지 않은 것은?

	(가)	(나)
표현	노파 혹은 젊은 여자로 보이게 표현	① 콜럼버스의 달걀 이야기를 표현
핵심	② 시점에 따라 다르게 보인다.	③ 발상의 전환이 중요하다.
주제	④ 일관된 시각으로 대상을 바라봐야 한다.	⑤ 남들과 다르게 생각하고 실행하기 위해 노력하자.

10

그림 (가)를 활용하여 설명할 수 있는 능력으로 가장 적절한 것은?

① 목표를 향해 돌진하는 능력
② 자신의 부족한 점을 반성하는 능력
③ 열린 시각으로 대상을 바라보는 능력
④ 타인을 설득하여 내 편으로 만드는 능력
⑤ 스스로 계획을 세우고 이를 실천하는 능력

---

05 출제 유형 조건에 맞는 내용 생성
정답 해설 글에 제시된 그림 (가)와 (나)는 교각 사이의 적절한 거리가 중요하다는 것을 보여 준다. 따라서 '사람과의 관계'를 글에서 말하는 '교각의 속성'에 빗댄 ⑤가 가장 적절하다.
오답률 줄이는 오답 해설 ①, ②, ③, ④ 글에서 제시한 '교각의 속성'이 제시되어 있지 않다.

06 출제 유형 유비 추론을 통한 내용 생성
정답 해설 제시된 글에서는 '복원력'을 '물체가 변형되었을 때 그 물체를 본디의 상태로 되돌리려고 하는 힘.'이라고 정의하고 있다. 따라서 인간 사회의 한 요인인 '스트레스'를 이와 관련지으면 '복원력'은 '스트레스를 극복하는 능력'이라고 추론할 수 있다.

07 출제 유형 유비 추론을 통한 내용 생성
정답 해설 멀리 활을 날려 보내기 위해서는 활의 시위를 더 세게 당겨야 한다. 활의 시위를 당기는 것을 목표를 이루기 위해 '스트레스를 받는 상황'이라고 한다면, 자신이 원하는 목표가 커질수록 스트레스는 커진다는 내용을 추론할 수 있다.

08 출제 유형 유비 추론을 통한 내용 생성
정답 해설 ⓒ은 다양한 재료의 조합을 통해 탄성과 복원력이 좋은 활을 만든다는 내용이다. ⑤에서 말한 '주변 사람들과의 협력'은 '다양한 재료의 조합'과 연결할 수 있고, '스트레스에 대한 대응 능력을 높인다'는 '탄성과 복원력이 좋은 활을 만든다'와 연결할 수 있다.

09 출제 유형 시각 리터러시
정답 해설 그림 (가)는 시점에 따라 노파나 젊은 여자로 보이는 그림이다. 시각에 따라 다른 것을 볼 수 있으므로 열린 시각으로 대상을 바라보자는 메시지를 담고 있다.

10 출제 유형 구체적 그림을 활용한 내용 생성
정답 해설 열린 시각으로 대상을 바라보는 능력을 설명하기에 가장 적절하다.

정답 05 ⑤　06 ②　07 ④　08 ⑤　09 ④　10 ③

2세트

[11~12] 알약의 종류와 기능을 인간 사회에 유비(類比)하고자 한다. 다음 글을 읽고 물음에 답하시오

> 알약의 종류에는 경질 캡슐, 연질 캡슐, 일반 알약, 당의정, 장용정, 서방정이 있다. 연질 캡슐은 액체나 기름 성분을 담을 수 있도록 만든 캡슐이다. 경질 캡슐은 잘 뭉쳐지지 않는 가루 형태의 약을 젤라틴 성분의 용기에 담은 것이다. 당의정은 고약한 냄새와 역한 맛을 숨기기 위해 일반 알약에 설탕으로 코팅을 한 약이다. 장용정은 산성인 위에서는 녹지 않고, 알카리성인 장에서만 녹도록 만든 약이다. ㉠장용정 형태의 대표적인 약이 바로 유산균제이다. 서방정은 약물을 서서히 방출하여 효과가 오래가도록 만든 약이다. 일반 알약의 약효가 4시간 지속된다면 서방정은 8시간 약효가 지속된다. 즉 ㉡일반 알약은 혈중 농도를 유지하기 위해 자주 먹어야 하지만, 서방정은 한 번만 먹어도 혈중 농도가 유지될 수 있다.

11

㉠의 '유산균제'를 사람에 비유할 때, 이끌어 낼 수 있는 내용으로 가장 적절한 것은?

① 다양한 사람을 포용할 줄 아는 사람
② 의도를 숨기고 타인에게 친절을 베푸는 사람
③ 목적을 달성하기 위해 수단을 가리지 않는 사람
④ 뛰어난 리더십을 바탕으로 조직을 이끌어 가는 사람
⑤ 자신을 필요로 하는 상황에서 실력을 발휘하는 사람

12

㉡을 활용하여 주장할 수 있는 논지로 가장 적절한 것은?

① 고용의 유연화를 통해 실업률을 낮춰야 한다.
② 역량이 부족한 직원들은 상시적인 평가를 통해 퇴출해야 한다.
③ 일정 목표에 빠르게 도달한 직원에게 높은 평가를 내려야 한다.
④ 기복 없이 역량을 지속적으로 발휘할 수 있는 인재를 선발해야 한다.
⑤ 고용주는 일정한 복지 혜택을 제공하여 구성원의 사기를 높여야 한다.

13

다음 그림을 활용하여 전달할 수 있는 내용으로 가장 적절한 것은?

① 때로는 말보다는 침묵이 더 강할 수 있습니다.
② 지금 배우지 않으면 언젠가는 후회하게 됩니다.
③ 지식을 많이 쌓기 위해서는 책을 읽는 것이 가장 좋습니다.
④ 세상에서 가장 중요한 것은 다른 이들과 소통하는 것입니다.
⑤ 누군가와 마음을 나누고 싶다면 편지를 쓰는 것이 좋은 방법입니다.

14

'자전거'라는 소재를 활용하여 '후배에게 당부하는 글'을 쓰고자 할 때, 연상한 내용으로 적절하지 않은 것은?

	대상	의미	연상 내용
①	안장	타는 사람의 신체 조건을 고려하여 높낮이를 조정해야 함.	목표를 달성할 수 있도록 자신의 능력을 향상시켜야 한다.
②	페달	쉬지 않고 밟아야 넘어지지 않고 나아갈 수 있음.	실패하지 않으려면 부단한 노력을 기울일 필요가 있다.
③	핸들	한쪽으로 쏠리면 균형을 잃고 넘어지게 됨.	한쪽으로 치우친 사고 방식은 문제를 일으킬 수 있음을 알아야 한다.
④	타이어	노면으로부터 전달되는 충격을 흡수함.	스트레스에 유연하게 대처할 필요가 있다.
⑤	기어 장치	경사도에 따라 기어를 바꾸면 수월하게 진행할 수 있음.	상황에 따라 대처 방식을 달리하면 일을 쉽게 처리할 수 있다.

15

〈보기〉의 내용을 분석한 것으로 가장 적절한 것은?

| 보기 |

"아마추어는 남을 상대로 싸우지만 프로는 자신을 상대로 싸운다."

— 아놀드 베네트(Arnold Bennett, 1867~1931)

① 타인과 연대하는 삶의 중요성을 강조하고 있다.
② 대조되는 구절을 나열하여 경쟁의 필요성을 강조하고 있다.
③ 두 대상을 비교하면서 경쟁의 긍정적 측면을 강조하고 있다.
④ 두 대상의 차이점을 드러내면서 경쟁의 부작용을 강조하고 있다.
⑤ 진정한 경쟁자는 타인이 아닌 자신이라는 사실을 강조하고 있다.

---

11 출제 유형 유비 추론을 통한 내용 생성
정답 해설 유산균제는 장용정 형태의 약이고, 장용정은 산성인 위에서는 녹지 않고 알카리성인 장에서만 녹도록 만든 약이다. 따라서 '필요한 상황에서만 약이 녹는 것'과 '필요로 하는 상황에서 실력을 발휘한다'는 내용을 연결할 수 있다.

12 출제 유형 유비 추론을 통한 내용 생성
정답 해설 ⓒ에 나타난 서방정의 특성은 '지속성'이다. 따라서 이를 활용하여 주장할 수 있는 내용은 ④이다. '서방정'과 '기복 없이 역량을 지속적으로 발휘할 수 있는 인재'는 유사한 속성을 가지고 있기 때문이다.

13 출제 유형 시각 자료를 통한 내용 생성
정답 해설 제시된 시각 자료는 글자로 된 사람의 팔이 여자를 감싸 안고 있는 모습이다. 이를 통해 글자(글)가 서로 간에 소통을 하는 중요한 매개체가 될 수 있다는 메시지를 전달할 수 있다.

14 출제 유형 유비 추론을 통한 내용 생성
정답 해설 자신의 능력을 향상시키는 것은 자전거를 타는 사람의 실력을 향상시키는 것에 해당하므로, 자전거를 타는 사람의 신체 조건을 고려하여 안장을 조정하는 것과는 논리적인 연관성을 찾기 어렵다.

15 출제 유형 조건에 맞는 내용 생성
정답 해설 〈보기〉에 제시된 명언은 인간은 타인과의 경쟁이 아니라 자신과의 경쟁을 통해 더욱 발전할 수 있다는 의미를 지닌다. 이를 고려한다면 정답은 ⑤이다.

정답 11 ⑤　12 ④　13 ⑤　14 ①　15 ⑤

16

<보기>의 맥락을 고려하여 '인생의 교훈'을 연상한 내용으로 가장 적절한 것은?

―― 보기 ――

햇볕이 따스한 어느 날 당나귀 두 마리가 한가로이 낮잠을 자고 있었다. 밤이 되자, 주인이 앞마당에 짐 두 개를 놓으며 말했다.
"어이쿠, 소금 뭉치가 훨씬 무거운걸."
그 말을 들은 약삭빠른 당나귀는 가벼운 짐을 져야겠다고 다짐을 했다. 다음 날, 약삭빠른 당나귀는 재빨리 가벼운 솜을 짊어지고 총총총 가볍게 걸었고, 소금을 짊어진 당나귀는 휘청휘청 힘겹게 걸어갔다. 얼마 후 개울이 나타났다. 소금을 실은 당나귀는 조심조심 강을 건너기 시작했는데 그만 소금의 무게를 못 이겨 물에 빠지고 말았다. 그런데 웬일인지 짐이 무척 가벼워져서 소금을 실은 당나귀는 사뿐사뿐 가볍게 개울을 빠져나왔다. 약삭빠른 당나귀는 소금을 짊어진 당나귀가 물에 빠진 후 훨씬 가뿐하게 개울을 건너는 것을 보고 자신도 일부러 물에 빠졌다. 하지만 솜을 짊어진 당나귀는 물에 젖은 솜으로 인해 훨씬 무거운 무게를 느끼며 비틀거렸다.
― 이솝 우화, 「당나귀와 소금 장수」

① 상황에 따라 유연하게 대처하는 태도를 갖자.
② 남을 배려하며 이웃과 더불어 사는 삶의 태도를 갖자.
③ 고난 속에서도 좌절하지 말고 미래에 대한 희망을 갖자.
④ 원하는 목표를 성취하기 위해 하나의 일에 집중하는 자세를 갖자.
⑤ 꾀를 부리지 말고 자신이 맡은 일에 항상 최선을 다하는 자세를 갖자.

17

<조건>에 따라 식중독 예방을 위한 문구를 만든 것으로 가장 적절한 것은?

―― 조건 ――
• 식중독 예방 요령을 내용으로 할 것.
• 의태어를 활용할 것.
• 청유형 어미를 사용할 것.

① 땀을 뻘뻘 흘리면 물을 충분히 마십시다.
② 해산물은 푹 익혀 먹는 것이 안전합니다.
③ 여름에는 물을 펄펄 끓여 마시도록 합시다.
④ 졸졸 흐르는 물에 손을 씻는 것이 좋습니다.
⑤ 배가 살살 아플 때는 병원에 가는 것을 권장합니다.

18

<조건>을 모두 반영한 <보기>의 제목으로 가장 적절한 것은?

―― 보기 ――

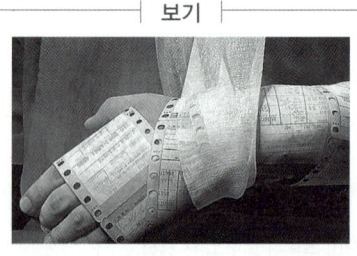

―― 조건 ――
• 그림의 내용을 포함할 것.
• 중의적 표현을 사용할 것.

① 도박 중독, 손을 잘라야 합니다.
② 함부로 한 사인, 빚내게 합니다.
③ 손쉽게 쓰다, 손쓸 수 없습니다.
④ 함부로 쓰면, 다시는 쓸 수 없습니다.
⑤ 무분별한 카드 사용, 차용증만 많아집니다.

19

〈조건〉을 모두 반영한, 〈보기〉에 들어갈 공익 광고의 문구로 가장 적절한 것은?

| 보기 |

| 조건 |
- 자연 보호와 관련한 문구를 작성할 것.
- 그림의 내용을 포함할 것.
- 비유법을 사용할 것.

① 분리수거, 자연 보호의 시작입니다.
② 일회용품을 사용하면 자연이 파괴됩니다.
③ 일회용품 사용으로, 자연은 허리가 휩니다.
④ 자연 파괴, 한번 무너지면 돌이킬 수 없습니다.
⑤ 스트레스처럼 쌓이는 쓰레기, 건강을 위협합니다.

20

단어의 속성을 통해 '대인 관계에 대한 교훈'을 유추하는 과정이 적절하지 않은 것은?

	단어	속성	주제의 구체화
①	약	맛이 쓰지만 몸의 질병을 치료해 준다.	나에게 칭찬만 하는 사람보다 진심 어린 조언을 해 주는 사람을 만나야 한다.
②	와인	와인은 생산지와 제조법에 따라 맛이 다르다.	인간은 성장 과정과 주변 환경에 따라 다를 수 있으므로, 다양한 개성을 인정해야 한다.
③	실	바늘이나 가위 없이 실 하나만으로는 바느질을 하기 어렵다.	타인에게 휘둘리지 않으려면 스스로가 당당한 자세를 가져야 한다.
④	안개꽃	스스로 화려하지는 않지만, 다른 꽃과 함께하여 그 아름다움을 부각시켜 준다.	때로는 자신을 드러내지 않으면서 타인을 돋보이게 해 주는 자세도 필요하다.
⑤	호박	모양이 예쁘지는 않지만 알고 보면 맛있고 영양분이 많다.	타인의 겉모습만 보고 판단하는 태도는 지양해야 한다.

---

16 출제 유형 유비 추론을 통한 내용 생성
정답 해설 〈보기〉에는 꾀를 부리다가 결국 낭패를 겪는 당나귀의 모습이 나타나 있다. 이를 통해 꾀를 부리지 말고 맡은 일에 최선을 다하자는 교훈을 연상할 수 있다.

17 출제 유형 조건에 따른 내용 생성
정답 해설 식중독 예방 요령을 내용으로 하고, 의태어(사람이나 사물의 모양이나 움직임을 흉내 낸 말), 청유형 어미(-ㅂ시다)를 모두 사용한 것은 ③이다.

오답률 줄이는 오답 해설 ① 식중독 예방 요령에 관한 내용이 아니다.
②, ④, ⑤ 청유형 어미가 아니라 평서형 어미 '-ㅂ니다'를 사용하였다.

18 출제 유형 시각 자료를 통한 내용 생성
정답 해설 제시된 시각 자료는 카드 영수증을 손에 감은, 팔을 다친 사람의 모습이다. '손쓸 수 없다.'는 '어떤 일에 필요한 조치를 취할 수 없다.'와 '사람의 손을 사용할 수 없다.'로 중의적인 해석이 가능한 표현이다.

19 출제 유형 시각 자료를 통한 내용 생성
정답 해설 나무처럼 형상화된 종이컵이 굽어 있다는 점에 착안하면 된다. '자연은 허리가 휜다.'라는 비유적인 표현이 이를 반영하고 있다.

20 출제 유형 자유 연상
정답 해설 다른 도구들이 있어야 바느질을 할 수 있는 실의 속성에서 개인의 당당한 자세를 유추하기는 어렵다. 오히려 '타인과 함께하는 자세' 정도가 적절할 것이다.

정답 16 ⑤ 17 ③ 18 ③ 19 ③ 20 ③

3세트

21
다음 그림을 활용하여 전달할 수 있는 내용으로 가장 적절한 것은?

① 항상 청결을 유지해야 벌레가 생기지 않습니다.
② 자연을 보호하지 않으면 많은 생명이 위험해집니다.
③ 물 한 방울도 절약한다면 여러 생명을 구할 수 있습니다.
④ 여럿이 힘을 합치면 어떤 어려움도 헤쳐 나갈 수 있습니다.
⑤ 티끌 모아 태산이듯 부지런히 모으면 부자가 될 수 있습니다.

22
〈보기〉의 내용을 통해 '축구 경기 운영'과 관련한 내용을 생성하였다. 이끌어 낸 내용 중 적절하지 않은 것은?

| 보기 |

부대찌개를 맛있게 끓이려면 우선 신선한 재료를 준비하여 잘 다듬어 놓아야 한다. 재료를 선택할 때에는 다른 재료와의 궁합을 고려해야 제대로 맛이 나는 부대찌개를 끓일 수 있다. 부대찌개를 끓일 때는 뚜껑을 닫고 끓기 전에는 뚜껑을 열지 않는 것이 좋다. 준비한 재료 중에서 라면 같은 것은 익는 속도를 고려하여 나중에 넣는다. 그리고 국물이 졸아서 짜지지 않도록 육수를 미리 준비하였다가 조금씩 부어 주는 것이 좋다.

① 구단은 감독과 선수에게 아낌없이 예산을 지원해야 한다.
② 좋은 경기를 하려면 우선 능력이 뛰어난 선수를 선발하는 것이 중요하다.
③ 선수의 능력과 특징을 고려할 때, 나중에 투입하는 것이 더 나은 선수도 있다.
④ 선수를 선발할 때에는 선수들 간의 조화와 화합을 고려하는 것이 바람직하다.
⑤ 감독에게는 경기가 무르익을 때까지 여유를 가지고 기다릴 줄 아는 자세가 필요하다.

23

〈보기〉를 분석한 내용으로 가장 적절한 것은?

|보기|

"중요한 건 당신이 어떻게 시작했는지가 아니라 어떻게 끝내는가이다."

– 앤드류 매튜스(Andrew Matthews, 1957~)

① 일에 몰입하는 것의 중요성을 강조하고 있다.
② 꾸준하게 작업하는 일의 중요성을 강조하고 있다.
③ 일을 시작할 때 매우 신중해야 함을 강조하고 있다.
④ 상황에 따라 일의 중요도가 달라짐을 강조하고 있다.
⑤ 일의 시작보다 일의 마무리가 중요함을 강조하고 있다.

24

〈보기〉에 제시된 그림을 통해 연상할 수 있는 내용으로 가장 적절한 것은?

|보기|

수의에는 주머니가 없습니다

① 누구나 죽기 마련이니, 겸손하게 살아야 합니다.
② 부모님이 살아 계실 때, 최선을 다해 효도합시다.
③ 죽음은 언제 닥칠지 모르는 일이니, 하루를 소중히 생각합시다.
④ 세상을 떠날 때는 아무것도 가져갈 수 없으니 베풀고 나누십시오.
⑤ 누군가의 죽음으로 고통받고 있다면 시간이 지나가기를 기다리십시오.

25

〈조건〉을 모두 반영하여 공익 광고 문구를 만든다고 할 때, 가장 적절한 것은?

조건
• 중의적 표현을 사용할 것.
• 미래의 꿈을 실현하는 데 조언이 되도록 할 것.
• 대조적인 표현을 사용할 것.

① 밤에 불이 꺼지지 않으면 당신의 미래는 밝아집니다.
② 엄격한 관심보다 따뜻한 사랑으로 아이들을 키워 주세요.
③ 인생의 변화 앞에 당당하게 맞서는 자만이 기회를 얻습니다.
④ 돌층계와 같은 우리 인생, 포기하지 말고 하나씩 밟아 올라 가자.
⑤ 미치도록 하자. 미치면 뜨거운 미래가, 미치지 않으면 차가운 현재만.

① 적당히 마시는 술은 건강에 도움이 됩니다.
② 장례식장, 음주 운전이 예약한 당신의 자리.
③ 음주 운전, 가해자와 피해자 모두가 불행합니다.
④ 한 잔의 술로 당신의 인생이 망가질 수는 없잖아요?
⑤ 음주 운전으로 당신의 가족이 불행해질 수 있습니다.

26

〈조건〉을 모두 반영한 〈보기〉의 제목으로 가장 적절한 것은?

보기

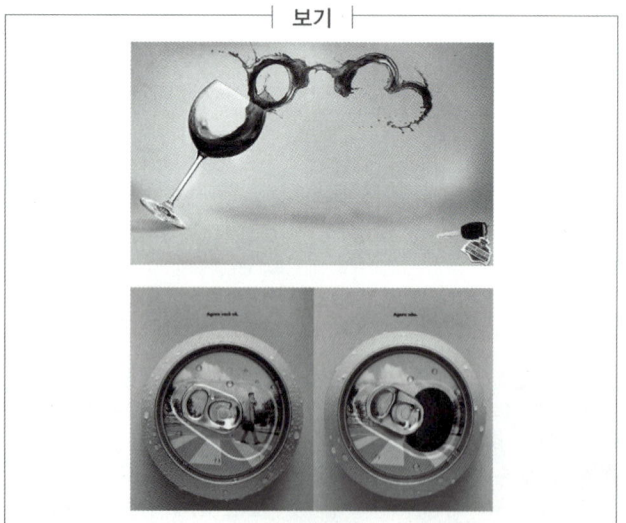

조건
• 두 그림을 모두 활용할 것.
• 평서형 종결 어미를 사용할 것.

27

〈조건〉을 모두 반영한, 〈보기〉에 들어갈 공익 광고의 문구로 가장 적절한 것은?

보기

조건
• 그림의 내용을 포함할 것.
• '감정'을 주제로 할 것.
• 대조적인 단어들을 사용할 것.

① 자신의 외모에 자신감을 가지세요.
② 작은 기부가 큰 웃음을 만들어 냅니다.
③ 나의 본모습을 드러내면 행복해질 수 있습니다.
④ 슬픔은 항상 희망이라는 단어와 함께할 수 있습니다.
⑤ 당신의 곁에 도움의 손길을 필요로 하는 사람이 있습니다.

28

24절기 중 '입추와 처서'를 운으로 하여 〈보기〉의 의미에 맞게 2행시를 창작한 것으로 가장 적절한 것은?

| 보기 |

- 입추(立秋): 24절기 중 열세 번째 절기로 여름이 지나고 가을에 접어들었음을 알리는 절기이며, 이날부터 입동(立冬) 전까지를 가을이라고 한다. 입추가 지난 뒤에는 어쩌다 늦더위가 있기도 하지만 밤에는 서늘한 바람이 불기 시작한다. 따라서 이때부터 가을 준비를 시작해야 한다. 특히 이때에 김장용 무와 배추를 심어 김장에 대비한다. 이 무렵에는 김매기도 끝나가고 농촌도 한가해지기 시작한다.
- 처서(處暑): 24절기 중 신선한 가을을 맞이하게 된다는 의미로, 더위가 그친다는 뜻에서 붙여진 이름이다. 아침저녁으로 신선한 기운을 느끼게 되는 계절이기에 "처서가 지나면 모기도 입이 비뚤어진다."라고 한다. 이 속담처럼 처서의 서늘함 때문에 파리, 모기의 극성도 사라져가고, 귀뚜라미가 하나둘씩 나오기 시작한다.

① 입가에는 웃음 한가득, 우리 엄마
   추워지기 전에 김장을 끝냈더니 웃음 한가득.
② 처서라 불어오는 눈바람에
   서로의 온기가 필요하겠구나.
③ 입관이 끝난 모기들에게 안타까움을 표한다.
   추위 한번 못 겪어 보고 떠났구나.
④ 처마 끝에 선선한 바람이 걸렸구나.
   서러운 귀뚜라미 소리 들리기 시작했네.
⑤ 입추라 농부들은 어느 때보다 농사일로 바쁘겠지만
   추위는 미리미리 대비해야지.

29

〈조건〉을 모두 반영하여 〈기사문〉의 제목을 지으려고 할 때, 가장 적절한 것은?

| 기사문 |

스마트폰과 반도체 등 IT 수출이 지난해 1,570억 달러를 기록하면서 2년 연속 사상 최대치를 달성했습니다. 특히 수출액에서 수입액을 뺀 IT 산업 무역 수지는 800억 달러 흑자를 기록했습니다. 지난해 우리나라 전체 무역 흑자 규모가 300억 달러인 점을 감안했을 때, 전체 무역 수지에서 IT 산업이 차지하는 비중은 그만큼 높은 셈입니다. 지역별로는 중국, 일본 등 아시아 국가의 수출이 증가한 반면, 미국, 유럽 연합 수출은 감소했습니다. IT 산업이 글로벌 경기의 불확실성이 가중되는 올해에도 이 같은 호조세를 이어 나갈 수 있을지 주목됩니다.

| 조건 |

- 글의 핵심 내용을 포함할 것.
- 비유적 표현을 사용할 것.
- 평서형 종결 어미를 사용할 것.

① IT 산업이 무역 흑자를 주도하다
② IT 산업이 수출 효자 노릇을 하다
③ IT 산업과 함께 성장하는 대한민국
④ 날개를 단 IT 산업, 더 날아올라라
⑤ 반도체와 스마트폰만이 유일한 출구

---

25 출제 유형 조건에 따른 내용 생성
정답 해설 ⑤에서는 '정신에 이상이 생겨 말과 행동이 보통 사람과 다르게 되다.'와 '어떤 일에 지나칠 정도로 열중하다.'의 의미를 가지는 '미치다'를 활용한 중의적 표현을 사용하고 있다. 또한, '뜨거운'과 '차가운'의 대조적인 표현을 사용하여 미래의 꿈을 실현하는 데 조언을 하고 있다.

26 출제 유형 시각 자료를 통한 내용 생성
정답 해설 위의 그림은 술로 수갑을 형상화하고 자동차 열쇠를 배치하였다. 아래의 그림은 캔 뚜껑을 따자 횡단보도를 건너던 보행자가 사라지는 모습을 나타내었다. 이 두 그림을 모두 활용하면 첫 번째 그림은 음주 운전의 가해자, 두 번째 그림은 음주 운전의 피해자가 불행해진다는 것을 유추할 수 있다.
오답률 줄이는 오답 해설 ②, ④ 평서형 종결 어미가 사용되지 않았다.

27 출제 유형 시각 자료를 통한 내용 생성
정답 해설 '슬픔'이라는 감정을 주제로 하였고, '슬픔'과 '희망'이라는 대조적인 단어를 사용하였다.

오답률 줄이는 오답 해설 ①, ③ 대조적인 단어들이 사용되지 않았다.
② 그림과 내용상 거리가 멀다.
⑤ '감정'을 주제로 하지 않았고 대조적인 단어들도 사용되지 않았다.

28 출제 유형 조건에 따른 내용 생성
오답률 줄이는 오답 해설 ① 입추에 김장용 무와 배추를 심는다는 내용과 맞지 않다.
② 처서는 가을을 맞이하는 절기로 눈바람이 부는 겨울과는 거리가 멀다.
③ 모기가 사라지는 절기는 처서이다.
⑤ 입추에는 농촌이 한가해지기 시작한다는 내용과 맞지 않다.

29 출제 유형 조건에 따른 내용 생성
오답률 줄이는 오답 해설 ① 비유적 표현이 사용되지 않았다.
③, ④, ⑤ 평서형 종결 어미가 사용되지 않았다.

정답 25 ⑤ 26 ③ 27 ④ 28 ④ 29 ②

30

다음 〈기획 의도〉를 바탕으로 다큐멘터리를 제작하고자 한다. 〈조건〉을 모두 반영한 제목으로 가장 적절한 것은?

| 기획 의도 |

한국 직장인들의 근로 시간은 OECD 국가 중에서 가장 길다. 하지만 장시간 노동 관행이 직장인 개인 수준에서는 '삶의 질'을 떨어뜨리고, 기업 측에서는 '생산성'을 떨어뜨린다는 비판이 제기되고 있다. 이 프로그램에서는 대한민국에서 일을 제대로 하려면 나쁜 부모, 나쁜 배우자가 되어야 하는지, 후진적인 장시간 노동 관행을 바꾸고, '개인의 삶의 질'과 '생산성'이라는 두 마리 토끼를 잡을 수 있는 방법은 없는지를 국내외 사례를 통해 취재, 방송한다.

| 조건 |

- 문제 상황을 부각시킬 것.
- 의문형 종결 어미를 사용할 것.

① 당신의 건강 온도는 어떠한가요?
② 야근하다 죽은 귀신, 때깔도 더럽다
③ '칼퇴'가 아닙니다. 정시 퇴근입니다
④ 야근 권하는 사회에 살고 있습니까?
⑤ 사회 발전을 위한 야근은 필수 아닐까요?

---

30 출제 유형 조건에 따른 내용 생성
| 오답률 줄이는 오답 해설 | ①, ⑤ 기획 의도와 거리가 멀다.
②, ③ 의문형 종결 어미가 사용되지 않았다.

정답 30 ④

창안 취약유형 체크표

문항번호	정답	유형	맞고 틀림
01	③	유비 추론을 통한 내용 생성	
02	④	유비 추론을 통한 내용 생성	
03	②	유비 추론을 통한 내용 생성	
04	②	구체적 그림을 활용한 내용 생성	
05	⑤	조건에 맞는 내용 생성	
06	②	유비 추론을 통한 내용 생성	
07	④	유비 추론을 통한 내용 생성	
08	⑤	유비 추론을 통한 내용 생성	
09	④	시각 리터러시	
10	③	구체적 그림을 활용한 내용 생성	
11	⑤	유비 추론을 통한 내용 생성	
12	④	유비 추론을 통한 내용 생성	
13	⑤	시각 자료를 통한 내용 생성	
14	①	유비 추론을 통한 내용 생성	
15	⑤	조건에 맞는 내용 생성	
16	⑤	유비 추론을 통한 내용 생성	
17	③	조건에 따른 내용 생성	
18	③	시각 자료를 통한 내용 생성	
19	③	시각 자료를 통한 내용 생성	
20	③	자유 연상	
21	③	시각 자료를 통한 내용 생성	
22	①	유비 추론을 통한 내용 생성	
23	⑤	조건에 따른 내용 생성	
24	④	시각 자료를 통한 내용 생성	
25	⑤	조건에 따른 내용 생성	
26	③	시각 자료를 통한 내용 생성	
27	④	시각 자료를 통한 내용 생성	
28	④	조건에 따른 내용 생성	
29	②	조건에 따른 내용 생성	
30	④	조건에 따른 내용 생성	

PART V 읽기

출제비중 **30%**

공략TIP

어휘·어법 영역과 함께 가장 많은 수의 문항이 출제되는 영역이다. 장르별 출제 유형은 고정되어 있으나, 텍스트의 주제가 매회 달라지고 글의 길이도 만만치 않기 때문에 텍스트를 빠르게 분석하는 능력이 필요하다. 문학 장르는 대체로 난도가 높지 않은 편이며, 학술문의 경우 수능 국어 독서 영역과 유사하다고 보면 된다. 실용문에서는 자료, 보도자료 문제가 까다로우므로 주의하자.

V. 읽기

기출변형 문제

1세트

[01 ~ 02] 다음 글을 읽고 물음에 답하시오.

> ㉠열무 삼십 단을 이고
> 시장에 간 우리 엄마
> 안 오시네, ㉡해는 시든 지 오래
> 나는 ㉢찬밥처럼 방에 담겨
> 아무리 천천히 숙제를 해도
> 엄마 안 오시네, ㉣배춧잎 같은 발소리 타박타박
> 안 들리네, 어둡고 무서워
> 금 간 창 틈으로 고요히 빗소리
> 빈 방에 혼자 엎드려 훌쩍거리던
>
> 아주 먼 옛날
> 지금도 내 눈시울을 뜨겁게 하는
> 그 시절, 내 유년의 ㉤윗목.
>
> — 기형도, 「엄마 걱정」

01

위 시에 대한 설명으로 바르지 않은 것은?

① 엄마의 고된 삶과 나의 정서를 생생히 그렸다.
② 외롭고 두려웠던 유년 시절을 회상하며 제시했다.
③ 화자는 시장에 간 엄마를 걱정하며 기다리고 있다.
④ 4음보의 급격한 리듬감으로 운율을 형성하고 있다.
⑤ 어린아이의 목소리를 통해 동시적 분위기를 형성하고 있다.

02

㉠~㉤에 대한 이해로 적절하지 않은 것은?

① ㉠: 과거 기억에 대한 애상감에 젖어 추억을 곱씹게 하는 대상이다.
② ㉡: 시간적 배경으로 어둡고 무거운 분위기를 나타낸다.
③ ㉢: 가난 때문에 그 누구도 돌봐 주지 않는 화자의 처지를 표현했다.
④ ㉣: 삶에 지치고 고단한 어머니의 모습을 배춧잎 소리에 비유하여 표현하고 있다.
⑤ ㉤: 온돌방의 서늘한 위쪽을 뜻하며, 외로우며 소외되었던 과거 화자의 모습을 나타내는 시어이다.

[03 ~ 05] 다음 글을 읽고 물음에 답하시오.

> **[앞부분 줄거리]** 종술은 최 사장의 저수지 감시원이 된다. 감시원 완장을 팔에 두른 종술은 그날부터 마을 사람들 위에 군림하려 한다. 급기야 종술은 최 사장 일행의 낚시질까지 금지하려다가 감시원 자리에서 쫓겨난다.
>
> 종술이가 또 노질을 멈추었다. 무슨 말인가를 할 듯하다가 그는 입을 다물어 버렸다.
> "엄니가 당부허시도만. 우리더러 정옥이 데리고 어디든 멀리멀리 떠나서 살어 돌라고."
> 종술이가 여전히 아무 말도 하지 않았다.
> "그러겄다고 엄니한테 약속혔어. 나는 자신이 있어. ⓐ어디 가서 무신 짓을 허든 넘부럽지 않게코롬 살아 낼 자신 있단 말여."
> "씨잘디없는 소리 허지도 마! 대장부 사나이가 한번 칼을 뽑았으면 썩은 무시라도 짤르고 죽어야지!"
> 마침내 종술이는 신경질을 부렸다. 그러나 부월이는 맞받아 화를 내지는 않았다. 남자를 설득할 수만 있다면 그녀는 섶을 지고 불 속에라도 뛰어들 각오가 이미 서 있었다.

"자기 한 목숨 없어지면 남지기 세 목숨도 없어지는 게여. 자기 한 목숨 살아나면 남지기 세 목숨도 덤으로 살아나는 게여."

종술이가 갑자기 노를 난폭하게 젓기 시작했다. 부월이는 남자의 팔을 꽉 붙들면서 소리쳤다.

"앞으로는 나가지 마! ㉠물문 쪽은 위험허다고!"

"위험헌 것 좋아허네!"

"안 순경허고 익삼 씨가 밤새껏 지키고 있단 말여! 눈이 뒤집힌 종술 씨가 밤중에 또 쳐들어와서 무신 짓을 저지를지 몰른다고 그럼시나!"

"지키는 것 좋아허네!"

부월이는 남자 못잖은 힘으로 남자의 손에서 노를 냉큼 빼앗아 버렸다. 무게가 한쪽으로 쏠리는 바람에 두 사람 모두 물에 빠질 뻔했다. 찰싹거리는 물소리에 귀를 모은 채 부월이는 ㉡뗏목의 요동이 가라앉기를 기다렸다.

"자기한티는 완장이 그렇거나 소중헌 것인가?"

남자는 잠자코 앉아 있기만 했다.

"세 식구 목숨허고도 안 바꿀 만침 소중헌 것이 그 완장이여?"

"너는 임종술이가 아니여. 너는 김부월이여. 차고 댕겨 본 적도 없으니께 부월이는 완장을 몰라. 요 완장 뒤에는 법이 있어, 공유수면관리법이."

완장의 매끄러운 비닐 표면을 손톱 끝으로 톡톡 튕기는 소리가 났다. 부월이는 홧김에 ㉢노를 들어 뗏목 바닥을 퍽 갈겼다.

"나도 알어! 눈에 뵈는 완장은 기중 벨 볼일 없는 하빠리들이나 차는 게여! 진짜배기 완장은 눈에 뵈지도 않어! 자기는 지서장이나 면장 군수가 완장 차는 꼴 봤어? 완장 차고 댕기는 사장님이나 교수님 봤어? 권력 중에서도 아무 실속 없이 넘들이 흘린 뿌시레기나 줏어 먹는 핫질 중에 핫질이 바로 완장인 게여! 진수성찬은 말짱 다 뒷전에 숨어서 눈에 뵈지도 않는 완장들 차지란 말여! 우리 둘이서 힘만 합친다면 자기는 앞으로 진짜배기 완장도 찰 수가 있단 말여!"

"노나 어서 이리 줘!"

"태인댁이 어따가 패물 감춰 놨는가 나는 알어. 그것만 몽땅 챙겨서 돈으로 바꿔치면 어디 가서 무신 장사를 허든 짧은 밑천은 아니여."

"몽땅 챙겨 가다니, 사람 도리로 그럴 수는 없는 게여!"

남자가 버르르 소가지를 부렸다. 몹시 자존심이 딸꾹질한다는 투였다. 그러나 다음 순간 그는 이렇게 혼잣말을 하는 것이었다.

"절반쯤이라면 혹간 몰라도……."

부월이가 그 말을 옳게 해석하기까지는 약간 시간이 걸렸다. 그리고 그것이 무슨 뜻인지 깨닫자마자 그녀는 하마터면 킥 하고 웃음을 흘릴 뻔했다. 웃는 대신 그녀는 남자한테 노를 돌려주었다.

표류하던 뗏목이 방향을 잡기 시작했다. 뗏목은 왔던 길을 되짚어 ㉣물가로 돌아가고 있었다. 부월이는 좀이 쑤셔서 진득이 앉아 있지를 못했다. 그녀는 뗏목 밖으로 팔을 뻗어 손바가지로 물을 떠서 손가락 사이로 흘리는 장난을 하다 말고 불쑥 소리쳤다.

"종술 씨, 그 완장 조깨 나한티 벗어 줘!"

"뭐 헐라고?"

"얼마나 잘생긴 지집이길래 그렇게나 종술 씨를 사죽 못 쓰게 맨들었는가 한번 귀경이나 헐라고."

남자가 못 이기는 척하고 벗어 주는 완장을 그녀는 조심스럽게 받아 들었다. 한때나마 남자의 넋을 송두리째 사로잡았던 물건이었다. 남자의 욕망과 오기가 그 완장 속에는 체취처럼 짙게 배어 있었다. 그녀는 완장에다 살짝 입을 맞춘 다음 남자가 눈치 채지 못하게시리 그것을 시커먼 ㉤저수지 위로 집어던졌다. 마치 저보다 젊고 잘생긴 시앗이라도 제거해 버린 듯이 온통 가슴이 후련했다.

- 윤흥길, 「완장(腕章)」

03

윗글의 서술 방식에 대한 설명으로 가장 적절한 것은?

① 감각적 묘사를 통하여 대화의 배경을 세밀하게 그리고 있다.
② 인물에 대한 서술자의 논평을 통해 주제를 형상화하고 있다.
③ 인물들의 긴 대화를 통해 인물의 심리를 묘사하며 비판 의식을 드러내고 있다.
④ 빈번한 장면 전환을 통해 인물 사이의 갈등이 심화되고 있음을 알 수 있다.
⑤ 상징적 소재를 활용해 인물들의 외양을 구체적으로 묘사하여 성격을 알려 준다.

04

㉠~㉤에 대한 이해로 적절하지 않은 것은?

① ㉠: '종술'과 '부월'에게 부정적 결과를 가져다줄 수 있는 곳이다.
② ㉡: '종술'과 '부월'의 갈등이 깊어졌다가 해소되는 과정과 대응된다.
③ ㉢: '종술'과 '부월'의 심리를 효과적으로 표현해 주는 소재이다.
④ ㉣: '부월'과 '종술'의 미래가 암담하다는 것을 암시하는 공간이다.
⑤ ㉤: '종술'의 욕망을 이루어 주기도 하지만 좌절을 안겨 주기도 하는 곳이다.

05

ⓐ와 관련이 있는 한자 성어로 가장 적절한 것은?

① 관포지교(管鮑之交)
② 백의종군(白衣從軍)
③ 천우신조(天佑神助)
④ 와신상담(臥薪嘗膽)
⑤ 토사구팽(兎死狗烹)

[06~08] 다음 글을 읽고 물음에 답하시오.

학문의 목적은 분명히 그 실용성에 있는 것도 같다. 현대인이 마치 우주인인 것처럼 우쭐거리며 달 세계로 가느니, 화성으로 가느니 말하며, 장차 전개될 어마어마한 전환을 꿈꾸게 된 것이 모두 이 새로운 학문의 힘인 것을 생각한다면, 학문이 인간의 실제 생활에 미치는 힘이 무섭게 큰 것임을 짐작할 수 있다. 미국의 프래그머티즘을 기다리지 않더라도, 학문의 목적이 우리의 실생활을 향상, 발전시키는 데 있다고 함은 당연함 직도 하다. 고래(古來)로 인류 문화에 공헌한 바 있었던 국가나 민족으로서 학문이 융성하지 않았던 예는 없었다.

개인으로서도 입신출세하여 부귀공명을 누리기 위해서 학문을 한다고 하여 잘못이라고 할 수 없을 것이다. 많은 학비를 내 가며 공부를 하는 것이 모두 지금보다 더 좋은 생활을 하리라는 희망을 가지고 있기에 가능한 것이라고도 하겠다. 훌륭한 정치가, 실업가가 인류 사회에 기여할 것을 꿈꾸면서 학문에 정진하는 것도 좋다. 시골에 계신 부형의 기대 또한 그런 것이 아닐까? 가까이는 우선 고등 고시를 위하여, 또는 손쉬운 취직을 위하여 학문을 한다고 하여 학문의 목적에 배치(背馳)될 것도 없다. 법과나 상과, 또는 이공(理工) 계통 학과의 입학 경쟁률이 날로 높아지고 있는 것도 무리가 아니다. 국가로서도 과학 기술의 진흥(振興)을 위한 정책을 꾀하고 있지 않은가?

그러나 학문이 그러한 결과를 가져온다고 하여, 학문하는 사람 자신이 언제나 그러한 실용성만을 목적으로 하는 것인가는 잠깐 생각할 필요가 있다. 아리스토텔레스가 말한 것처럼, 그저 알고 싶어서, 아는 것 자체에 흥미를 느껴서 학문을 하는 경우도 있기 때문이다. 장차 어떤 결과가 예상되기 때문에라기보다 학문하는 것 자체가 재미있어서, 또는 즐거워서 하는 경우도 있을 것이다. 어린이가 칭찬을 받기 위하여, 점수를 많이 얻기 위하여 열심히 공부한다면, 그것도 대견한 일이지만, 그저 공부하는 것이 그것대로 재미가 나서 하지 않고는 견딜 수 없다는 어린이가 있다면, 그것이야말로 기특한 일이 아닐 수 없다. 학문은 오히려 이런 경지에 이르렀을 때 순수해진다고 할까? 모든 편견으로부터 초탈하여 자유로운 비평 정신으로 진리를 추궁(追窮)하게 될는지도 모른다.

그러나 이것은 이상적인 경우를 상정하여 본 것이요, 학문하는 사람이 그저 재미가 나서 즐거워서만 한다는 것은 매우 드문 일일 것이다. 때로는 ㉠참기 거북한 난관을 오로지 굳센 의지 하나로써 극복해 나가야 될 때가 오히려 많지나 않을까? 재미가 나고 즐거워서라기보다도, 어떤 사명감을 느끼며 괴로움도 참고 나아가야 하는 경우가 더 많음 직도 하다. 이러한 거북한 처지를 극복하는 데 성공하였을 때, 비로소 재미도 즐거움도 따르는 것이 아닐까?

06

윗글의 제목으로 가장 적절한 것은?

① 학문의 편견
② 학문의 목적
③ 학문의 실용성
④ 학문의 정진 방법
⑤ 학문의 진흥 정책

07

윗글에 사용된 내용 전개 방식에 대한 설명으로 적절한 것은?

① 사실을 근거로 상대를 훈계하는 태도를 보이고 있다.
② 시간의 순서에 따라 글쓴이의 경험을 서술하고 있다.
③ 고전을 직접 인용하여 논지의 타당성을 확보하고 있다.
④ 인용과 다양한 예시를 통해 글의 설득력을 높이고 있다.
⑤ 대상의 특징을 단계적으로 나누어 나열하는 방법을 사용했다.

08

문맥에 비추어 볼 때, ㉠의 상황과 어울리는 한자 성어는?

① 타산지석(他山之石)
② 백아절현(伯牙絕絃)
③ 초지일관(初志一貫)
④ 금의환향(錦衣還鄕)
⑤ 악전고투(惡戰苦鬪)

---

03 출제 유형 [현대 소설] 서술상의 특징 및 효과
정답 해설 윤흥길의 「완장」은 1970~1980년대 전라북도 농촌 마을에서 '완장'으로 권력을 행사하는 모습을 통해 권력의 속성을 날카롭게 비판하고 있는 작품이다. 이 소설은 '완장'이라는 상징적 소재를 통해 권력의 의미와 권력이 사람들에게 어떤 영향을 주고 있는가를 돌아보게 한다. 또한 권력에 집착하는 '임종술'이라는 인물을 통해 우리 사회에 만연해 있는 권력에 대한 허황된 의식을 풍자하고 권력의 남용이 가져오는 문제점을 다른 인물과의 대화를 통해 서술하고 있다.

04 출제 유형 [현대 소설] 작품의 이해와 감상
정답 해설 ⓔ '물가'는 완장을 버린 '종술'과 '부월'이 새로운 삶을 도모하고자 향하는 곳이다. 따라서 '물가'는 미래가 암담하다는 것을 암시하는 공간이 아니라 새로운 삶과 희망을 의미하는 곳이라고 보아야 한다.

05 출제 유형 [현대 소설] 작품의 이해와 감상
정답 해설 '마음먹은 일을 이루기 위하여 온갖 어려움과 괴로움을 참고 견딤을 비유적으로 이르는 말.'인 '와신상담(臥薪嘗膽)'이 가장 적절하다.
오답률 줄이는 오답 해설 ① 관포지교(管鮑之交): 관중과 포숙의 사귐이란 뜻으로, 우정이 아주 돈독한 친구 관계를 이르는 말.
② 백의종군(白衣從軍): 벼슬 없이 군대를 따라 싸움터로 감.
③ 천우신조(天佑神助): 하늘이 돕고 신령이 도움. 또는 그런 일.
⑤ 토사구팽(兔死狗烹): 토끼가 죽으면 토끼를 잡던 사냥개도 필요 없게 되어 주인에게 삶아 먹히게 된다는 뜻으로, 필요할 때는 쓰고 필요 없을 때는 야박하게 버리는 경우를 이르는 말.

06 출제 유형 [학술문 - 인문] 사실적 이해 - 핵심 정보
정답 해설 실용적인 목적과 학문 본연을 즐기는 목적을 아울러 '학문의 목적'에 대해 서술한 글이다.

오답률 줄이는 오답 해설 ①, ④ 학문에 대한 편견, 정진 방법 등은 모두 '학문의 목적'의 하위 범주 안에 포함될 수 있는 내용이므로, 글 전체를 담아내는 제목으로는 적절하지 않다.

07 출제 유형 [학술문 - 인문] 사실적 이해 - 전개 방식
정답 해설 학문의 목적을 구체적 예시를 통해 제시하고 있으며, 아리스토텔레스의 말을 인용하기도 하였다. 이를 통해 글을 접하는 독자가 글의 주제를 쉽게 이해할 수 있도록 돕고 있다.

08 출제 유형 [학술문 - 인문] 추론적 이해
정답 해설 '매우 어려운 조건을 무릅쓰고 힘을 다하여 고생스럽게 싸움.'이라는 뜻을 지닌 '악전고투(惡戰苦鬪)'가 ㉠의 상황에 가장 적절하다.
오답률 줄이는 오답 해설 ① 타산지석(他山之石): 다른 산의 나쁜 돌이라도 자신의 산의 옥돌을 가는 데에 쓸 수 있다는 뜻으로, 본이 되지 않은 남의 말이나 행동도 자신의 지식과 인격을 수양하는 데에 도움이 될 수 있음을 비유적으로 이르는 말.
② 백아절현(伯牙絕絃): 자기를 알아주는 참다운 벗의 죽음을 슬퍼함.
③ 초지일관(初志一貫): 처음에 세운 뜻을 끝까지 밀고 나감.
④ 금의환향(錦衣還鄕): 비단옷을 입고 고향에 돌아온다는 뜻으로, 출세를 하여 고향에 돌아가거나 돌아옴을 비유적으로 이르는 말.

정답 03 ③ 04 ④ 05 ④ 06 ② 07 ④ 08 ⑤

[09~11] 다음 글을 읽고 물음에 답하시오.

한국 전통 건축에서 기둥의 참멋은 미(未)가공성에 있다. 집 짓는 장인은 전국의 산야를 다니며 기둥으로 쓸 나무를 직접 골랐다. 이렇게 고른 나무는 가능한 한 가공을 최소화한 상태에서 기둥으로 썼다. 나무의 밑동과 윗동만 자른 채 그대로 기둥으로 쓴 경우도 많았다. 휜 나무는 그냥 휜 채로 기둥으로 쓰였다. 예를 들어 개심사의 범종각은 누각을 구성하는 네 개의 기둥 모두에 휜 나무를 그대로 사용해서 지어졌다. 하나도 아니고 네 개가 모두 이렇다 보니 범종각은 당장이라도 무너질 것처럼 심하게 찌그러진 모습을 하고 있다. 그러나 걱정할 필요는 없다. 올곧은 나무로 만든 기둥과 조금도 다름없이 널따란 지붕을 거뜬히 받쳐 내고 있다.

이러한 한국 전통 건축의 특성은 서양 건축과의 비교를 통해 분명해진다. 서양 현대 건축에는 건물을 일부러 찌그러진 모습으로 만들려는 해체주의 건축 양식이 있다. 이 가운데에는 범종각과 유사한 예들이 많이 나타나고 있다. 예를 들어 해체주의를 대표하는 건축가인 프랭크 게리의 프레드 앤드 진저 빌딩을 보면 건물을 받치는 기둥과 더불어 건물 자체도 심하게 찌그러진 모습으로 지어져 있다. 이 건물도 범종각처럼 당장이라도 쓰러질 것 같지만 정밀한 구조 계산에 의해 지어졌기 때문에 (㉠)

해체주의는 정형적 질서를 강조하는 기존의 건축 경향을 현실성이 없는 가식의 세계라고 비판하면서 시작된 일종의 반문명 양식 운동이다. 현실 세계에서는 늘 폭력과 전쟁 그리고 거짓이 난무하여 왔는데도 기존의 건축 양식들은 수천 년간 안정되고 질서 있는 조형 세계를 추구하여 왔다. 해체주의는 직선, 직각, 사각형 등으로 구성되는 기존 건축 세계의 안정과 질서를 비현실적인 위선이라고 거부하며 이러한 위선을 해체하고자 비정형적이고 무질서한 건축 세계를 새로운 대안으로 제시하였다.

이렇게 볼 때 범종각과 프레드 앤드 진저 빌딩 사이에는 유사점과 차이점이 동시에 존재한다. 두 건물 모두 정형적인 규범에 반대하여 비정형적 건축을 추구하고 있는데, 이것은 두 건물의 모습이 유사하다는 것에서도 잘 알 수 있다. 그러나 그 대안을 추구하는 데에서 두 건물은 분명한 차이점을 갖는다. 해체주의 양식에 속하는 프레드 앤드 진저 빌딩은 인간의 현실 세계를 부정적인 시각으로 보면서 그 해답 역시 해체라는 부정적 조형관으로 제시하였다. 이에 반해 범종각은 고뇌로 가득 찬 부정적 현실 세계에 대한 대안을 자연 속의 완결된 한 생명 단위를 그대로 받아들이는 긍정적 조형관으로 제시하고 있다. 부정을 부정으로 풀려는 서양의 해체주의 건축은 현실 세계의 문제점에 대한 해답을 인간의 손으로 찾으려는 서양 문명 전체의 특성에서 기인한다. 이에 반해 부정을 긍정으로 풀려는 범종각의 조형관은 똑같은 문제점에 대한 해답을 자연 속에서 찾으려는 한국적 사상에서 기인한다.

해체적 조형관은 서구를 중심으로 1980년대 이후 크게 유행하고 있다. 그런데 범종각의 조형관은 이러한 1980년대 서구 사회의 고민에 대한 해답을 훨씬 이전에 담고 있었다. 휘고 굽은 못난 곡선이 현실을 대표하는 가장 솔직한 모습일 수 있다는 범종각의 조형관은 합리적이고 인위적인 질서 중심의 서구 사상이 맞닥뜨린 한계에 대한 대안을 가르쳐 주고 있다.

09

윗글의 내용과 일치하지 않는 것은?

① 범종각은 현실 세계에 대한 부정적인 대안을 제시하고 있다.
② 범종각과 프레드 앤드 진저 빌딩에는 차이점과 유사점이 있다.
③ 범종각은 당장 찌그러질 것 같이 보이지만 쓰러질 염려는 없다.
④ 프레드 앤드 진저 빌딩은 현실 세계를 부정적으로 바라보고 있다.
⑤ 해체주의 건축은 '부정을 부정으로 풀려는' 사고를 반영하고 있다.

10

윗글의 서술상의 특징으로 적절한 것은?

① 기존의 건물 건축 방식에 대한 비판적 시각을 드러내고 있다.
② 기존의 견해가 지닌 문제점을 지적한 뒤에 대안을 제시하고 있다.
③ 대상이 지니고 있는 다양한 장점과 단점을 순차적으로 제시하고 있다.
④ 두 대상의 유사점과 차이점을 이야기하며 대상의 성격을 설명하고 있다.
⑤ 독자가 글의 내용에 쉽게 공감할 수 있도록 평이한 어휘와 표현을 사용하고 있다.

11

문맥상 ㉠에 들어갈 내용으로 가장 적절한 것은?

① 지진이 오는 경우에 위험하다.
② 폭력과 전쟁의 영향을 받았다.
③ 인간의 손으로 만들어진 것이다.
④ 아무 문제 없이 서 있을 수 있다.
⑤ 기둥으로 사용하는 것이 가능하다.

[12~14] 다음 글을 읽고 물음에 답하시오.

> 우리 몸의 균형과 평형 감각을 잡아 주는 전정 기관이 하는 역할을 '전정 기능'이라고 한다. 전정 기능에 이상이 발생하면 어지러움을 동반하고 균형 감각을 잃어 움직임에 제약을 받게 된다.
> 귀의 가장 안쪽에 위치한 전정 기관은 머리의 수평, 수직 선형 가속도, 회전 운동을 감지하고 신체의 균형을 유지하도록 한다. 또한 중력에 대한 방향을 감지하여 신체가 수직·수평에 대한 올바른 자세를 취하도록 도와준다. 이 전정 기관에 문제가 생기면 발생하는 가장 흔한 증상이 바로 어지럼증이다. 전정 기능의 장애에 속하는 질병인 메니에르병, 미로 수종, 말초성 어지럼증, 이석증, 전정 신경염 등 대부분의 질병이 어지럼증과 메스꺼움을 동반한다.
> '전정 신경염'은 바이러스나 혈액 순환 장애 등의 이유로 전정 신경에 염증이 발생하게 되면서 한쪽 전정 신경의 기능이 저하되고 그에 따라 양쪽 귀의 전정 신경에 불균형이 발생하면서 어지럼증을 느끼게 되는 질환이다. '전정 신경염'은 전체 어지럼증의 약 5% 정도를 차지하는 흔한 질환이다.
> '메니에르병'은 간헐적으로 내이의 림프액이 증가하면서 생기는 병으로, 어지러움이나 구토, 난청 등의 증상이 나타난다. 연령을 가리지 않고 발병하며 가족력을 보이는 경우도 있다. 발병 원인은 불분명하지만 고염식을 하는 사람들에게서 발병 빈도가 더욱 높다.
> '이석증'은 내이에 있는 전정 기관에 있어야 할 돌이 떨어져 나와, 귓속의 반고리관으로 들어가 어지럼증을 유발한다. 미로에 염증이나 수종이 생기는 경우에도 평형 감각과 청력에 문제가 생기며 이명이 들리거나 어지럼증이 나타나게 된다.
> 전정 기관 이상으로 질병이 발생할 경우 (㉠). 다만 약물을 반복해서 사용하게 되면 내성이 생겨 오히려 증상이 더 오래갈 수 있기 때문에, 일정 이상의 약물 치료 이후에는 운동 또는 회복을 통한 보존적 치료로 자연 치유를 기대하는 것이 좋다. 어지러움이나 두통을 동반하는 각종 질환 중 전정 기능의 장애는 비교적 가벼운 질환이다. 진단을 받은 후 전정 기관의 회복 및 재활을 위한 운동을 시작한다면 정상적으로 회복이 되어 일상생활이 가능하다. 어지러움이 빈번히 발생한다면 빠르게 병원을 방문하여 진단을 받은 후 전정 기관의 회복을 위한 운동을 시작하는 것이 가장 중요하다. 평소 규칙적인 운동이나 생활 습관을 유지하는 것도 전정 기능 장애 예방에 도움이 된다.

---

09 출제 유형 [학술문 – 예술] 사실적 이해 – 정보 확인
정답 해설 "범종각은 고뇌로 가득 찬 부정적 현실 세계에 대한 대안을 자연 속의 완결된 한 생명 단위를 그대로 받아들이는 긍정적 조형관으로 제시하고 있다."라고 하였다.

10 출제 유형 [학술문 – 예술] 사실적 이해 – 전개 방식
정답 해설 범종각(한국 건축)과 프레드 앤드 진저 빌딩(서양 건축) 모두 정형적인 규범에 반대하여 비정형적 건축을 추구한다는 데 유사점이 있으나, 현실 세계의 문제에 대한 해답에 차이점이 있다고 제시하며 두 건축물의 특징을 설명하고 있다.

11 출제 유형 [학술문 – 예술] 추론적 이해 – 생략된 내용 추리
정답 해설 "이 건물도 범종각처럼 당장이라도 쓰러질 것 같지만"이라고 서술하고 있으므로, 쓰러지지 않고 '아무 문제 없이 서 있을 수 있다.'가 ㉠에 들어갈 말로 가장 적절하다.

정답 09 ① 10 ④ 11 ④

12

윗글의 내용과 일치하지 않는 것은?

① 전정 기능의 장애에 속하는 질병은 종류가 다양하다.
② 발병 원인이 분명하지 않은 전정 기능 장애 질병도 존재한다.
③ 올바른 자세를 취하지 않으면 전정 기관에 문제가 생기기 쉽다.
④ 전정 기관에 문제가 발생하면 어지러움, 구토, 난청 등 다양한 증상이 나타난다.
⑤ 전정 기관 이상으로 발생한 질병은 약물 치료 이후 보존적 치료를 진행하는 것이 좋다.

13

윗글의 내용 전개 방식에 대한 설명으로 적절한 것은?

① 비유의 방식을 사용하여 대상의 개념을 설명하고 있다.
② 특정한 현상이 나타나게 되는 이유를 구체적으로 설명하고 있다.
③ 전문가의 말을 인용하여 중심 화제의 개념을 분명히 드러내고 있다.
④ 역설적 표현을 활용하여 글의 내용에 대한 독자의 이해를 돕고 있다.
⑤ 화제의 의미와 가치를 제시하여 문제 개선의 시급성과 당위성을 강조하고 있다.

14

문맥상 ㉠에 들어갈 내용으로 가장 적절한 것은?

① 저염식을 섭취하면 쉽게 치료된다
② 초기에는 약물 치료를 진행하게 된다
③ 간단한 시술로 문제를 해결할 수 있다
④ 식단을 조절하는 것부터 치료를 시작한다
⑤ 다른 기관의 강화로 전정 기관의 기능을 보완한다

[15~17] 다음 글을 읽고 물음에 답하시오.

요즘 젊은 세대들 사이에 혼자 노는 문화가 점차 확산되고 있다. 그들은 온종일 인터넷, 휴대 전화, 텔레비전 등을 이용해 혼자 논다. '아햏햏'이라는 말을 유행시키며 인터넷 커뮤니티에 새로운 바람을 일으킨 ○○사이트에는 과자의 작은 알갱이를 10개씩 분리하며 노는 네티즌들의 사진이 올라와 있다. 그뿐 아니라 '카펫에 달린 털 세기', '밥알 세기', '옥수수 수염 세기', '다리 털 세기' 같은 행위도 하나의 놀이로 받아들여지고 있다. 얼핏 보아도 이런 행동은 무의미하기 짝이 없지 않은가? 그런데 이런 행동들은 젊은 세대들의 호응을 얻으며 어느덧 문화 현상의 하나로 자리 잡게 된 것이다.

혼자 놀기 문화는 인터넷과 이동 통신 기술의 발달을 배경으로 탄생한 문화라고 할 수 있다. 인터넷 등의 수단이 없었다면 이러한 현상이 하나의 문화로 등장하기는 어려웠을 것이기 때문이다. ⓐ혼자 놀기의 대가(?)들은 자기들의 놀이 행위를 디지털 카메라에 담아 인터넷 사이트에 올린다. 그러면 다른 사람들은 자기 방에서 그 사진들을 클릭하고 때로는 거기에 답글을 달며 놀게 된다. 휴대 전화 역시 혼자 노는 문화를 가능하게 해 주는 도구이다. 원래는 다른 사람과의 발 빠른 의사소통을 위해 만들어진 휴대 전화는 이제 그러한 본래의 목적을 넘어서 게임, 음악, 동영상 등의 문화를 수용하는 수단이 되었다. 이런 맥락에서 볼 때, 혼자 놀기 문화는 기술 문명이라는 배경이 있었기에 발달할 수 있었던 문화인 셈이다.

젊은 세대들의 혼자 놀기 문화는 전통적 의미의 외로움이나 소외와는 다른 맥락을 지닌다. 이 현상에는 '현대 사회에서의 인간 소외'라는 일반적인 공식으로는 설명되지 않는 부분이 존재한다. 젊은 세대들은 고독이나 소외를 극복하거나 견뎌 내야 하는 진지한 개념보다는 오히려 즐길 대상으로 여기는 경향이 있다는 말이다. 하지만 '나홀로족(族)'의 문화를 가만히 들여다보면 거기에는 결국 자신이 혼자가 아님을 적극적으로 표현하려는 갈망을 지니고 있음을 알 수 있다. 즉 혼자 놀기는 가상의 집단에게 자신의 독특한 취향을 내보이려는 새로운 소통 방식으로, 이들은 '혼자 놀기'를 통해 '함께 노는 방법'을 모색하고 있는 것이다.

그렇다 해도 혼자 놀기 문화를 보는 시각에는 일말의 쓸쓸함이 담길 수밖에 없다. 컴퓨터나 게임기가 없어 집에서 혼자 놀기에는 너무나 심심했던 시절, 골목으로 뛰쳐나온 아이들은 몸으로 부딪치고 머리를 맞대며 친구가 되었다. 온 동네를 함께 휘젓고 다니며 쌓아 온 그런 친밀감은 ㉠ 이 아니라 ㉡ 였으며 무엇보다 오랜 시간 지속되었다. 그러나 인터넷이나 휴대 전화 같은 정보 통신 기술에 의존해서 이루어지는 요즘 청소년들의 만남은, 몸과 몸이 만난다기보다 정보와 정보가 만나는 일종의 디지털 게임처럼 보이기도 한다.
　물론 혼자 노는 것이 좋다는 사람들을 막무가내로 함께 놀자고 끌어당길 수는 없다. 그들 나름의 취향과 사고방식은 인정해 줘야 하기 때문이다. 하지만 아무리 '혼자 놀기의 진수'를 깨달은 사람이라도 컴퓨터나 휴대 전화의 전원을 잠시 꺼 보는 것은 어떨까. 자기 방보다 좀 더 넓은 공간으로 나설 때, 그곳에서 '함께 놀기의 진수'를 보여 줄 누군가를 실제로 만나게 될 수도 있을지 모르니 말이다.

15

윗글의 내용과 일치하지 <u>않는</u> 것은?

① 혼자 놀기는 기술 문명의 발달과 유관한 개념으로, 하나의 문화로 봐야 한다.
② 혼자 놀기는 전통적인 외로움이나 소외의 결과물로 나타난 왕따 같은 것이 아니다.
③ 나홀로족은 구체적인 대상이 아닌 타인에게 자신의 취향이 남다른 것을 보이곤 한다.
④ 젊은 세대들은 자기들이 혼자 노는 행위를 타인에게 공유하고 노출하는 것을 즐긴다.
⑤ 혼자 놀기 문화는 부정적인 것이므로 근절되도록 젊은 세대들을 교육해 나가야 한다.

16

글쓴이가 생각하는 ⓐ의 특성으로 보기 어려운 것은?

① 자신이 혼자라는 것에 대해 소외감을 느끼거나 외로워하지 않는다.
② 인터넷과 이동 통신 기술의 발달을 적극적으로 활용해 생활한다.
③ 타인이 보기에는 무의미한 행동에 과도하게 집중하는 경향이 있다.
④ 타인과의 만남이 게임처럼 여겨지고 실질적인 면 대 면의 느낌이 적다.
⑤ 휴대 전화를 사람들 간의 의사소통의 도구를 넘어선 노는 문화의 도구로 여긴다.

---

12 출제 유형 **[학술문 – 과학] 사실적 이해 – 정보 확인**
| 정답 해설 | 전정 기관은 "중력에 대한 방향을 감지하여 신체가 수직·수평에 대한 올바른 자세를 취하도록 도와준다."라고 하였다. 올바른 자세를 취하지 않아 전정 기관에 문제가 생긴다는 내용은 서술되어 있지 않다.

13 출제 유형 **[학술문 – 과학] 사실적 이해 – 전개 방식**
| 정답 해설 | 전정 기능의 장애로 발생하는 여러 질병의 원인을 구체적으로 설명하고 있다.
| 오답률 줄이는 오답 해설 | ① 비유의 방식을 사용하지 않았다.
③ 전문가의 말을 인용하지 않았다.
④ 역설적 표현은 겉으로 보기에는 모순점이 있으나 안에 내포된 또 다른 의미가 있는 표현을 뜻한다. 이 글에는 역설적 표현이 사용되지 않았다.
⑤ 문제 개선의 시급성과 당위성보다는 현상을 예방할 수 있는 방법을 간략히 안내하고 있다.

14 출제 유형 **[학술문 – 과학] 추론적 이해 – 생략된 내용 추리**
| 정답 해설 | ㉠의 뒤에 "다만 약물을 반복해서 사용하게 되면"이라고 하였으므로 ㉠에는 약물 치료와 관련한 내용이 들어가는 것이 적절하다.
| 오답률 줄이는 오답 해설 | ① 고염식을 하는 사람들이 '메니에르병'의 발병 빈도가 높다는 이야기는 있으나, 전정 기관 이상으로 인한 질병의 치료 방법으로 저염식이 제시되지는 않았다.
③ 빈칸의 뒤에서 일정 이상의 약물 치료 이후 운동 또는 회복을 통한 보존적 치료에 따른 자연적 치유를 기대하는 것이 좋다고 하였다. 따라서 전정 기관의 이상으로 인한 질병을 간단한 시술로 해결할 수 있다는 내용이 들어가는 것은 적절하지 않다.
④ 식단을 조절하는 것이 치료의 시작이라는 내용의 근거를 찾기 어렵다.
⑤ 다른 기관의 강화로 전정 기관의 기능을 보완하는 것에 관한 내용은 제시되지 않았다.

15 출제 유형 **[학술문 – 사회] 사실적 이해 – 정보 확인**
| 정답 해설 | 혼자 놀기 문화를 즐기는 사람들을 막무가내로 함께 놀자고 끌어당길 수는 없다고 서술하며 조심스레 혼자 놀기를 줄이는 방법을 권하고 있다. 혼자 놀기 문화를 근절하기 위한 교육을 해야 한다는 내용은 없다.

16 출제 유형 **[학술문 – 사회] 사실적 이해 – 정보 확인**
| 정답 해설 | 글에서 젊은 세대들은 고독이나 소외를 즐길 대상으로 여기는 경향이 있으며, "결국 자신이 혼자가 아님을 적극적으로 표현하려는 갈망을 지니고 있음을 알 수 있다."라고 하였다. 따라서 자신이 혼자라는 것에 대해 소외감을 느끼거나 외로워하지 않는다는 것은 적절하지 않은 내용이다.

| 정답 | 12 ③ | 13 ② | 14 ② | 15 ⑤ | 16 ① |

17

문맥상 ㉠과 ㉡에 들어갈 내용으로 가장 적절한 것은?

	㉠	㉡
①	가상(假像)	실현(實現)
②	실제(實際)	가상(假像)
③	상상(想像)	실현(實現)
④	가상(假像)	실제(實際)
⑤	실재(實在)	가상(假像)

[18~19] 다음 글을 읽고 물음에 답하시오.

어떤 사람이 느끼는 그 기분이 평소 그 사람의 모습에서 너무 많이, 그것도 전혀 다른 방향으로 돌변하게 만들면, 즉 롤러코스터를 타는 것처럼 매우 상반된 기분 사이를 주기적으로 왔다 갔다 하면 어떨까? 지켜보는 사람도 정신이 없겠지만 본인 자신도 매우 혼란스럽기 그지없을 것이다.

이런 상황이나 장애와 관련된 경우를 양극성(bipolar) 장애 혹은 양극성 기분 장애라고 부르며 기존에 이러한 장애는 조울증, 조울병 등 다양한 명칭을 통해 지칭되어 왔다. 이는 기분이 들뜨고 신나는 것이 지나쳐 흥분된 상태와 마음이 너무나 가라앉아 우울한 상태 중 어느 하나씩을 주기적으로 모두 경험하는 것으로, 조증 상태에는 지나친 행복감이나 낙천적 사고, 그리고 과도하게 상승된 자기 존중감으로 인한 과잉 활동 등이 두드러지게 나타난다. 이렇게 급작스럽게 증가한 활동에 비해 인지적 판단 능력이 뒤따라 주지 못하기 때문에 과소비, 충동적 도박, 문란한 생활 등으로 이어져 당사자가 나중에 크게 후회할 지경에 이르기도 한다. 물론 이렇게 급작스럽게 증가한 에너지로 인해 가끔 창의적인 아이디어의 발생으로 이어지기도 하지만 이는 매우 드문 일이다. 그런데 이러한 국면에서 우울 단계로 들어가면 일반적인 우울증 환자와 임상적으로 구분이 되지 않을 정도의 비슷한 상태로 빠져든다. 즉 한 사람이 일정 기간의 조증 단계에 있다가 이후 정반대의 상태로 들어가게 되는 것이다. 따라서 이러한 급작스러운 변화는 양극성 장애를 지닌 환자로 하여금 정신 분열 증세가 있는 것이 아닌지 의심받도록 만드는 경우도 종종 있다.

그렇다면 이러한 양극성 장애의 원인은 무엇일까? 우선 (㉠). 일반적으로 일란성 쌍생아의 경우 어느 한쪽이 양극성 장애를 앓을 경우 다른 한쪽도 그럴 확률이 매우 높은 반면, 이란성 쌍생아는 그에 비해 상대적으로 낮은 확률을 보이기 때문이다. 그리고 양극성 장애의 조울적 측면을 보이는 사람들의 가까운 친척들에게서 일반적인 우울증 환자가 더 빈번하게 발생하는 경우가 많은데 이를 통해 우울증의 유전적 측면에 조증 증상이 친인척의 네트워크 내에서 더해지는 것이 아닐까 하는 추측을 연구자들이 하고 있지만 아직까지 명확한 인과 기제를 밝히지는 못하고 있다. 최근에는 양극성 장애 환자들의 뇌에서 세로토닌, 도파민, 에피네프린과 같은 신경 전달 물질들의 기능이 원활하지 못한 것으로 관찰되고 있어서 그 관련성이 집중적으로 연구되고 있으며 리튬과 같이 증상의 개선을 위한 약물도 점차 조명되고 있다.

또한 여기에는 인지적인 요인이나 환경적인 요인도 중요하게 작용하는 것으로 나타나고 있다. 예를 들어, 양극성 장애를 겪고 있는 환자들은 부정적인 일들에 대해 생각하거나 상상할 때 이를 정상인들보다 훨씬 더 현실적인 것으로 체감하고 있는 것으로 나타난다. 따라서 생각, 상상 자체만으로도 행동의 변화가 더 크게 일어나는 경향이 큰 것이다. 또한 비판적이거나 공격적인 가족들과 함께 사는 환자가 그렇지 않은 경우보다 더 재발 가능성이 높은 것으로 조사되고 있으며 명확한 인과 관계를 파악하지는 못하고 있으나 이른바 '환자의 탓'으로 원인을 돌리는 것이 가장 상황을 악화시키는 것이라고 일선의 치료 관계자들은 전하고 있다.

18

윗글의 제목으로 가장 적절한 것은?

① 조증의 과잉 활동 양상
② 조증과 우울증의 원인
③ 조증의 치료 약물 개발
④ 우울증 증상의 개선 방법
⑤ 양극성 장애의 양상과 원인

19

문맥상 ㉠에 들어갈 내용으로 가장 적절한 것은?

① 환경적인 요인을 생각해 볼 수 있다
② 유전적인 요인을 생각해 볼 수 있다
③ 인지적인 요인을 생각해 볼 수 있다
④ 행동의 변화가 큰 것을 원인으로 꼽을 수 있다
⑤ 신경 전달 물질을 하나의 원인으로 꼽을 수 있다

20

다음 글을 읽고 수신자가 취해야 할 조치로 적절하지 않은 것은?

○○군

수신: ○○군 관내 토목측량설계사무소 대표자 귀하
제목: 풍수해 대비 산지 및 개발 인·허가 관리 계획 수립에 따른 협조 요청

---

1. 귀사의 무궁한 발전을 기원합니다.
2. 우기철 집중 호우 발생으로 관내 산지 및 개방 인·허가지 옹벽 및 경사지 붕괴 등 다수 피해가 발생하였습니다.
3. 향후 기상 이변에 따른 풍수해 방지 및 재난 발생을 적극 예방하고자 관련 근거에 의거 아래와 같이 협조 요청하오니 협조 사항을 준수하여 주시기 바랍니다.

— 협조 사항 —
1) 사면 보호에 따른 구조물 공사 계획 시 콘크리트 옹벽 설치
2) 석축 및 옹벽 등 구조물 설치 시 공정별 사진(전, 중, 후) 및 시공 계약서 제출
3) 변경 허가를 득하지 않은 선공사 행위 금지
   * 무허가 변경 공사 진행 시 산지 관리법 제57조(과태료) 및 국토의 계획 및 이용에 관한 법률 제133조(법률 등의 위반자에 대한 처분) 적용, 허가 취소 등 강력 조치 예정임.
4) 토목 공사 완료 후 건축 공사 전 중간보고 실시
   * 허가지 외 경계 침범, 경사도 미준수 방지
   * 향후 무작위 표본 점검 수시 실시하여 불법 공사 방지 조치 예정임.

4. 상기 협조 사항에 대하여는 2022.01.01.부터 반영할 예정임을 알려 드리오니 참고하시기 바랍니다.

끝.

○○군 군수

---

① 옹벽 등 구조물을 설치할 때 과정별로 사진을 촬영하여 제출을 준비해 둔다.
② 산지 관리법의 구체적인 내용을 확인하여 공사 진행 시 이를 준수하도록 한다.
③ 이후 표본으로 점검받을 때 문제가 없도록 불법 공사나 선공사를 하지 않는다.
④ 사면 보호를 위한 구조물 공사 계획을 할 때 콘크리트로 옹벽을 설치하도록 한다.
⑤ 우기철 집중 호우로 인한 옹벽 및 경사지 붕괴 피해 규모를 파악하여 정보를 공개한다.

21

다음 글을 읽고 수신자가 취해야 할 조치로 적절하지 않은 것은?

○○행정법률연구회

수신: 과학기술정보통신부 장관
제목: 각종 인허가 신청 관련 행정사법 위반 사례 방지 업무 협조

---

1. 귀 기관의 무궁한 발전을 기원합니다.
2. 각종 인허가 신청 관련 행정사법 위반 사례 방지를 위한 업무 협조를 아래와 같이 요청하오니 적극 시행 및 회신을 요청합니다.

– 개선 및 건의사항 –

1) 각종 인허가 관련 행정사법 위반 사례 실태 조사 확인 요망
   • 행정사법 위반 사례 실태 파악 및 관리 감독
   • 실태 조사 결과에 대한 정보 공개
2) 각종 인허가 신청 관련 행정사법 위반 방지 강조 요망
   • 행정 기관, 지자체 및 법정 협회 대상 강조 공문 발송
   • 업무 담당자 교육 및 강조 공문 게시
3) 법률 위반 관련 철저한 관리 감독 요망
   • 법령 위반 사항에 대한 적극적인 관리 감독(행정 지도 및 처분 등)

* 각종 인허가 신청 관련 행정사법의 내용 및 위반 사례에 대한 문의가 있으신 분은 정보통신행정법률연구회의 담당자에게 문의 바랍니다.

---

① 법률 위반 사항에 대하여 처분한 결과를 공개한다.
② 인허가 신청과 관련한 법률 위반 사례의 실태를 조사한다.
③ 인허가 신청과 관련한 행정사법 위반 사항에 대하여 관리·감독한다.
④ 행정 기관 등을 대상으로 행정사법 위반 방지를 강조하는 공문을 발송한다.
⑤ 인허가 신청 업무의 담당자에게 행정사법 위반 방지를 위한 교육을 실시한다.

[22 ~ 24] 다음 글을 읽고 물음에 답하시오.

15년 만에 만난 아버지는 관 속에 누워 있었다. 이내 한 줄기 연기로 피어오르더니 결국 한 줌 재가 되어 버렸다. 다른 여자와 눈 맞아 처자식 버리고 떠난 아버지가, 그동안 쌓인 원망을 쏟아 낼 기회 한번 주지 않고 그렇게 가 버렸다. 세 자매는 조금 허망한 기분이 들었다. 방금 아버지 장례를 치렀는데도 별로 슬프지 않다는 사실이 제일 슬펐다. 15년의 부재가 남긴, 그저 담담한, 그냥 시시한 이별.

장례가 끝난 뒤 집으로 돌아가려는데 스즈가 따라온다. '아버지와 눈 맞은 다른 여자'가 낳은 딸. 그 여자가 먼저 세상을 뜨고 혼자 스즈를 키우던 아버지가 얼마 전 또 다른 여자와 살림을 차렸다던가. 일찍이 엄마를 여의고 이제 막 아빠까지 떠나보낸 열세 살 스즈는 아직 서먹하기만 한 새엄마 집에서 살아갈 터였다. 막막했을 것이다. 피 한 방울 섞이지 않은 새엄마보다는 그래도 아빠가 같은 세 언니가 괜히 더 가깝게 느껴지기도 했을 것이다.

이제 문이 닫히고, 기차가 움직이고, 언니들이 손을 흔들고, 차창 밖의 스즈가 기차를 따라 뛰고……. 어느새 플랫폼 맨 끝까지 달려 나와 힘차게 손 흔드는 스즈의 함박웃음이 천천히 시야에서 멀어지는 그 장면! 배다른 막내를 밀어내는 대신 힘껏 끌어안기로 결심한 그 작은 기차역에서부터 나는 이미 이 영화에 완전히 빠져들었다.

「걸어도 걸어도」, 「진짜로 일어날지도 몰라 기적」, 「그렇게 아버지가 된다」를 연출한 고레에다 히로카즈 감독이 이번엔 「바닷마을 다이어리」에서 네 자매 이야기를 들려준다. 요시다 아키미가 쓰고 그린 같은 제목의 만화 원작을 더 지혜롭고 사려 깊은 이야기로 매만졌다. 쉼 없이 누군가를 탓하려 드는 어른들 틈에서, "누구의 탓도 아니야."라는 말을 반복하며 서로를 다독이는 네 자매의 모습이 여간 (㉠)게 아니다.

자신의 에세이집 『걷는 듯 천천히』에서 고레에다 히로카즈가 물었다. "인간은 자신의 결점을 노력으로 메우려 한다. 그러한 노력은 현실에서도 영화에서도 미덕으로 그려진다. 그러나 과연 인간이 혼자만의 힘으로 그런 극복을 이뤄 낼 수 있을까? 해냈다 하더라도 그것은 정말 아름다운 일일까?"

스스로의 질문에 그는 이렇게 답했다. "나는 주인공이 약점을 극복하고 가족을 지키며 세계를 구원한다는 식의 이야기를 좋아하지 않는다. 오히려 그런 영웅이 존재하지 않는, 등신대의 인간만이 사는 구질구질한 세계가 문득 아름답게 보이는 순간을 그리고 싶다. 그러기 위해서는 이를 악무는 것이 아니라, 금방 다른 사람을 찾아 나서는 나약함이 필요한 게 아닐까. 결핍은 결점이 아니다. 가능성이다. 그렇게 생각하면 세계는 불완전한 그대로, 불완전하기 때문에 풍요롭다고 여기게 된다."

영화 「바닷마을 다이어리」에는 '구질구질한 세계가 문득 아름답게 보이는 순간'들로 가득하다. 언니들 덕분에 막내가, 막내 덕분에 언니들이, 참 예쁘게 성장해 간다.

22

윗글에서 언급한 내용으로 알맞은 것은?

① 세 자매의 직업과 나이
② 만화 원작의 시대적 배경
③ '스즈'와 세 자매와의 관계
④ 영화가 촬영된 장소의 역사
⑤ 아버지의 부재 기간 동안의 삶의 모습

23

문맥상 ㉠에 들어갈 말로 가장 적절한 것은?

① 피곤한 ② 대견한 ③ 복잡한
④ 우울한 ⑤ 심각한

24

'인간의 결점'에 대한 감독의 생각과 가장 유사한 것은?

① 인간의 결점은 삶의 연륜에 따라 사라진다.
② 인간의 결점은 가족의 불화와 분리의 이유가 된다.
③ 인간의 결점은 현실보다 영화 속에서 극적으로 그려지는 경향이 있다.
④ 인간의 결점은 누구의 탓도 하지 않고 자신에게서 그 원인을 찾아야 한다.
⑤ 인간의 결점은 타인과의 관계 속에서 극복되어 아름다운 것이 될 수 있다.

---

21 출제 유형 [실용문 – 전자 문서] 비판적 이해 – 반응 및 수용
정답 해설 법률 위반 사항에 대하여 철저한 관리 감독을 요망한다고 하였을 뿐, 처분한 결과를 공개하라는 요청 사항은 없었다.

22 출제 유형 [실용문 – 교술] 사실적 이해 – 정보 확인
정답 해설 글에 따르면, 세 자매의 아버지가 다른 여자와 살림을 차려 낳은 아이가 '스즈'이다. 즉, '스즈'와 세 자매는 이복 자매이다.

23 출제 유형 [실용문 – 교술] 추론적 이해 – 생략된 내용 추리
정답 해설 필자는 쉼 없이 누군가를 탓하려 드는 어른들 사이에서도 서로를 다독이는 자매의 모습을 긍정적으로 바라보고 있으므로, '대견한'이 가장 적절하다.

24 출제 유형 [실용문 – 교술] 추론적 이해 – 글쓴이의 심리 및 태도
정답 해설 작품의 감독은 "인간은 자신의 결점을 노력으로 메우려 한다.", "그러나 과연 인간이 혼자만의 힘으로 그런 극복을 이뤄낼 수 있을까?"라는 질문을 던진다. 그리고 스스로의 질문에 "이를 악무는 것이 아니라, 금방 다른 사람을 찾아 나서는 나약함이 필요"하다고 말한다. 즉 타인과의 관계 속에서 결점을 극복하면서 세계가 문득 아름답게 보인다는 것이다.

정답 21 ① 22 ③ 23 ② 24 ⑤

25

다음 글을 읽고 보인 반응으로 적절하지 않은 것은?

계약 해제·해지, 회원 탈퇴 등

1. "회원"은 언제든지 서비스 초기 화면의 고객센터 또는 마이페이지 메뉴 등을 통하여 이용계약 해지 신청을 할 수 있으며, "회사"는 관련법 등이 정하는 바에 따라 이를 즉시 처리하여야 합니다.
2. 후원 회원인 경우, 홈페이지 회원 이용계약 해지와는 별도로 후원 중단을 원할 경우 홈페이지나 전화 등을 통해 중단 의사를 밝혀야 하며, 후원 중단의 경우에 추후 각종 증명서 발급 등에 필요한 일부 개인 정보는 회원 관리 업무를 위해 관련법에 의거하여 보유합니다.
3. 홈페이지 회원이면서 후원 회원인 경우, 홈페이지 탈퇴와 후원 중단을 요청하는 경우에도 추후 각종 증명서 발급 등에 필요한 일부 개인 정보는 회원 관리 업무를 위해 관련법에 의거하여 보유합니다. 다만 홈페이지 회원 혹은 후원 회원이 개인 정보 삭제를 요청할 경우 등록되어 있는 개인 정보를 폐기하며, 개인 정보 폐기 후에는 추후 발생될 수 있는 각종 증명서 발급 등의 회원 관리 업무를 지원하지 않습니다.
4. "회원"이 계약을 해지할 경우, 관련법 및 개인 정보취급방침에 따라 "회사"가 회원 정보를 보유하는 경우를 제외하고는 해지 즉시 "회원"의 모든 데이터는 소멸됩니다.
5. "회원"이 계약을 해지하는 경우, "회원"이 공용 게시판에 등록한 "게시물" 등은 삭제되지 않으니 사전에 삭제 후 탈퇴하시기 바랍니다.

① 홈페이지 회원 이용계약을 해지하면 후원도 함께 중단되니 절차가 복잡하지 않네.
② 후원 회원이 홈페이지 탈퇴를 하고자 할 때 개인 정보의 처리 여부를 결정할 수 있군.
③ 기부금 영수증 등 증명서를 발급받아야 할 일이 있을 때는 개인 정보가 남아 있어야겠네.
④ 회원의 계약 해지 신청은 딱히 정해진 시간 없이 할 수 있는 거니까 통화 등을 하지 않아도 돼.
⑤ 탈퇴 전 그동안 내가 활동하면서 작성했었던 게시물을 남겨둘지 아니면 삭제할지 고민해 봐야겠어.

[26~27] 다음 글을 읽고 물음에 답하시오.

**'게임 셧다운제' 10년 만에 폐지…'게임 시간 선택제'로 일원화
정부 '청소년의 건강한 게임 이용 환경 조성 방안' 발표
청소년 자기 결정권·가정 내 교육권 존중…
건강한 게임 문화 정착 지원**

◆ 셧다운제 폐지, 가정 내 자율적 선택권 부여

 게임 셧다운제는 2000년대 초반 게임 과몰입이 사회적 문제로 대두됨에 따라 2005년 '청소년 보호법' 개정 법률안이 발의된 후 다양한 논의를 거쳐 2011년 국회를 통과해 시행됐다. 이후 정부가 '셧다운제'의 강제성을 완화하고 합리적으로 운영하기 위해 19대, 20대 국회에서 제도를 개선하려고 노력해 왔으나 법률 개정에는 이르지 못했다.
 지난 10년간 셧다운제가 적용되는 컴퓨터(PC) 온라인 게임 대신 모바일 게임이 크게 성장하는 등 게임 이용 환경이 변했고 1인 방송, 온라인 동영상 서비스(OTT), 인터넷 만화(웹툰), 누리 소통망(SNS) 등 심야 시간대 청소년이 이용할 수 있는 매체가 다양해짐에 따라 제도 개선의 필요성이 제기됐다. 이와 함께 주요 선진국이 개인과 가정의 자율적 조절을 원칙으로 하는 점 등을 고려해 셧다운제를 재검토했다.
 그 결과 청소년 게임 과몰입 예방 정책을 자율성을 기반으로 청소년이 우리 사회의 주체로 건강하게 성장할 수 있도록 지원하는 방식으로 전환하기로 했다. 이에 따라 게임 제공 시간 제한 제도 중 '셧다운제'는 폐지하고 '게임 시간 선택제'로 제도를 일원화한다. 또한, '게임 시간 선택제'의 인지도와 편의성을 높여 게임 이용 시간 제한을 원하는 청소년과 보호자를 지원한다. 또한, '찾아가는 게임 문화 교실'도 확대해 청소년의 게임 이용 조절 능력 향상을 지원하고, 다양한 매체를 건강하게 이용할 수 있도록 매체 이해력(미디어 리터러시) 교육도 강화한다.

◆ 게임 과몰입으로부터 일상 회복 및 청소년의 여가 활동 지원

 인터넷·스마트폰 이용 습관 진단 조사(매년, 학령 전환기 청소년 대상 전수 조사)를 통해 과의존 위험군 청소년을 발굴해 상담·치유 지원으로 연결한다. 또한 게임 과몰입 실태 조사(매년, 모든 청소년 대상)를 고도화해 게임 이해력(리터러시), 게임 이용 문제 등을 종합적으로 측정하는 진단 도구로 발전시킬 계획이다. 학생이 희망하는 경우에는 위(Wee)센터나 청소년 상담 복지 센터와 연계해 매체(미디어) 이용 전반에 대한 상담을 지원한다. 게임 과몰입 힐링센터를 통해 검사·상담도 제공하고 저소득층의 경우에는 최대 50%까지 치료비를 지원한다. 인터넷·스마트폰에 대한 과의존으로 집중 치유가 필요한 경우에 이용하는 기숙형 치유 캠프 및 인터넷

치유 학교도 확대 운영한다. 청소년이 다양한 여가 활동을 체험할 수 있도록 학교·지역 단위의 문화 예술 교육과 스포츠 클럽 활동을 지속적으로 지원하고, 웹툰·1인 미디어·인공지능(AI) 등 청소년의 새로운 문화 콘텐츠 관심을 반영한 동아리·프로그램도 지원한다. 특히, 저소득층 청소년을 대상으로 발급되는 통합 문화 이용권과 스포츠 강좌 이용권 지원을 확대할 예정이다.

　문체부 장관은 "청소년에게 게임은 주요한 여가 생활이자 사회와 소통하는 매개체로, 게임 과몰입 예방 제도가 청소년의 자기 결정권과 행복 추구권, 가정 내 교육권을 존중하는 방식으로 전환되기를 기대한다."며 "청소년들이 게임을 건강하고 바르게 이용할 수 있도록 관계 부처와 함께 적극 지원해 나가겠다."고 밝혔다.

26

윗글에 대한 설명으로 적절한 것은?

① '게임 셧다운제'를 유지하되 청소년과 보호자를 지원하기로 하였다.
② 게임 이용 환경의 변화로 '게임 셧다운제'의 강제성을 강화할 필요가 생겼다.
③ 인터넷과 스마트폰에 과의존하는 청소년이 원하는 경우 상담을 받을 수 있다.
④ '게임 시간 선택제'는 선진국에서 적용되는 원칙을 그대로 수용하여 정립한 제도이다.
⑤ 스마트폰에 과의존하는 학생 중 저소득층 청소년만 기숙형 치유 캠프에 참여할 수 있다.

27

윗글을 읽고 보일 수 있는 반응으로 적절하지 않은 것은?

① 이 제도는 궁극적으로 청소년과 게임을 분리시키는 데 목표가 있군.
② 인터넷과 스마트폰의 이용 습관을 매년 전수 조사한다니 쉽지 않은 일이겠군.
③ 선진국은 어떤 식으로 청소년의 게임 과몰입을 진단하고 이에 대처하는지 궁금하군.
④ 저소득층 청소년을 대상으로 발급되는 이용권의 사용이 과연 원활할지 의문이군.
⑤ 게임 이해력을 측정만 할 게 아니라 게임을 무언가를 배우는 도구로 발전시켜도 좋겠군.

---

25 출제 유형 [실용문 - 안내문] 사실적 이해 - 정보 확인
정답해설 2에 회원 이용계약 해지와는 별도로 후원 중단을 원할 경우 별도의 후원 중단 의사 표현이 필요하다고 서술하고 있다.

26 출제 유형 [실용문 - 보도 자료] 사실적 이해 - 정보 확인
정답해설 학생이 희망하는 경우 위(Wee)센터나 청소년 상담 복지 센터와 연계해 상담을 지원한다는 내용이 제시되어 있다.
오답률 줄이는 오답 해설 ①, ② '게임 셧다운제'를 폐지하기로 하였다.
④ 주요 선진국이 자율적 조절을 원칙으로 하는 점을 고려하였다고 했을 뿐, 특정 제도를 그대로 수용했다는 내용은 제시되지 않았다.
⑤ 저소득층 청소년의 경우에는 최대 50%까지 치료비를 지원한다고만 하였을 뿐, 기숙형 치유 캠프를 저소득층만 참여할 수 있다는 내용이 제시되지는 않았다.

27 출제 유형 [실용문 - 보도 자료] 비판적 이해 - 반응 및 수용
정답해설 '게임 시간 선택제'는 게임 이용 시간 제한을 원하는 청소년과 보호자를 지원하는 것으로, 청소년에게 게임이 주요한 여가 생활이자 사회와 소통하는 매개체임을 인정하고 건강한 게임 문화 정착을 위해 도입된 제도이다. 따라서 해당 반응은 적절하지 않다.

정답 25 ① 　 26 ③ 　 27 ①

[28~29] 다음 글을 읽고 물음에 답하시오.

환경부, 생활화학제품 살생 물질 안전성 검증 착수
◇ 올해 중에 방향·탈취제 등 국민 생활에 밀접하거나 위해 우려가 높은 생활 화학 제품을 우선 조사하고 위해성 평가를 병행 ◇ 내년까지 그 외 위해 우려가 적은 제품이나 산업용 살생물 제품에 대해서 조사하고 단계적으로 위해성을 평가할 계획

- 올해는 생활 속에 밀접하게 사용되면서도 위해 우려가 높은 제품을 우선 조사할 계획이다.
  - 특히 상반기 중에는 15종의 위해 우려 제품을 제조·수입하는 8천여 개 기업에게 제품 내 함유된 살생 물질 종류 등을 제출받을 계획이며, 제출된 살생 물질을 목록화하고 여러 제품에 사용되거나 위해 우려가 높은 물질은 시급성에 따라 우선순위를 결정하고 하반기부터라도 단계적으로 위해성 평가를 추진한다.
  - 이와 병행하여 위해성 문제가 제기되고 있는 스프레이형 방향제, 탈취제 등의 위해 우려 제품에 대해서 주요 제조·수입 기업과 안전 관리 협약을 체결하여 하반기 중 유·위해성 자료를 제출받아 위해성을 평가하고 그 결과를 공개할 계획이다.
- 내년부터는 그동안 위해 우려 제품으로 관리되지 않던 생활 화학 제품, 살생 물질을 함유하고 있는 공산품과 전기용품, 사업장에서 이용되는 살생물 제품으로 조사를 확대할 계획이다.
  - 대형 매장, 온라인 마켓 등에서 판매되고 있는 생활 화학 제품 중에서 위해 우려 제품으로 지정되지 않았으나 살생 물질 함유가 의심되는 품목을 조사하고 해당 제조·수입 업체에 사용된 살생 물질 정보를 요구할 계획이다.
  - 에어컨·공기 청정기 항균 필터 등 「화학물질의 등록 및 평가 등에 관한 법률」 이외의 법률로 관리되고 있으나, 살생 물질을 함유하고 있을 것으로 우려되는 공산품 등에 살생 물질을 쓰고 있는지 조사한다.
  - 또한, 제품에 직접 함유되어 있지 않더라도, 제품의 용기, 포장 등에 이용되는 살생 물질에 대해서도 이용 실태를 조사할 계획이다.
  - 이와 병행하여 조사 결과에 따라 제품의 사용 빈도나 노출 경로 등을 고려하여 단계적으로 위해성 평가를 해나갈 계획이다.
- 또한, 살생 물질 전수 조사는 내년 말까지 완료할 예정인데, 조사하는 과정에서 중대한 위해성이 의심되는 경우에는 위해성 평가를 병행하여 위해 우려 제품에 포함하거나 안전 관리 기준을 설정하여 국민 우려를 해소해 나갈 계획이다.
- 이와 관련하여 환경부는 오는 25일 오전 10시 30분부터 LW컨벤션센터 그랜드볼룸에서 '생활 화학 제품 내 살생 물질 전수 조사와 안전성 검증을 위한 설명회'를 개최할 예정이다.
- 또한, 환경부는 조속한 시일 내에 '생활 화학 제품 안전 관리 종합 대책'을 마련하여 화학 제품에 대한 관리를 강화할 계획이다.

28

윗글을 통해 추론한 내용으로 적절하지 <u>않은</u> 것은?

① 지금까지 생활 화학 제품 살생 물질에 대한 안전성 검증이 미비하여 문제가 있었다.
② 살생 물질 전수 조사는 일상생활 속에서 위해성이 높은 제품을 우선적으로 진행한다.
③ 기존에 위해 우려 제품으로 지정되지 않았던 것은 살생 물질을 함유했을 가능성이 없다.
④ 살생 물질의 전수 조사는 올해 안에 마무리되지 않으며, 장기간 조사가 진행될 예정이다.
⑤ 공산품, 전기용품, 사업장에서 이용되는 살생물 제품은 현재 위해 우려 제품으로 관리되지 않고 있다.

29

윗글을 읽고 보인 반응으로 적절하지 <u>않은</u> 것은?

① 제품의 사용 빈도나 노출 경로를 파악하고 단계적으로 조사한다니 쉽지 않겠군.
② 제조·수입 기업에서 스스로 제출하는 유·위해성 자료가 과연 믿을 만할지 의문이군.
③ 살생 물질 전수 조사에서 중대한 위해성이 의심되는 경우 판매가 중지될 테니 안심해도 되겠군.
④ 음식을 담는 용기에 위해성이 없는지도 평가를 한다고 하는데 조사가 빨리 착수되었으면 좋겠군.
⑤ 사용하고 있는 제품들은 모두 위해 우려 제품이 아닌 줄 알았는데 혹시나 살생 물질이 들어 있는 건 아닌지 잘 살펴봐야겠어.

30

다음 보도 자료를 읽고 이해한 내용으로 적절하지 <u>않은</u> 것은?

식품의약품안전처

안전한 먹을거리, 국민행복!
보 도 자 료

조리·판매 어린이 기호식품 영양성분 표시 준수 점검
– 점포 100개 이상 피자, 햄버거 등 가맹사업 식품접객업소 대상 –

☐ 식품의약품안전처는 어린이들이 즐겨 먹는 햄버거, 피자 등을 조리·판매하는 식품접객업소를 대상으로 오는 10월 24일부터 11월 4일까지 지방자치단체와 함께 식품 영양성분 표시 준수 여부 등을 집중 점검한다고 밝혔다.

  ○ 이번 점검은 학교 주변과 학원가, 놀이공원 등 어린이의 왕래가 많은 곳에 위치한 제과·제빵류, 아이스크림류, 햄버거, 피자를 조리·판매하는 식품접객업소 중 점포 수 100개 이상을 둔 30개 가맹사업본부 14,000여 개 매장이 대상이다.

  ○ 중점 점검 사항은 해당 매장에서 소비자가 주문할 때 이용하는 제품안내판, 메뉴게시판 등에 영양성분(열량, 당류, 단백질, 포화 지방, 나트륨) 표시 및 표시 방법 준수 여부이다.

  ○ 특히 어린이 식품안전보호구역 내에 위치한 매장에 대해서는 위생 점검도 함께 실시한다.

☐ 식약처는 앞으로도 올바른 영양 정보를 통한 소비자의 식품선택권을 보장하고 건강한 식생활 실천 유도와 영양 불균형을 예방하는 데 최선을 다할 계획이라고 밝혔다.

〈붙임〉
어린이 기호식품 조리·판매 업소의 영양성분 표시 방법

○ (표시 대상 업소) 제과·제빵류, 아이스크림류, 햄버거, 피자를 조리·판매하는 식품접객업소 중 「가맹사업거래의 공정화에 관한 법률」에 따른 가맹사업이고 직영점과 가맹점을 포함하여 점포 수가 100개 이상인 업소

○ (표시 대상 식품) 표시 대상 업소에서 조리·판매하는 식품
○ (표시 대상 영양성분) 열량, 당류, 단백질, 포화 지방, 나트륨
○ (표시 기준)
  – 영양소 명칭 및 함량을 표시하여야 하며, 함량은 1회 제공량당 함유된 값으로 표시(영양소 기준치에 대한 비율(%)을 함께 표시 가능)
  – 영양성분은 컵, 개 또는 조각 등으로 표시하며, 양은 중량(g) 또는 용량(ml)를 괄호로 표시, 2회 제공량 이상은 총 제공 횟수 표시
  – 2종 이상으로 구성된 세트식품은 해당 조합의 총 열량을 표시. 단, 해당 조합이 여러 가지일 경우 총 열량의 최솟값과 최댓값의 범위 표시 가능

○ (표시 방법)
  – 표시 사항은 소비자가 쉽게 알아볼 수 있도록 눈에 띄게 바탕색과 구분되는 색상으로 표시
  – 메뉴판, 메뉴게시판, 제품안내판 등에 영양성분을 표시하며, 이 중 열량은 메뉴 등의 식품명이나 가격 표시 주변에 이들 활자 크기의 80% 이상으로 표시
  – 온라인, 전화 등을 통해 주문받아 배달하는 경우에는 영양성분을 표시한 리플릿, 스티커 등을 함께 제공

① 이번 영양성분 표시 준수 점검의 대상이 되는 곳은 직영점과 가맹점을 포함하여 100여 개 매장이다.
② 어린이 식품안전보호구역 내에 위치한 매장에 대해서는 영양성분 표시 준수 점검과 함께 위생 점검도 실시한다.
③ 영양소 명칭 및 함량을 표시하여야 하며, 함량은 제품 1개당 함유된 값이 아니라 1회 제공량을 기준으로 삼는다.
④ 배달 음식도 그 음식의 열량, 당류, 단백질, 포화 지방, 나트륨의 함량을 알 수 있도록 정보를 제공해야 한다.
⑤ 영양소의 명칭 및 함량은 소비자가 쉽게 알아볼 수 있도록 바탕색과 구분되는 색상으로 눈에 띄게 표시해야 한다.

2세트

[31~32] 다음 글을 읽고 물음에 답하시오.

> 밤이 한 가지 키워 주는 것은 ㉠불빛이다.
> 우리도 아직은 ㉡잠이 들면 안 된다.
> 거대한 어둠으로부터 비롯되는
> 싸움, 떨어진 살점과 창에 찔린 옆구리를
> 아직은 똑똑히 보고 있어야 한다.
> 쓰러져 죽음을 토해 내는 사람들의 아픈 얼굴,
> 승리에 굶주린 그 고운 얼굴을
> 아직은 남아서 똑똑히 보아야 한다.
>
> 밤이 마지막으로 키워 주는 것은 사랑이다.
> 끝없는 형벌 가운데서도
> 우리는 아직 든든하게 결합되어 있다.
> 쉽사리 ㉢죽음으로 가면 안 된다. 아직은 저렇게
> ㉣사랑을 보듬고 울고 있는 사람들, 한 하늘과
> 한 세상의 목마름을 나누어 지니면서
> 저렇게 저렇게 ㉤용감한 사람들, 가는 사람들,
> 아직은 똑똑히 우리도 보고 있어야 한다.
>
> — 이성부, 「밤」

31

위 시에 대한 설명으로 적절하지 않은 것은?

① 역설적인 표현을 사용하여 자신의 의도를 드러내고 있다.
② 공동체적인 유대감을 통해 고난과 시련을 극복하자고 말하고 있다.
③ 힘든 현실 속에서도 소망을 잃지 않는 이들의 모습을 보여 주고 있다.
④ 청각적 이미지가 시각적 이미지로 전이된 공감각적 표현을 두드러지게 활용하고 있다.
⑤ 독재 정권이 지배하는 억압의 현실 속에서 힘들게 살아가는 민중의 삶을 그리고 있다.

32

㉠~㉤에 대한 이해로 적절하지 않은 것은?

① ㉠: 어려운 현실 속의 희망
② ㉡: 고통스러운 현실을 도외시하는 행동
③ ㉢: 고난으로 인해 받은 상처
④ ㉣: 공동체적 연대감
⑤ ㉤: 민중에 대한 예찬적 태도

[33~35] 다음 글을 읽고 물음에 답하시오.

[앞부분 줄거리] '나'는 월급쟁이 생활 11년 만에 내 집을 마련하려는 중이다. 알뜰한 아내와 네 아이들이 있는 '나'는 3개월 동안 서울 시내를 돌아다닌 끝에 적당한 집을 찾게 된다. 모자란 돈은 은행에서 융자를 얻어 집을 사려고 복덕방에서 상의를 하고 있다.

복덕방을 나와 영감이 앞장서 걷기 시작하였다. 나는 저쪽 공터에 옹기종기 서 있는 가족들에게 눈짓하여 함께 복덕방 영감의 뒤를 따랐다. 아내가 내 옆에 바짝 붙어 서서 귓속말로 말했다.
"뭐래요? 얼마나 깎을 수 있대요?"
"음, 이백육십까지는 되는 모양이야."
나는 좀 자신 없는 목소리로 이렇게 말했다.
시내버스가 달리는 간선 도로에서 팔 미터짜리 좁은 길로 우리 일행은 꺾어져 들어갔다. 그리고 담배 가게를 겸한 세탁소 앞에서 다시 사 미터짜리 골목으로 꺾어져 들어갔고, 십오 도 정도의 비탈길을 거슬러 오르기 시작했다. ㉠그리고 또 한 번 오른쪽으로 골목길의 커브를 돌면서 저만큼 문제의 집이 한쪽 귀퉁이부터 보이기 시작했다.
그때였다. 무심결에 언뜻 고개를 들었는데 그만 그것을 보고야 말았다. 그것은 바로 고압선이었다.
고압선은 걷고 있는 우리들의 머리 위를 엇비슷이 지나고 있었다. 그뿐이라면 별로 문제가 될 것이 없겠다. ㉡그러나 그 고압선은 바로 우리가 사고자 하는 집의 지붕 위를 거쳐서 달리고 있었다. 그리하여 그 고압선은 아차산의 발밑에 매우 험상스럽게 생긴 철탑 전주 하나를 박아 놓고, 또 달려서 아차산의 능선 위에 세워진 또 하나의 철탑 전주를 거쳐 산을 넘고 있었다.
나는 섬뜩한 마음으로 뒤를 돌아보았다. 역시 그 고압선은 반대 방향으로도 치달리고 있어서 우리가 버스를 내린 간선 도로를 열십자로 가로질렀고, 중랑천 제방의 철탑 전주를 거쳐 중랑천을 건너고 있었다. 그리하여 중랑천 저쪽 배봉산 위에 세워진 철탑 전주 하나가 그 늘어진 고압선을 받아 답십리 쪽으로 넘겨주고 있었다.

그제서야 ⓒ나는 전날 복덕방 영감이 뒷밑을 구려 하며 무언가 숨기고 있었던 듯한 태도를 깨달을 수가 있었다. 전날 내가 그것을 발견하지 못했듯이 보는 각도에 따라서는 얼핏 그것을 간과해 버리기가 십상이었다. ⓐ그러나 그 고압선은 엄연히 존재하여 우리가 사고자 하는 그 집의 바로 머리 위를 지나고 있는 것이었다.

그러나 아내는 그것을 조금도 눈치채지 못하는 모양이었다. 나는 차마 가련해서 선뜻 아내에게 그것을 알려 줄 수가 없었다. 아내는 그저 턱없이 즐거워서 재잘거리며 걷고 있는 아이들을 사랑스러운 눈으로 내려다보면서 걷고 있었다.

목적했던 집에 이르러서는, 복덕방 영감의 안내로 모두 그 비좁은 마당 안으로 들어섰다. 마당 안으로 들어서서 나는 우선 고개를 발딱 젖혀 손바닥만 한 하늘을 우러러보았다. 그러나 그 하늘은 예닐곱 가닥의 고압선으로 갈기갈기 찢기어 있었다. 나는 그만 아주 비참한 마음이 되어 버렸다.

그러나 아내와 아이들은 나의 수상쩍은 행동이나 표정을 눈여겨보려고도 하지 않았다. ⓔ그들은 모두 복덕방 영감을 따라 성큼 댓돌 위로 올라가서 마루와 방과 다락을 구경하고 부엌과 지하실을 들여다보았다. 장남 기욱이 녀석은 마루 뒷방을 열어 보고는 나를 향해 이렇게 소리쳤다.

"아빠 아빠, 이 방은 내 공부방 했으면 좋겠지?"

ⓜ나는 그대로 마당 한가운데 멍청히 서서 기욱이 녀석에게 고개만 조금 끄덕여 주었다.

아내는 집 안팎을 마치 이 잡듯이 샅샅이 뒤지는 모양이었다. 그러면서 이 집이 우리 푼수로 얼마나 알맞추 그럴듯한 집인가를 거듭거듭 확인하는 듯한 눈치였다. 그러고는 만족한 미소를 띠며 내게 돌아왔다.

– 조선작, 「고압선」

33

윗글의 서술상 특징에 대한 설명으로 가장 적절한 것은?

① 주인공이 자신의 감정을 주관적으로 표현하고 있다.
② 서술자가 개입하여 주인공의 미래를 직접 제시하고 있다.
③ 인물에 대한 서술자의 논평을 통해 주제를 형상화하고 있다.
④ 장면의 빠른 전환으로 사건의 극적 긴장감이 형성되고 있다.
⑤ 상징적 소재를 활용하여 인물의 강한 의지를 보여 주고 있다.

34

윗글의 흐름에 비추어 볼 때, ㉠~㉤에 대한 반응으로 적절하지 않은 것은?

① ㉠: 여러 번 골목길을 지나야 나오는 집인 걸 보니 외지고 높은 곳에 있을 가능성이 높겠군.
② ㉡: 집에 대한 주인공과 아내의 간절한 바람에 큰 장애물이 생겨 버렸군.
③ ㉢: 복덕방 영감이 숨기려고 했던 게 무엇인지 알게 된 주인공이 당황했겠군.
④ ㉣: 고압선에 대해 눈치챈 주인공과 눈치채지 못한 나머지 가족들의 감정 상태가 분리되어 있군.
⑤ ㉤: 자신의 마음을 전혀 모르는 아들에게 실망한 주인공의 마음을 느낄 수 있군.

---

31 출제 유형 [현대시] 작품의 이해와 감상
정답 해설 시각적 이미지는 1연에서 부분적으로 드러나 있으나, 청각적 이미지가 시각적 이미지로 전이된 공감각적 표현이 두드러지는 부분은 없다.

32 출제 유형 [현대시] 시어의 의미와 기능
정답 해설 ⓒ '죽음'은 시대 현실에 대한 절망으로 인해 모든 것을 포기하는 상황을 뜻하는 시어이다.

33 출제 유형 [현대 소설] 서술상의 특징 및 효과
정답 해설 「고압선」은 1인칭 주인공 시점의 소설로, 서술자 '나'가 자신이 경험하는 일과 자신의 감정을 주관적으로 표현하고 있다. 1인칭 주인공 시점의 소설은 주인공이 독자에게 직접 말하는 느낌이 들기 때문에 친근감과 신뢰감을 주지만, 독자가 주인공이 보고 느낀 것만 알게 된다는 한계가 있다.

34 출제 유형 [현대 소설] 작품의 이해와 감상
정답 해설 주인공은 고압선이 지나는 집의 현실을 보고 할 말을 잃은 상태이지만, 자신의 방이 생길 것을 기대하는 아들의 마음을 이해하고 고개를 끄덕여 주었다. 주인공은 아들에게 실망한 것이 아니라 현재의 상황에 낙담하는 태도를 보이고 있는 것이다.

정답 31 ④ 32 ③ 33 ① 34 ⑤

35

ⓐ의 상황을 나타내는 한자 성어로 가장 적절한 것은?

① 계란유골(鷄卵有骨) ② 간두지세(竿頭之勢)
③ 수주대토(守株待兔) ④ 호가호위(狐假虎威)
⑤ 간담상조(肝膽相照)

[36~38] 다음 글을 읽고 물음에 답하시오.

(가) 현대 사회는 이전보다 위험과 불확실성이 커졌다. 다양한 정보 통신 기술이 정보와 지식의 생산, 유통, 소비를 혁신적으로 바꾸면서 사람들 사이의 새로운 상호 의존 관계를 만들어 낸다는 점에서 과거와는 커다란 차별성을 지니고 있다. 인문학은 이러한 세상을 살아가는 데에 실질적인 지침을 제공해야 한다. 그 실질적인 지침이란 과연 무엇일까? 그 핵심은 비판적으로 창조적인 사유의 능력을 키우는 것이라고 할 수 있다.

(나) 인문학적 사유가 지향하는 것은 궁극적으로는 새로운 문제를 찾아내고 그 문제를 해결하는 능력을 배양하는 것이다. 이는 복잡한 수학 문제를 푸는 것과 같은 치밀하고도 분석적인 정신노동이며, 훈련과 교육을 통해 개발된다. 인문학 교육은 이러한 습관을 학생들이 체득하도록 도와주는 식으로 진행되어야 한다. 이를 위해 수업 과정에서 질문을 던지고 이를 해결할 수 있도록 해야 한다.

(다) 제너럴 모터스의 회장이었던 로저 스미스도 인문학 교육의 예찬론자였다. 그는 인문학 교육이 전체를 조망할 수 있는 다양한 시각을 제공하고, 혁신의 기본 요소인 창조성을 높이 평가하는 안목을 키워 주며, 인간을 폭넓게 이해함으로써 대인 관계에 도움이 되고, 질적으로 우수한 것에 대한 존경심을 키워 준다고 지적했다. 특히 그는 "전혀 다른 것들 사이의 관계를 볼 줄 알고, 이렇게 서로 연관성이 없어 보이는 것들을 결합해 새로운 배열을 만들어 낼 수 있는 능력이 요즘과 같은 기업 경영에 결정적으로 중요한 능력"이라고 역설했다.

(라) 그런데 많은 인문학자들은 현대 기술이나 기업 활동에 대해 비판적이다. 이들은 기술이 시장 지향적이며 몰가치적이고 피상적임에 비해, 인문학은 인간적으로 가치 지향적이며 근본적이라는 식으로 기술과 인문학을 양분하곤 한다. 그러나 인문학이 응용 학문에서 추구하는 '실용'과 무관한 '순수' 학문이라고 주장하는 것은 인문학을 위해서는 별로 도움이 되지 않는다.

(마) 인문학자들은 인문학적 사유의 '확장된 의미로서의 실용성'에 대해 적극적으로 생각하고 연구할 필요가 있다. 이는 인문학이 자본 앞에 (㉠)하는 것도 아니고, 신자유주의에 (㉡)하는 것도 아니다. 인문학의 '실용성'을 밝히고 이를 교육에 적극 도입하는 것은 사실 우리의 복잡한 세상을 조금 더 깊게 이해하는 과정이고, 이는 바로 인문학의 본질과 직결된다. 인문학이 해석하는 세상은 바로 지금 우리가 살고 있는 이 불확실하고 급변하는 세상이기 때문이다.

36

윗글에서 말하는 인문학자들에 대한 설명으로 적절한 것은?

① 사회의 복잡성이 증가함에 따라 새로운 상호 의존 관계가 필요하다고 여기고 있다.
② 치밀하고 분석적인 정신노동을 학생들이 체득하도록 도와주는 것을 강조하고 있다.
③ 정보 통신 기술의 혁신적인 역할이 창조적 사유로 인해 가능한 것이라고 믿고 있다.
④ 기술과 인문학은 양립할 수 없으며 인문학이 실용과 연관되는 것에 대해 부정적이다.
⑤ 서로 연관성이 없어 보이는 것을 결합해 새로운 것을 만들어 내는 능력을 매우 중요시한다.

37

(가)~(마) 중, 〈보기〉의 결과로 볼 수 있는 단락은?

| 보기 |

대다수의 사람들이 재화를 생산하고 이를 판매·소비하는 자본주의 경제 체제에 깊숙이 통합되어 있고, 사회의 복잡성이 비교할 수 없을 정도로 증가하였다.

① (가) ② (나) ③ (다) ④ (라) ⑤ (마)

38

문맥에 비추어 볼 때, ㉠과 ㉡에 들어갈 한자어로 적절한 것은?

	㉠	㉡
①	우선(優先)	항복(降伏)
②	승리(勝利)	절망(絶望)
③	굴복(屈伏)	승리(勝利)
④	굴복(屈伏)	우선(優先)
⑤	굴복(屈伏)	항복(降伏)

[39~41] 다음 글을 읽고 물음에 답하시오.

(가) '굿(제의)에서 놀이(연희)로서의 전화(轉化)의 공식'을 잠깐 생각해 보기로 하자. 춤놀이의 중요한 구성 요소인 연희자 간의 무용, 노래, 재담 등은 원래 원시 시대의 굿에서는 주신(주무)과 배신(소무) 사이, 또는 주신, 배신, 무 사이의 대무(對舞), 대화 속에서 그 기원을 찾을 수 있다. 이러한 제사권이 소수의 사제자들에게 독점되어 있었던 고대 사회에서 그것은 비의로서 신비화되고, 그 주술성의 효과도 널리 집단에 의해 믿어졌기 때문에 집단에서 굿은 언제나 종교의 외포(畏怖)의 대상이 되어 왔다.

(나) 그러나 역사의 경과와 더불어 중세적 사회에서는 비교적 다수의 제사권 참여가 이루어져 종래의 제사 독점에서 오는 의례의 신비성도 점차 희박해지고, 생산력이 상승하여 자연의 불규칙성도 어느 정도 극복하면서 의례가 가지는 주술적 효과에 대한 믿음도 흔들리게 된다. 그리고 집단의 의례 자체를 종교적 외포의 대상으로서가 아니라, 예술적 감상과 오락의 대상으로 (㉠) 이 시점에서 종래의 주신, 배신, 무 사이의 대무와 대화는 종교적 의미를 서서히 잃고, 구경거리 혹은 예능, 더 나아가 연극으로 전화하기에 이른다.

(다) 이리하여 봄과 가을의 마을굿에서 맞이하는 주신을 나타내는 탈을 무당이나 마을 사람들이 쓰고 주신과 배신 간의 대무, 대창을 하게 되고, 별신굿 탈놀이 및 마을의 농악대가 풍작(豊作)을 기원하기 위한 모의 농경을 하고(강릉 농악), 집단의 생명력을 구가하는 성장 의례인 청소년에 의한 씨름이나 줄다리기나 편싸움, 또는 풍년과 자손 번창을 위한 신사 의례를 치렀으나, 신앙심의 감퇴와 더불어 이들 향연 의례는 주술성을 잃고, 축제성과 예술성이 우세해지면서, 신과 무격 사이의 대무나 대창은 축복을 위한 춤이나 놀이가 되고, 씨름 등은 잡기나 희극으로 전화되어 간다.

(라) 이와 같이 향연 제의의 희극으로서의 전화뿐만 아니라 원령의 진혼 제의의 비극으로서의 전화도 문제가 된다. 원래 원시 집단에서는 천수를 다한 사자(死者)의 영(靈)은 저승에서 그 집단의 수호신, 즉 '조상'이 되는데, 역사의 진전과 더불어 역병, 전쟁 등으로 요절(병사, 전사)한 원혼들은 이들 집단에 해를 끼치므로 이를 잘 달래고 위무해야 한다. 이러한 진혼 의례는 무격이나 승려 등 종교 사제자가 전담하여 오래도록 외포의 대상이 되었다.

(마) 그러나 이와 같은 진혼 의례마저도 점차 종교성을 잃게 되어 원귀(冤鬼) 기복(祈福)의 대무와 대창은 유귀(流鬼)가 비명에 간 이야기를 보여 주고 들려주는 구경거리로서 집단의 감상의 대상으로 전화되어, 여기에서 비극이 탄생하게 된 것이다.

39

윗글의 제목으로 가장 적절한 것은?

① 한국 제의의 역할
② 한국 축제의 역사
③ 한국 희극의 유형
④ 한국 연희의 대상
⑤ 한국 축제의 방법

40

윗글의 내용 전개 방식에 대한 설명으로 가장 적절한 것은?

① 일반적인 견해를 제시한 후 이를 비판하고 있다.
② 대상을 비교, 대조하여 특징을 분명하게 구분하고 있다.
③ 중심 화제의 변화 과정을 인과 관계를 이용해 서술하고 있다.
④ 문헌 자료 등 다양한 자료를 제시하여 글의 신뢰성을 높이고 있다.
⑤ 문제가 되는 상황을 개선하는 의의를 제시하여 주장의 설득력을 높이고 있다.

41

문맥상 ㉠에 들어갈 내용으로 가장 적절한 것은?

① 서민들에게 잊히게 된다.
② 신과 인간을 연결하게 된다.
③ 바라보는 여유가 생기게 된다.
④ 꾸미기 위해서 노력하게 된다.
⑤ 추락하는 문제가 생기게 된다.

[42~43] 다음 글을 읽고 물음에 답하시오.

몇 년 전 컵라면 용기에서 '환경 호르몬'이 녹아 나왔다는 기사가 소개되면서 '환경 호르몬'이라는 단어가 순식간에 알려졌다. 환경 호르몬은 우리 주변 '환경'에 존재하는 물질이 생체 내로 들어와서 기존의 '호르몬'처럼 작용하기 때문에 붙여진 말로서, 학술 용어로는 '내분비계 교란 물질(endocrine disrupters)'이라고 한다. 이런 물질들은 산업 활동의 부산물로 만들어진 것으로, 생태계 내에서 자연적으로는 분해가 거의 되지 않으면서 생체 내로 유입되면 극히 적은 양으로도 기존 호르몬의 작용을 비슷하게 모방하거나 아예 작용하지 못하게 한다. 내분비계 교란 물질이란 이런 역할을 하는 화학 물질들을 통칭해서 부르는 말이다. 2000년까지 알려진 환경 호르몬은 67종이지만, 얼마나 더 늘어날지는 아무도 모른다.

그런데 환경 호르몬이 왜 문제가 될까? 그것은 이 호르몬이 생체 내에서 성장과 발육에 영향을 미칠 뿐 아니라, 각종 암의 원인이 되기 때문이다.

그중에서도 가장 문제가 되는 부분은 생식 능력에 미치는 영향이다. 이것은 동물들의 발생 과정이 워낙 미묘해서 아주 작은 영향에도 크게 달라질 수 있기 때문이다. 대개의 동물의 암컷과 수컷은 유전자의 대부분이 같으며 단지 성염색체에서 차이가 있을 뿐이다. 처음에 난자와 정자가 수정에 성공해서 발생을 시작할 때에는 성의 분화가 일어나지 않는다. 이 상태에서 그대로 발생이 진행된다면 개체는 정상적인 암컷과 수컷이 된다. 그런데 염색체상으로는 분명한 암컷이라도 이 시기에 남성 호르몬에 지나치게 노출되면 정상적인 암컷으로 성장하는 데에 장애를 받을 수 있고, 아무리 수컷일지라도 이 시기에 남성 호르몬이 부족하면 불완전한 수컷으로 성장하게 된다. 환경 호르몬이 바로 이 순간에 작용하여 성 분화를 엉망으로 만들어 놓기 때문에 이들 개체에서는 성 기능에 장애가 생겨 수컷들이 암컷들의 구애에 관심도 없이 빈둥거리는 현상이 발생한다. 혹시 수정이 되더라도 허약한 새끼가 태어나게 되어 어린 개체의 사망률이 빠르게 증가한다.

이 밖에도 이들은 신경계와 면역계의 이상을 가져와 각종 질병을 증가시키는 원인이 된다는 의심을 받고 있다. 천식과 알레르기의 증가 및 유방암, 전립선암 등의 증가에 있어서 환경 호르몬이 어느 정도 관여하고 있음은 부인할 수 없는 사실이다. 특히, 다이옥신의 경우를 보면 생물 농축 현상이 극심해서 더욱 문제를 가중시킨다.

애초에 환경 호르몬은 인간에 의해 세상에 나타나게 되었는데 그 결과 생물체의 생존에 위협을 가하는 위험한 존재가 되고 말았으며, 인간 역시 그 영향으로부터 자유로울 수 없다. 환경 호르몬은 일단 한번 만들어지면 자연 분해가 매우 더디기 때문에 처음부터 만들어 내지 않는 방법 외에는 현재로는 뚜렷한 예방법이 없는 실정이다. 따라서 세계 각국에서는 환경 호르몬 기능을 하는 물질을 사용하지 않도록 규제하고 있으며, 연구를 통해 그 특성을 밝혀내고 부작용을 예방하는 데 노력을 기울이고 있다.

42

윗글의 내용과 일치하지 <u>않는</u> 것은?

① 환경 호르몬은 생물의 몸에 농축이 되는 경우가 있다.
② 환경 호르몬은 적은 양으로도 생물에 악영향을 미친다.
③ 환경 호르몬은 염색체상으로 이상이 있는 동물의 수정을 막는다.
④ 환경 호르몬은 한번 만들어지면 자연적으로 분해가 잘 되지 않는다.
⑤ 환경 호르몬은 신경계와 면역계의 이상을 가져와 질병을 증가시킨다.

43

윗글의 내용 전개 방식에 대한 설명으로 가장 적절한 것은?

① 전술한 논지를 인용을 통해 뒷받침하고 있다.
② 다양한 관점으로 전문 용어의 의미를 규정하고 있다.
③ 가설을 제시한 후 구체적인 사례를 통해 이를 검증하고 있다.
④ 독자에게 질문을 던져 궁금증을 유발하고 글의 내용을 전개하고 있다.
⑤ 여러 원인으로 도출된 결과를 기반으로 당면한 사회 현상을 비판하고 있다.

[44~45] 다음 글을 읽고 물음에 답하시오.

어떤 문명의 이기도 우리에게 혜택만을 부여하지 않는 것처럼, 정보 테크놀로지도 장밋빛 미래만을 약속하는 것은 아니다. 정보 테크놀로지 중 우리에게 가장 가까이 와 있는 텔레비전이 끼치는 영향에서도 이를 충분히 짐작할 수 있다. 텔레비전에서 접하는 폭력이 실생활에서 폭력 사건을 부채질한다는 걱정은 여러 연구에서 꽤 근거 있는 것으로 나타나 있다. 또, '가벼운' 시청에서 '중독적인' 시청으로 이어지는 텔레비전 시청은 아이들의 학교 성적, 독서력, 문장력을 떨어뜨리고, 덜 성숙된 시청자로 하여금 폭력적인 행동을 하게 하고, 광고에 쉽게 영향을 받게 한다는 점이 여러 연구에서 밝혀졌다.

넓은 사고 영역에 걸쳐 본다면, 텔레비전 문화가 이론적 사고, 계열적 사고, 심층적 사고, 추상적 개념화의 힘을 둔화시키며, 인내와 자제력을 약화시키고, 개성까지도 파괴한다는 주장도 있다. 텔레비전의 화면은 생생하기는 하지만 만사를 지나치게 단순화하고, 사소하고 말단적인 것에 집착하게 하고, 센세이셔널리즘에 빠지게 하는 해악도 범한다. 그래서 '인플레이션'이라고 하면 슈퍼마켓의 진열대와 주유소를 연상하며, 정치란 이름 있는 사람들이 큰 건물에 드나드는 일 정도로 여기고, 전쟁이란 즐비한 시체가 아니면 멀리 흩어지는 폭탄 연기의 이미지로 생각될 뿐이다. 그 앞, 그 뒤, 밑, 속을 이어 가며 생각하는 힘이 길러지지 않는다.

컴퓨터의 위해에 관한 주장도 비슷한 논조를 취한다. 가장 심각하게 제기되는 것은 사고 형태와 수준에 관한 문제다. 컴퓨터는 그것이 처리할 수 있는 정보의 양과 속도 면에서는 인간의 능력을 훨씬 뛰어넘는다. 그러나 컴퓨터의 기능은 복잡하기는 하더라도 궁극은 공식에 따라 진행되는 수리적, 논리적인 여러 조작의 집적으로 이루어지는 기능을 말한다. 공식에 따르지 않는 지적, 정신적 기능은 컴퓨터에는 있을 수 없다. 심리학에서는 컴퓨터처럼 공식에 따르는 정신 기능을 수렴적 사고라 하고, 이에 비해 인간이 이루어 내는 종합적 사고를 발산적 사고라 한다. 발산적 사고는 과학, 문학, 예술, 철학 등에서도 아주 중요한 지적 기능이다. 이러한 지능은 컴퓨터에는 없다. 컴퓨터가 아무리 발달한다 해도 컴퓨터가 '죄와 벌'과 같은 문학 작품을 써낼 수는 없다. 지나치게 컴퓨터에 의존하거나 중독되는 일은 이런 발산적 사고의 퇴화를 가져올 수 있다.

또, 컴퓨터의 혁신, 발전이 하도 빨라서 컴퓨터 사용자는 내일의 진보는 믿으면서도 어제로 향하는 컴퓨터 사용자의 역사 감각은 무디어진다. 말하자면, '시간의 섬'에서 살고 있는 셈이다. 따라서 컴퓨터 시대의 인간은 그 이전의 사람들과 달리, 어떤 대상에 대하여 강한 정의적 애착도 증오도 가지지 않는다. 컴퓨터 프로그램은 영원한 것이 아니고, 필요하면 언제라도 지우고 다시 쓸 수 있기 때문이다. 어떤 주장으로 <u>끝장을 내려고 덤벼드는 일은 드물 것이다.</u> 따라서 컴퓨터 시대는 크나큰 선을 이룰 사람도 만들어 내지 못하고, 크나큰 악을 저지를 사람도 만들어 낼 수 없을 것이다.

44

윗글의 내용 전개 방식에 대한 설명으로 적절하지 <u>않은</u> 것은?

① 구체적인 예를 적절히 제시하여 논지를 구체화하고 있다.
② 다양한 문헌 자료를 제시하여 글의 신뢰성을 높이고 있다.
③ 독자에게 친숙한 예를 들어 내용을 명료하게 드러내고 있다.
④ 정보 테크놀로지가 초래하는 정보 사회의 변화를 체계적으로 서술하고 있다.
⑤ 설명문의 요건을 갖추고 있으나, 글쓴이의 주장이 많이 제시되는 논설문의 성격이 강하게 나타난다.

45

윗글의 밑줄 친 부분과 의미가 유사한 한자 성어는?

① 사생결단(死生決斷)   ② 오매불망(寤寐不忘)
③ 마부위침(磨斧爲針)   ④ 고장난명(孤掌難鳴)
⑤ 망양보뢰(亡羊補牢)

[46 ~ 47] 다음 글을 읽고 물음에 답하시오.

며칠 전 시내버스를 탔다. 평소에는 잘 보지 않는 차 안의 게시물에 우연히 눈이 꽂혔다. '시내버스 음식물 반입 금지 세부 기준'이라는 안내문이었다. 새로 만든 서울시 조례를 옮긴 것 같다.

"시내버스 운전자는 여객의 안전을 위해하거나 여객에게 피해를 볼 것으로 판단하는 경우 음식물이 담긴 일회용 포장 컵 또는 그 밖의 불결·악취 물품 등의 운송을 거부할 수 있다."

그리고 그런 물품의 예를 소상히 들었다. 글이 난삽하고 어법마저 틀려서 은근히 화가 났.

'안전을 위해하거나', '불결·악취 물품', '운송을 거부'라는 표현이 어색하다. '~하는 경우'는 남발되는 영어 번역 투 문장이다. '여객에게 피해를 볼 것으로'는 아예 틀린 문장이다. 운전자가 거부할 수 있는 건 물품 운송보다는 그런 물품을 지닌 승객이라고 표현하는 게 자연스럽다.

"~ 승객의 안전에 해를 끼치거나 피해를 줄 수 있는 음식물이 담긴 일회용 컵, 불결하고 악취가 나는 물품을 갖고 타는 사람을 거부할 수 있다." 이 정도가 훨씬 이해하기 쉽지 않을까.

며칠 후 다른 버스 안에서 역시 어색한 게시물을 하나 더 봤다. "내가 실천한 대중교통 이용으로 서울이 활짝 웃습니다." 대중교통을 이용하자는 일종의 공익성 광고 같은데 '내가 실천한 대중교통 이용'이란 구절이 마음에 안 들었다. '이용'을 '실천'했다니? 원인과 결과 관계도 영 어색하다. 어차피 버스 탄 사람만이 보는 안내문인데 굳이 이런 걸 붙일 이유가 있을까 싶지만 굳이 붙이겠다면 "대중교통을 이용해 주셔서 감사합니다. 보다 쾌적한 서울을 가꾸도록 노력하겠습니다." 정도가 자연스럽지 않을까.

버스에서 내려 다리가 불편해 지하철 엘리베이터를 탔다. 안에 이렇게 붙어있다. "안전한 탑승을 위해 닫힘 버튼을 사용할 수 없으며 출입문이 닫히는 시간을 조정하여 운행하고 있습니다." 한 문장 안에 주어 술어 대응 관계도 엉망이고, 굳이 안 써도 될 '탑승', '조정', '운행' 같은 한자 단어를 써 딱딱하다. 빨간 펜을 들고 싶다. "여러분의 안전을 위해 닫힘 버튼은 작동하지 않습니다. 출입문도 늦게 닫힙니다."

공공 언어를 봐도 어려운 한자 단어나 난삽한 긴 문장, 알쏭달쏭한 정보, 영어나 일어식 표현이 넘친다. 문어체가 지나치다. 정부 부처의 담화나 공고, 법령, 보도 자료, 민원 서식, 우편이나 이메일로 오는 지자체나 공공 기관의 안내문을 보면 열이면 아홉이 다 그렇다. 그게 굳어져서 쉽고 간결하게 우리말 구어체로 쓰면 오히려 어색하게 느껴질 정도다. 기업의 해명서나 사과문, 대 고객 이메일, 홈페이지 글, CEO 인사말, 사용 설명서 등을 봐도 대체로 마찬가지다. 어렵고 어법에 맞지 않는 것도 많지만 너무 상투적이고 의례적이다. 진심이 와 닿지 않는다. 숨이 턱 막히는 어려운 약관이야 어차피 볼 생각 안 한다.

오늘도 주변에 있는 수많은 공공 게시물과 공공 언어를 보면서 나는 속이 상하다. 글이 좀 틀리고 어색하다 해서 하늘이 무너질 일은 아니지만 한 줄 문장이라도 '제대로' 써진 '글다운' 글을 보고 싶다. 정부든 공공 기관이든 기업이든 글은 정책과 상품 소비자와의 소통에 있어서 일차적 수단이다. 글이 수준을 말한다.

46

윗글의 제목으로 가장 적절한 것은?

① 문어체의 오용
② 공공 기관의 글
③ 공공 언어 변화
④ 공공 언어 유감
⑤ 정확한 공공 안내

47

윗글에 쓰인 글쓰기 전략에 대한 설명으로 적절한 것은?

① 통계 자료, 실험 결과를 제시하여 글의 신뢰성을 높이고 있다.
② 두 대상을 비교하여 공통점을 도출한 후 이를 일반화하고 있다.
③ 예상되는 반론을 미리 논박함으로써 자신의 주장을 강화하고 있다.
④ 중심 화제에 대한 여러 사례들을 구체적으로 제시하여 독자의 이해를 돕고 있다.
⑤ 글의 제재에 대한 독자의 궁금증을 유발하기 위해 묻고 답하는 형식을 사용하고 있다.

[48~49] 다음 글을 읽고 물음에 답하시오.

내러티브는 실제 혹은 허구적인 사건을 설명하는 것 또는 기술(writing)이라는 행위에 내재되어 있는 이야기적인 성격을 지칭하는 말이다. 시간과 공간에서 발생하는 인과 관계로 엮어진 실제 혹은 허구적 사건들의 연결을 의미하며 문학이나 연극, 영화와 같은 예술 텍스트에서는 이야기를 조직하고 전개하기 위해 동원되는 다양한 전략, 관습, 코드, 형식 등을 포괄하는 개념으로 쓰인다. 내러티브는 관객들에게 펼쳐지는 내용에 대한 합리적인 설명을 제공하고 이를 기초로 어떤 사건이 벌어질 것인가를 예측하게 해 준다. 그럼으로써 어떤 사건이나 감정의 발생이 어떻게 가능하게 되었는지에 대한 전개 과정을 보여 주는 것이다. 기본적으로 내러티브 영화는 이러한 전략을 '현실' 세계를 재생산하는 수단으로 사용하는데 이 과정에서 관객은 영화와 현실을 동일시하게 된다. 다소간의 이견이 존재하지만 영화에서 내러티브는 동일시를 위한 수단이다. 영화의 기본이 되는 내러티브 구성의 원리는 오랜 기간의 실험과 검증을 거쳐 만들어진 '고전적 할리우드 내러티브 양식(classical hollywood narrative style)'이다. 이는 할리우드가 정식화한 내러티브 구축 스타일을 지칭한다. 할리우드식 내러티브는 장르를 막론하고, 이야기가 단계를 밟으며 점진적으로 상승해 완결된 결말을 갖는다. 1920~1930년대 할리우드에서 공고히 굳어진 고전적 할리우드 양식은 관객들이 가장 편안하게 영화를 볼 수 있도록 구조화된 스토리텔링의 메커니즘을 작동한다.

동일화에 기반을 둔 스토리의 선형성(linearity)과 안정성(stability)이 핵심이다. 이런 까닭에 자연히 영화적인 모든 요소는 스토리 전개에 복무하도록 짜여진다. 할리우드 영화는 스타일이 내러티브에 종속된다 하여 '고전적 내러티브 영화'라고 부르기도 한다. 내러티브 전개는 인과 관계를 동력으로 전진하며 이들의 연쇄는 새로운 원인이 되고 새로운 결과로 이어진다. 우연성은 철저히 배제되며 그럴듯한 이야기와 사건으로 관객에게 몰입을 유도하는 것이 또 다른 특징이다. 캐릭터는 일관성을 갖고 타인과 뚜렷이 구별할 수 있는 성격화된 인물로 확실한 목표를 향해 움직인다.

할리우드에서 이 같은 내러티브 구조를 바이블화한 것은 오랜 경험을 통해 이러한 메커니즘이 관객들로 하여금 가장 안정적으로 영화에 몰입할 수 있게 한다는 걸 깨달았기 때문이다. 고전적 할리우드 스타일에 대한 이론이 확립된 후 이에 대한 새로운 해석들이 제기되기 시작했다. 영화에서 내러티브, 즉 서술 구조는 영화 언어에 종속되는 부차적인 것이 아니라 오히려 영상, 음향, 몽타주(montage)를 모두 포괄하는 영화 언어를 통해 달성되는 것이라는 견해가 그중 하나이다. 이러한 견해에 따르면 내러티브는 이야기를 전진시키기 위해 동원되는 드라마상의 장치들뿐 아니라 그것을 표현하기 위해 필요한 미장센(mise-en-scene), 카메라 워킹, 조명, 배우 등 스타일상의 요소들을 모두 포함하는 개념으로 확장된다. 즉 이야기는 이야기 자체로 존재하는 것이 아니며 그것을 뒷받침하는 (㉠). 영화 서사학자인 제라르 주네트(Gerard Genette)는 '디제시스'(diegesis)라는 용어로 이러한 개념을 설명했다. 그는 특정한 이야기를 만들어 내는 사건의 연쇄와 그 사건들의 다양한 관계를 디제시스라고 정의한다. 그러므로 디제시스는 스크린 위에 투사되는 이야기뿐 아니라 시각적으로 영화를 구성하는 요소들을 모두 포함하게 된다. 영화 이론가들은 할리우드의 지배적인 이야기 서술 방식에 대항하기 위해 고안된 파괴적이고 비선형적인 영화들, 분열적인 이야기를 늘어놓는 영화들의 스타일을 '대안적인 내러티브'라 불렀다. 이렇듯 영화에서 내러티브는 어떤 목적으로 어떻게 구조화되느냐에 따라 다양한 방식으로 불리고 있다.

48

윗글을 이해한 내용으로 적절하지 <u>않은</u> 것은?

① '고전적 내러티브 영화'의 진화된 스타일이 '대안적 내러티브'이다.
② 할리우드 영화의 인물은 캐릭터의 성향이 달라지지 않고 유지된다.
③ '고전적 내러티브 영화'에서는 인과 관계가 뚜렷한 이야기가 전개된다.
④ 인과 관계를 동력으로 전개되는 내러티브는 관객이 영화에 몰입하게 만든다.
⑤ 내러티브는 영화의 사건이 어떻게 발생하게 되었는지 파악할 수 있도록 한다.

49

문맥상 ㉠에 들어갈 내용으로 가장 적절한 것은?

① 스타일이 세련되어야 한다
② 영상미는 필수적인 것이다
③ 서술 구조가 탄탄해야 한다
④ 형식의 지배를 받는다는 것이다
⑤ 경험의 구현을 목표로 한다는 것이다

50
다음 글을 읽고 수신자가 취해야 할 조치로 적절한 것은?

○○동

수신: 각 통장님
제목: 2022년 고령 농업인 농작업비 지원 사업 홍보 협조

---

1. 평소 동 행정에 적극 협조하여 주시는 통장님들께 깊이 감사드립니다.
2. 고령 농업인의 복지 향상 및 안정적 농업 경영 도모를 위한 2022년 고령 농업인 농작업비 지원 사업을 아래와 같이 안내하오니, 주민들에게 적극 홍보하여 주시기 바랍니다.
3. 또한, 신청 시 경작 면적은 농지원부 및 농업경영제에 등록되어 있는 필지만 해당됨을 같이 홍보하여 주시기 바랍니다.

〈지원 사업 안내〉

가. 건명: 2022년 고령 농업인 농작업비 지원 사업
나. 사업 기간: 2022년 1월~12월(연중)
다. 지원 대상: 만 70세 이상 고령 농업인
라. 사업 내용: 농작업 비용 지원
마. 지급 기준: 경작 면적 1,000m² 이상부터 5,000m² 이하의 면적

○○동 대표

---

① 고령 농업인 농작업비 지원 사업의 가능성을 확인한다.
② 고령 농업인의 복지 향상을 위한 지원 사업에 응모한다.
③ 만 70세 이상의 고령 농업인에게 농작업 비용을 지원한다.
④ 고령 농업인이 농작업비 지원 사업의 혜택을 받도록 안내한다.
⑤ 자신이 경작하는 필지가 농지원부에 등록되어 있는지 확인한다.

51

다음 글을 읽고 수신자가 취해야 할 조치로 적절한 것은?

대한민국학원연합회

수신자: 계열분과위원장
참　조: 사무국장
제　목: 자영업자·소상공인의 세무상 애로·건의 사항 수집 협조 요청

---

1. 납세자 보호 담당관 관련입니다.
2. 중부지방국세청에서 2분기 세무 지원 소통 주간에 최근 코로나19 상황의 장기화로 사업상 어려움을 겪는 자영업자·소상공인의 세무상 애로·건의 사항 및 필요한 세정 지원 사항을 파악하여 해결 방안 등을 마련하고자 하오니, 학원장들께서 사업을 하시면서 느끼는 세무상 애로 및 건의 사항, 코로나19 피해 기업에 대한 세정 지원, 사업상 궁금하였던 세무 상담 등을 취합하여 첨부된 서식에 자유롭게 작성하여 회신해 주시기 바랍니다.
3. 첨부된 세정 지원 안내문을 학원장들에게 홍보하여 필요한 도움을 받을 수 있도록 적극적인 협조를 부탁드립니다.

대한민국학원연합회경기도지회장

* 첨부 문서
1) 세정 지원 서식
2) 세정 지원 안내문

---

① 세무 상담의 주요 답변이 담긴 안내문을 제작한다.
② 학원장들에게 홍보할 안내문을 제작하여 배부한다.
③ 학원 세정 지원의 사례를 서식에 작성하여 회신한다.
④ 중부지방국세청에서 학원장의 세무상 애로를 상담해 준다.
⑤ 발신자가 첨부한 서식을 확인하고 관련 사항을 학원장들에게 홍보한다.

[52~54] 다음 글을 읽고 물음에 답하시오.

　대학로 일대에 미로처럼 얽혀 있는 좁은 골목길들은 문득 문득 '발견의 기쁨'을 안겨 주는 보물 창고이다. 과연 이런 곳에 극장이 있을까 싶게 외진 골목 끝에서 좋은 연극 한 편을 발견했을 때의 쾌감은 말로 설명할 수 없을 만큼 은밀하고, 짜디다. 지난달부터 공연을 시작한 「감자」 역시 골목골목 발품을 판 노력에 값하는 수작(秀作)으로 꼽을 만한 작품이다.
　'행복한 철거민 이야기'란 부제가 달린 이 연극은 한순간의 실수로 교도소에 들어갔다 출소한 서른한 살 청년 준현과 그의 가족, 나란히 어깨를 맞대고 살아온 가난한 달동네 사람들이 주인공이다. 고생만 해 온 노모와 여동생을 위해 일용직이라도 얻어 보려는 준현에게 몇 년 사이에 빠르게 변한 새벽 인력 시장의 풍경은 낯설기만 하다.
　설상가상 준현의 집이 재개발 지역이 되어 철거 위기에 몰리고, 노모는 당장 수술을 받지 않으면 영영 무릎을 못 쓰게 될지도 모른다. 기댈 곳 없는 준현에게는 모든 것이 절망적인 상황이다. 이때 인력 시장에 나타난 정체 모를 남자들이 준현에게 (　㉠　) 제안을 해 온다. "당신, 땡잡은 거야! 일당 30만 원, 일주일 계약. 어때 한번 해 볼 텐가?" 「감자」는 삶의 터전이 사라질 위기에 몰린 준현이 도리어 철거 용역으로 고용되는 아이러니한 상황을 웃음과 눈물로 풀어 나간다. 과연 준현은 어렵게 되찾은 가족의 행복을 지켜 낼 수 있을까?
　「감자」는 극단을 이끌고 있는 연출가의 고집스러운 작품 세계를 엿볼 수 있는 작품이다. 갈수록 대형화·상업화되고 있는 대학로에서 소극장 무대만이 가질 수 있는 매력과 가능성에 천착해 온 이 젊은 연출가는 이번 작품에서도 녹록지 않은 내공을 입증한다. 「감자」에는 기발한 아이디어나 화려한 무대 장치가 등장하지 않는다. 배우들의 손동작 하나까지 생생히 내려다보이는 가로 7.8m, 세로 4.8m의 작은 무대에서 그는 우직하게 자신이 가장 익숙한 방식으로 관객에게 '낯선 감동'을 선사한다.
　「감자」는 일상의 해학과 웃음이 버무려진 희극이다. 등장인물들은 필요 이상으로 침울하거나 심각하지 않으며, 극의 후반부에 이르러 달동네 철거민들이 찾아내는 '희망' 역시 관객들의 예상을 크게 벗어나지 않는다. 극적 반전이 없으니 플롯의 단조로움은 피할 수 없는 대신 이야기는 더 간명해졌다. 한순간도 무대에서 눈을 뗄 수 없게 만드는 배우들의 연기력도 한몫한다. 극의 중간중간, 시침 뚝 떼고 나와 소품 역할을 대신하는 배우들의 능청스러운 연기도 좋거니와 스토리의 진행을 돕기 위해 등장하는 인형극도 재미를 더한다.

52
윗글을 통해 알 수 있는 연극의 내용이 아닌 것은?

① 준현의 가족 구성원
② 준현의 어머니의 건강 문제
③ 준현의 거주지에 발생한 문제
④ 준현이 인력 시장에 가는 이유
⑤ 준현이 교도소에서 겪었던 사건

53
윗글의 서술 방식에 대한 설명으로 가장 적절한 것은?

① 다양한 관점에서 용어의 개념을 새로 규정하고 있다.
② 쉬운 용어로 작품을 설명하여 독자의 이해를 돕고 있다.
③ 비유의 방식으로 대상의 의의를 효과적으로 설명하고 있다.
④ 글의 내용과 관련된 작품을 예로 들어 글의 신뢰성을 높이고 있다.
⑤ 글의 내용에 대한 독자의 이해를 돕기 위해 일상의 사례를 들어 설명하고 있다.

54
문맥상 ㉠에 들어갈 내용으로 가장 적절한 것은?

① 복잡한   ② 우울한   ③ 답답한
④ 은밀한   ⑤ 치사한

---

51 출제 유형 [실용문 – 전자 문서] 비판적 이해 – 반응 및 수용
정답 해설 수신자는 발신자가 첨부한 안내문을 학원장들에게 홍보하고 '자영업자·소상공인의 세무상 애로·건의 사항'을 취합해야 한다.
오답률 줄이는 오답 해설 ①, ② 수신자가 해야 할 일이 아니다.
③ 세정 지원의 사례를 작성할 필요는 없다.
④ 학원장들이 세무상 애로·건의 사항에 대해 상담을 받을 수 있도록 홍보하는 것이 수신자의 역할이다.

52 출제 유형 [실용문 – 교술] 사실적 이해 – 정보 확인
정답 해설 준현이 교도소에 들어갔다 출소했다는 단편적인 사실만 알 수 있을 뿐, 그 안에서 무슨 일을 겪었는지에 대해서는 서술되지 않았다.

53 출제 유형 [실용문 – 교술] 사실적 이해 – 전개 방식
정답 해설 독자가 내용을 이해하기 쉽도록 작품의 줄거리, 무대 모습 등을 쉬운 용어를 사용하여 설명하고 있다.

오답률 줄이는 오답 해설 ① 용어의 개념을 새로 규정하지 않았고, 다양한 관점도 제시하지 않았다.
③ 비유의 방식으로 대상에 대해 설명하지 않았다.
④ 글의 내용과 관련된 작품을 예로 든 것이 아니라, 작품을 주요한 설명 대상으로 삼았다.
⑤ 일상의 사례를 든 부분은 찾을 수 없다.

54 출제 유형 [실용문 – 교술] 추론적 이해 – 생략된 내용 추리
정답 해설 정체 모를 남자들이 준현을 고용하여 준현이 철거 용역으로 일하게 되는 상황을 제시하고 있으므로 '은밀한' 제안이 가장 적절하다. 준현이 경제적으로 어려운 상황에 놓여 있을 때 구미가 당기는 제안을 하고 있는 것이기 때문이다.

| 정답 | 51 ⑤ | 52 ⑤ | 53 ② | 54 ④ |

55

다음 글을 읽고 보인 반응으로 적절하지 않은 것은?

> Q: 적립금은 어떻게 사용합니까?
> A: 신용 카드, 계좌 이체, 휴대폰 소액 결제, 무통장 입금 등을 통한 결제 금액이 최소 2,000원 이상이면 적립금을 사용해 결제하실 수 있습니다. 이때 적립금 결제 가능 한도는 주문 금액의 30%까지 사용 가능하며, 모바일 전용 적립금 등 일부 적립금은 30% 이상 결제가 가능합니다.
>
> Q: 결제 시 현금 영수증 신청은 어떻게 합니까?
> A: 계좌 이체, 무통장 입금 시에는 결제 화면에서 현금 영수증 신청란에 체크를 통한 신청만 가능하며, 상품권 전환 적립금 사용, 상품권 사용 시에는 결제 페이지에서 현금 영수증 체크를 통한 신청만 가능합니다. 체크 표시 후 결제하시면 국세청에 자동으로 신고됩니다. 결제 후 2~3일 뒤에 국세청 사이트에서 확인 가능합니다. 단, 체크 표시를 해제한 후 결제하시면 현금 영수증 신청이 되지 않습니다. 결제 후 계좌 명의와 다른 명의로의 변경은 일체 불가합니다.
>
> Q: 장바구니에 구매 희망 상품을 담은 후 보관 기간은 어떻게 됩니까?
> A: 장바구니에 담긴 상품은 30일간 보관되며, 기간 경과 후에는 장바구니에서 사라집니다. 장기간 보관을 원하실 경우 '관심 상품(180일)'으로 등록하여 주시기 바랍니다. 또한, 판매가 중지된 상품은 장바구니에서 자동 삭제 처리됩니다.

① 3,000원짜리 공책을 살 건데 적립금을 사용해야겠어.
② 동생이 내 돈으로 책을 산 것에 대한 현금 영수증을 받으려고 했는데, 결제가 끝난 뒤라서 방법이 없네.
③ 이번에 50,000원짜리 원피스를 살 건데, 그동안 적립해 뒀던 적립금 중 15,000원을 써서 구매해야겠어.
④ 무통장 입금으로 결제를 한 경우에는 결제 후 2~3일 뒤에 국세청 사이트에서 현금 영수증을 신청하면 되겠네.
⑤ 비싼 물건이라서 구입할지 빨리 결정하지 못하겠다면 해당 물품을 장바구니보다는 관심 상품에 등록해 두는 게 낫겠어.

56

다음 글을 읽고 보인 반응으로 가장 적절한 것은?

> 〈돈 크라이(Don't Cry)〉
>
> • 장르: 뮤지컬
> • 일시: 5월 1일~8월 28일
> • 장소: 대학로 유니플렉스 2관
> • 등급: 만 12세 이상 관람가
> • 관람 시간: 100분(중간 휴식 시간 없음)
> • 티켓 가격: 60,000원
>
> * 평일 오후 8시 / 토요일 오후 3시, 7시 / 일요일 및 공휴일 오후 2시, 6시 (※단, 5월 8일(일) 석가 탄신일은 3시, 7시)
> * 월요일 공연 없음
> * 프리뷰 티켓 오픈 안내: 4월 27일~30일 프리뷰 공연 / 4월 5일 오후 2시 스테이톡 단독 판매 오픈
> * 1층 12열~13열, 2층 4열~5열은 사전에 판매되지 않습니다. 추후 무대 셋업 상황에 따라 판매 오픈될 예정입니다. 예매 시 참고 부탁드립니다.
>
> 〈창작 뮤지컬의 흥행 신화〉
> 입소문만으로 연장 공연 확정
> 소극장 흥행 1위의 폭발적인 반응
> 창작 뮤지컬의 흥행 신화를 이어 갈 4번째 시즌,
> 열광적인 무대가 다시 시작된다!
>
> 〈탄탄한 캐릭터와 스토리!〉
> 가장 이성적인 존재, 천재 물리학자 VS 가장 본능적인 존재, 뱀파이어
> 2인극 남자 뮤지컬의 트렌드를 이끌며
> 소극장 창작 뮤지컬의 저력을 보여 준 화제작
> 매력적인 두 캐릭터의 이야기와
> 작품 곳곳에 배치된 컬트적인 요소로 극의 재미와 몰입도를 높인다!

① 공연을 3개월 동안 하니까 나중에 천천히 공연을 보러 가도 되겠어.
② 이번 공연이 첫 공연이라고 하니까 기회를 놓치지 말고 꼭 봐야겠어.
③ 소극장에서 흥행에 실패했다고 들었는데 다시 열리는 공연이 성공할 수 있을까?
④ 중간에 쉬는 시간이 없으니까 입장하기 전에 음료수를 너무 많이 마시면 안 되겠네.
⑤ 1층 12열~13열, 2층 4열~5열을 예매하려면 프리뷰 티켓 판매 기간에 표를 사야 한대.

57
다음 안내문을 이해한 내용으로 적절하지 않은 것은?

> *** 교환, 반품 안내 ***
>
> - 상품의 교환 혹은 반품은 상품 수령 후 1일 이내(24시간 이내)에 고객 센터나 Q&A로 반드시 교환 혹은 반품 신청을 해 주셔야 합니다.
> - 택배사로의 수거 신청은 ○○의 고객 센터 택배 시스템을 통해 접수되오니 회원님께서는 별도로 택배사에 신청하실 필요가 없습니다.
> - 사이즈 및 색상 교환이 가능한 상품은 동일 제품으로 1회까지만 가능하며, 상담 후 교환 상품을 보내실 경우, 안에 이름과 제품명, 사유 등을 함께 메모하셔서 택배비를 동봉 또는 입금해 주셔야 합니다.
> - 임의 수선, 착용 흔적, 늘어남, 오염 등 고객 부주의로 인해 파손된 상품은 교환, 반품이 불가합니다.
> - 반품 승인 후 3~4일 이내에 ○○에 도착하는 상품에 한하여 반품이 되므로 택배 기사님께서 신속한 수거를 하실 수 있도록 상품을 미리 포장해 주세요. 어떠한 사유로든 반품 회수일(3~4일) 이후에 도착하는 상품은 다시 반송 처리되오니 기간을 꼭 지켜 주세요.

① 사이즈나 색상 문제로 교환을 하고 싶더라도 착용 흔적이 있으면 교환이나 반품이 불가능하다.
② 상품을 받은 후 사이즈를 교환하고 싶다면 상품을 수령하고 1일 이내에 고객 센터로 연락한다.
③ 고객 센터에 교환이나 반품 신청을 하면 되고 택배사에 따로 연락하여 접수를 하지 않아도 된다.
④ 상품을 교환하거나 반품할 때는 임의로 보내면 안 되며, 사이즈 교환은 같은 제품으로 1회만 된다.
⑤ 고객의 부주의로 인해 파손된 상품이 아닌 경우에는 언제 물품을 보내더라도 반품 처리를 할 수 있다.

[58 ~ 59] 다음 글을 읽고 물음에 답하시오.

 교육부

- 이번 대책은 잇따른 신종 감염병의 출현 및 증가하는 학생 감염병에 대한 선제적인 예방과 발생 시 체계적인 대응이 필요하다는 판단에 따른 것으로,
  ○ 2022년까지 신종 감염병 대비 체계를 구축하고, 향후 5년 이내 학생들에게 많이 발생하는 감염병의 발생 건수를 30% 이상 감소시키는 것을 목표로 하고 있다.
- 학생 감염병 예방 종합 대책의 세부 내용은 다음과 같다.

【발생 초기 대응 강화(확산 방지 체계 정비)】
교육청에서 지역 내 감염병 발생 상황이 유행 기준을 초과할 경우 관내 학교에 유행 상황을 알려, 학교 현장에서 적시에 대비할 수 있도록 하는 교육 기관 내 '감염병 유행 경보제'를 운영할 예정이다.
- 가정 내 준수 사항 등을 담은 학부모용 홍보·교육 자료를 보급하고, 지속적인 홍보·교육을 통하여 감염병 의심 증상 발견 시 등교 전 의료 기관을 방문할 수 있도록 유도하고,
  ○ 등교 중지 학생에 대한 생활 지도를 강화하여 등교 중지 기간 중 타 학교 학생에게 전파되는 것을 최소화하기 위해 노력하는 등 학교 안팎 감염 학생 관리를 강화할 예정이다.
- 특히 장기간에 걸쳐 증상이 진행되고 치료에 수개월의 시간이 소요되는 만성 감염병인 결핵에 대하여는 보건복지부·질병관리본부와 공동으로 특별 관리를 해 나갈 계획이다.
  ○ 학생과 교직원에 대하여 잠복 결핵 검사를 실시하여 결핵으로 발병하는 것을 사전에 방지하는 선제적 예방 사업을 전개하고,
    ※「결핵예방법」이 개정(16.2.3.)되어 학교장은 소속 교직원에 대한 결핵 검사 및 잠복 결핵 감염 검사를 의무적으로 실시하여야 함.
  ○ 학교 내 결핵 환자가 발생하였을 때 역학 조사 단계를 단축*함으로써 추가 결핵 환자 및 잠복 결핵 감염자를 신속하게 발견하여 교내 확산을 사전에 차단해 나갈 예정이다.
    * 3단계(1명: 반 → 2명: 학년 → 3명: 학교)에서 2단계(1명: 반 → 2명: 학교)로 단축

【신종 감염병 위기 대응 역량 강화】
- 신종 감염병 발생 시 신속하고 원활하게 대응할 수 있는 학교 등 교육 기관의 특성을 고려한 상세한 매뉴얼을 개발·보급하고,
  ○ 모든 교육 기관 내 감염병 대응 훈련을 정례화(연 1회 이상)하여 신종 감염병에 대한 대응 역량을 강화할 예정이다.
- 향후 국내 유입되는 신종 감염병에 대하여는 보건 당국과의 공조를 강화하여 관련 정보를 공유하고, 학교 현장에 즉시 제공하여,
  ○ 급작스러운 신종 감염병의 국내 유입에 따른 학부모 등의 불안감을 해소하기 위하여 학부모와 실시간 소통 가능한 '온라인 채널'도 구축할 예정이다.

【일상 복귀를 위한 조치 강화】
- 감염병으로 인해 장기 휴업이 발생할 경우를 대비하여 정보 통신 매체를 활용한 수업이 가능하도록 관련 근거 마련을 추진하고,
  *「초·중등교육법 시행령」 제48조(수업운영 방법 등) 제4항
  ○ 휴업 학교의 정상 수업 재개 시 필요한 '소독·방역, 교육 등' 관련 세부 조치 기준을 마련하여 학교 정상화 관련 위험 및 불안을 해소할 예정이다.
- 또한 신종 감염병 발생에 따른 환자·격리자·완치 복귀자를 위한 심리 지원 교육 자료를 개발·보급하여 학교에서 대처할 수 있도록 하고,
  ○ 불안 정도가 높은 경우 'Wee센터, 정신건강지원센터' 등 전문 기관 연계를 통한 밀착 지원 방안을 마련할 계획이다.

58

윗글을 이해한 내용으로 적절하지 않은 것은?

① 학생이 아닌 교직원도 결핵에 걸리지 않았는지 의무적으로 검사를 받는다.
② '감염병 유행 경보제'는 교육청에서 관내 학교에 유행 상황을 알리는 것이다.
③ 학교는 신종 감염병에 대한 단순한 정보만을 담은 홍보·교육 자료를 학부모에게 배부한다.
④ 신종 감염병의 사전 예방뿐만 아니라 사후 조치에 대한 교육 자료도 개발·보급하게 될 것이다.
⑤ 결핵 환자가 2명 이상 발생하면 학년 역학 조사를 거치지 않고 학교 전체 역학 조사를 실시한다.

59

윗글을 읽고 보인 반응으로 적절하지 않은 것은?

① 교육청에서 알려 주는 지역 내 감염병 유행 상황이 어떤지 확인을 해 봐야겠어.
② 혹시 우리 아이가 감염병이 의심되면 참으라고 할 게 아니라 바로 병원에 가야겠네.
③ 어떤 신종 감염병이 등장할지 모르니 보건 당국의 발표 내용에 유의하는 것이 좋겠어.
④ 감염병에 걸려 학교에 출석하지 못했을 경우 학교 대신 집에서 수업을 들을 수 있겠네.
⑤ 학교 안에서 조치하는 매뉴얼과 가정 안에서 조치하는 매뉴얼의 내용을 잘 숙지해야겠어.

60

다음을 읽고 이해한 내용으로 적절하지 않은 것은?

국민안전처

- 국민안전처 해양경비안전본부는 해경 최초로 현직에 근무하는 경찰관 가운데 현장 임무에 최적화된 「맞춤형 해양 구조전문가」를 자체 양성한다고 밝혔다.
  ○ 해경 구조대원의 경우 잠수 능력을 기본으로 항공 구조 등 다방면에 걸친 임무를 수행해야 하므로, 지금까지는 특수 부대 출신 또는 잠수기능사 이상 국가기술자격 소지자에 한해 특별 채용 형식으로 선발해 왔다.
  ○ 그러나 최근 해양 레저 활동 인구 등의 증가로 해양 사고가 많아지면서 구조 수요가 늘어나고 있는 추세로, 적시성 있는 현장 대응을 위해서는 기존 특별 채용과 병행하여 해경 내부의 뛰어난 인재를 양성해 최일선 구조 현장에 배치시킬 필요성이 부각되었다.
- 이에 따라 「구조대원 자체 양성 과정」을 추진하기로 결정하고, 엄격한 기준에 따라 현직 경찰관을 선발하여 어떠한 위기 상황에서도 국민의 생명을 구조할 수 있도록 체계적이고 엄격한 특수 구조 교육·훈련을 거쳐 전국 18개 해양경비안전서 122구조대에 배치할 예정이다.
  ○ 「구조대원 자체 양성 과정」은 매년 2회 각 40명을 선발, 해양경비안전교육원에서 진행되는 초급 과정부터 중앙해양특수구조단의 심화 과정까지 총 10주간 진행되며,
  ○ 특히, 항해·기관 등 선박 전문 지식 및 경험을 갖고 있는 현직 해양경찰관을 구조사로 양성함으로써 기존 구조대원과 합동 근무 시 현장 대응 역량 측면에서 시너지 효과가 기대된다.
- 국민안전처 해양경비안전본부장은 매년 정기적으로 수중 구조전문가를 양성하여, 해양 사고 현장 대응 능력을 강화시키는 데 최선을 다할 것이라고 밝혔다.

① 구조대원 자체 양성 과정은 1년에 80명을 대상으로 10주간 실제 구조를 위한 교육을 진행할 예정이다.
② 해양경비안전본부에서 추진하는 구조대원 자체 양성 과정은 늘어나고 있는 해양 사고에 대비하고자 마련되었다.
③ 현직에 근무하는 해양경찰관 중 특정 경험을 가진 자와, 기존 특별 채용 대상자 모두가 해양 구조전문가로 양성될 수 있다.
④ 구조대원 자체 양성 과정을 마친 해양경찰관은 전국 18개 해양경비안전서 122구조대에 배치되어 구조 임무를 수행하게 된다.
⑤ 해양 구조대원의 업무 특성을 고려하여 특수 부대 출신 또는 국가기술자격 소지자에 한해 구조대원 자체 양성 과정을 추진한다.

3세트

[61~62] 다음 글을 읽고 물음에 답하시오.

해야 솟아라. 해야 솟아라.
말갛게 씻은 얼굴 고운 해야 솟아라.
㉠산 너머 산 너머서 어둠을 살라 먹고,
산 너머서 밤새도록 어둠을 살라 먹고,
이글이글 ㉡앳된 얼굴 고운 해야 솟아라.

㉢달밤이 싫여, 달밤이 싫여,
눈물 같은 골짜기에 달밤이 싫여,
아무도 없는 뜰에 달밤이 나는 싫여……

해야, 고운 해야. 늬가 오면 늬가사 오면,
나는 나는 ㉣청산이 좋아라.
훨훨훨 깃을 치는 청산이 좋아라.
청산이 있으면 홀로래도 좋아라.

사슴을 따라, 사슴을 따라,
양지로 양지로 사슴을 따라,
㉤사슴을 만나면 사슴과 놀고,

칡범을 따라, 칡범을 따라
칡범을 만나면 칡범과 놀고……

해야, 고운 해야. 해야 솟아라.
꿈이 아래도 너를 만나면,
꽃도 새도 짐승도 한자리 앉아,
워어이 워어이 모두 불러 한자리 앉아
애띠고 고운 날을 누려 보리라.

― 박두진, 「해」

61

윗글에 대한 설명으로 적절하지 않은 것은?

① 의성어와 의태어를 적절하게 사용하고 있다.
② 특정한 종결 어미만을 반복하여 사용하고 있다.
③ 밝음과 어둠의 대립적인 구도를 이어 가고 있다.
④ 4음보의 급박한 리듬감으로 운율을 형성하고 있다.
⑤ 강렬한 소망과 의지를 느끼게 하는 어조를 사용하고 있다.

62

㉠~㉤에 대한 이해로 적절하지 않은 것은?

① ㉠: 험난한 역경
② ㉡: 밝고 맑게 창조된 순수한 생명
③ ㉢: 어둠이 가시지 않은 시간
④ ㉣: 악과 절망의 이미지
⑤ ㉤: 평화, 선, 천사의 이미지

[63~65] 다음 글을 읽고 물음에 답하시오.

[앞부분 줄거리] '나'는 오랜만에 찾은 고향집을 하루 만에 떠나겠다고 말한다. 그러자 어머니는 체념하고 아내는 '나'를 원망한다. 형의 파산으로 집안이 기울어지자 부모로부터 도움을 받지 못하고 성장한 '나'는 노모에게 진 빚이 없다고 생각한다. 어머니가 지붕 개량의 소망을 내비치자 '나'는 심기가 불편해진다. 잠자리에 누운 '나'는 어머니가 아내와 대화하는 내용을 듣는다.

"그래서 어머님은 그 발자국 때문에 아들 생각이 더 간절하셨겠네요."
"간절하다뿐이었겠냐. 신작로를 지나고 산길을 들어서도 굽이굽이 돌아온 그 몹쓸 발자국들에 아직도 도란도란 저 아그의 목소리나 따뜻한 온기가 남아 있는 듯만 싶었제. 산비둘기만 푸르륵 날아올라도 저 아그 넋이 새가 되어 다시 되돌아오는 듯 놀라지고, 나무들이 눈을 쓰고 서 있는 것만 보아도 뒤에서 금세 저 아그 모습이 뛰어나올 것만 싶었지야. 하다 보니 나는 굽이굽이 외지기만 한 그 산길을 저 아그 발자국만 따라 밟고 왔더니라. 내 자석아, 내 자석아, 너하고 둘이 온 길을 이제는 이 몹쓸 늙은 것 혼자서 너를 보내고 돌아가고 있구나!"
"어머님 그때 우시지 않았어요?"
"울기만 했겠냐. 오목오목 디뎌 논 그 아그 발자국마다 한도 없는 눈물을 뿌리며 돌아왔제. 내 자석아, 내 자석아, 부디 몸이나 성히 지내거라. 부디부디 너라도 좋은 운 타서 복 받고 살아라……. 눈앞이 가리도록 눈물을 떨구면서 눈물로 저 아그 앞길만 빌고 왔제……."
노인의 이야기는 이제 거의 끝이 나 가고 있는 것 같았다. 아내는 이제 할 말을 잊은 듯 입을 조용히 다물고 있었다.
"그런디 그 서두를 것도 없는 길이라 그렁저렁 시름없이 걸어온 발걸음이 그래도 어느 참에 동네 뒷산을 당도해 있었구나, 하지만, 나는 그 길로는 차마 동네를 바로 들어설 수가 없어 잿등 위에 눈을 쓸고 아직도 한참이나 시간을 기다리고 앉아 있었더니라……."
"어머님도 이젠 돌아가실 거처가 없으셨던 거지요."
한동안 조용히 입을 다물고 있던 아내가 이제 더 이상 참을 수가 없어진 듯 갑자기 노인을 (㉠)하고 나섰다. 그녀의 목소리는 이제 울먹임 때문에 떨리고 있었다. 나 역시도 이젠 더 이상 노인을 참을 수가 없었다. 이제나마 노인을 가로막고 싶었다. 아내의 (㉠)에 대한 그 노인의 대꾸가 너무도 두

려웠다. 노인의 대답을 들을 수가 없었다. 하지만 그 역시도 불가능한 일이었다.

나는 아직도 눈을 뜰 수가 없었다. 불빛 아래 눈을 뜨고 일어날 수가 없었다. 사지가 마비된 듯 가라앉아 있는 때문만이 아니었다. 졸음기가 아직 아쉬워서도 아니었다. 눈꺼풀 밑으로 뜨겁게 차오르는 것을 아내와 노인 앞에 보일 수가 없었다. 그것이 너무도 부끄러웠기 때문이었다. 아내는 이번에도 그러는 나를 알고 있었던 것 같다.

"여보, 이젠 좀 일어나 보세요. 일어나서 당신도 말을 좀 해 보세요."

그녀가 느닷없이 나를 세차게 흔들어 깨웠다. 그녀의 음성은 이제 거의 울부짖음에 가까웠다. 그래도 나는 일어날 수가 없었다. 뜨거운 것을 숨기기 위해 눈꺼풀을 꾹꾹 눌러 참으면서 내처 잠이 든 척 버틸 수밖에 없었다.

— 이청준, 「눈길」

63

윗글의 서술 방식에 대한 설명으로 적절하지 <u>않은</u> 것은?

① 과거와 현재의 교차가 이루어지면서 사건이 전개되고 있다.
② 과거 '노인'과 '나'의 사연을 중심으로 소설의 내용이 전개되고 있다.
③ 독자로 하여금 '나'와 '노인'에게 어떤 일이 있었는지 궁금하게 만든다.
④ '아내'를 매개로 '나'와 '노인' 사이의 우회적 소통 기법을 사용하고 있다.
⑤ 역사와 현실에 의해 상처받은 개인의 자아 성찰을 여실히 묘사한 작품이다.

64

'아내'에 대한 설명으로 적절하지 <u>않은</u> 것은?

① '노인'의 깊은 한을 들추어내고 있다.
② 소설의 서사적 사건 내의 인물로 등장하고 있다.
③ '나'와 '노인'의 정서적 거리 가운데에 놓여 있다.
④ 사건의 흐름을 주도하는 계기를 만들어 내고 있다.
⑤ '나'와 '노인'의 거리감을 좁히기 위해 배려하고 있다.

65

문맥에 비추어 볼 때, ㉠에 공통으로 들어갈 말로 가장 적절한 것은?

① 회유(懷柔) ② 비판(批判) ③ 추궁(追窮)
④ 힐난(詰難) ⑤ 회피(回避)

[66~68] 다음 글을 읽고 물음에 답하시오.

책 읽기에는 우리로 하여금 그 책을 읽게 만드는 그 무엇—찬탄할 만한 것에 대한 숨은 갈망—이 있다. 우리는 책을 읽으면서 어떤 다른 삶을 엿보고, 어떤 현자에 귀 기울이며, 또 다른 생활을 체험한다. 그러면서 삶의 바탕과 세계의 모태 그리고 그 고향을 떠올린다. 좋은 책과의 만남에는 마음의 이런 깊은 움직임—갈구하는 마음—이 자리하는 것이다. 감동이란 이 갈구하는 마음에 대한 독자의 화답이다.

또한 책이 문화적 업적의 가장 높은 성취의 하나라고 생각한다면, 책을 읽는다는 것은 문화적 업적을 내면화하는 일이다. 책 속에서 우리는 현실을 분석하고 이해하는 것 이상으로 우리 자신의 생각을 조금씩 넓혀 간다. 이렇게 넓어지는 생각에 기대어 우리는 더 넓고 깊은 세계로 다가서게 되는 것이다.

책을 읽는다는 것은 결국 세계의 전체와 만나고, 그 전체에 참여하는 일이다. 이때 '전체'는 '어떤 온전한 것'이라고 할 수 있지만, 반드시 추상적이지는 않다. 그것은 가장 사소한 것, 바로 내 곁에, 나와 관련하여 자리하는 것일 수도 있다. 그것은 지금 여기의 생생한 경험 속에, 내가 느끼고 보고 냄새 맡고 접촉하는 모든 것에 지극히 일상적으로 존재한다. 읽기란 이 일상의 전체성에 참여하는 일이다. 깊은 읽기는 세계의 새 모습, 가장 일상적인 비밀을 경험케 한다. 그 점에서 사람과 책은 창조적 교환 관계 속에 있다. 향수의 기쁨은 여기에서 온다.

책의 역할은, 우리가 그 책에서 배우고 느낀 대로 지금 이 세상을 느끼고 즐길 수 있을 때, 잠시 완성될 것이다. '잠시'라는 것은 이때의 완성이 최종적인 것이 아니라, 읽기가 더해짐에 따라 우리의 눈과 귀가 계속 그리고 더 높은 수준에서 밝아질 수 있기 때문이다. 그것은 그 자체로 삶을 깊게 음미하는 방식, 즉 세계 향유의 방식이기도 하다. 이 깊은 향유 속에서 우리는 우리 자신의 삶을 '만들어 간다'. 책을 읽고 삶을 향유하면서 우리는 보다 높은 교양적 인간으로 (㉠)되어 가는 것이다.

이런 형성의 단계가 하루아침에 이뤄질 수는 없다. 읽기에도 오랜 역사가 필요하다. 그것은 이런저런 좌충우돌과 시행착오의 착잡한 경험을 통해, 크고 작은 느낌과 절실한 노력과 연이은 깨우침의 축적 속에서 조금씩 나아간다. 한두 번의 조언이나 몇 차례의 안내로 해결될 수 없는 것이다. 읽는 일에는 읽는 주체의 실존적 전부가 걸려 있다.

66
윗글의 제목으로 가장 적절한 것은?

① 읽고자 하는 마음의 갈망
② 흥미나 관심에 따른 읽기
③ 느끼고 만들기 – 깊은 향유
④ 현실과 세계 – 깊은 깨우침
⑤ 오늘의 시대 – 고전의 관계

67
윗글의 내용 전개 방식에 대한 설명으로 적절한 것은?

① 대상과 관련된 항목의 의미를 정의하며 내용을 서술하고 있다.
② 비유적 표현을 통해 대상의 장단점을 효과적으로 설명하고 있다.
③ 예상되는 반론을 미리 논박함으로써 자신의 주장을 강화하고 있다.
④ 생활 속 사례를 제시하여 설명하려는 대상의 의미를 부각시키고 있다.
⑤ 권위 있는 전문가의 의견을 비판적으로 수용하면서 논지를 전개하고 있다.

68
문맥에 비추어 볼 때, ㉠에 들어갈 한자어로 가장 적절한 것은?

① 변경(變更) ② 변이(變異) ③ 변동(變動)
④ 변모(變貌) ⑤ 변용(變容)

[69~71] 다음 글을 읽고 물음에 답하시오.

(가) 바람 '풍(風)' 자와 물 흐를 '류(流)' 자로 이루어진 풍류라는 말은 얼핏 바람과 물의 흐름 정도로 뜻을 떠올릴 수도 있지만, 상당히 다양한 뜻을 지니고 있다. 과거에는 주로 '풍류도(風流道)'라 하여 유(儒)·불(佛)·선(仙) 3교를 포함한 한국 고유의 정신을 나타내는 말로 쓰였다. 사실 풍류는 일상 속의 쓰임새만 보더라도 다양한 의미를 가지고 있음을 알 수 있다. '풍치가 있고 멋스럽게 노는 일' 또는 '운치가 있는 일'처럼 긍정적으로 쓰이는 경우도 있고, 바람기가 있고 돈 잘 쓰며, 멋 부리고 타락한 사람을 나타내는 '풍류남아(風流男兒)'처럼 부정적으로 쓰이기도 한다.

(나) 우리나라에서 본격적으로 풍류를 처음으로 언급한 사람은 신라의 최치원이다. 최치원이 말한 '풍류'에 대한 기록은 『삼국사기』에서 볼 수 있다. 최치원이 살았던 시대를 살펴보면 최치원이 화랑의 역사를 말하면서 풍류를 언급했던 대략의 이유를 짐작해 볼 수 있다. 당시는 신라의 쇠퇴기였기 때문에 당나라의 문화가 크게 유행했던 분위기와 이런 외래 문화를 수용할 수 있는 큰 틀로서 풍류를 언급했을 가능성이 크다. 이후 나타난 다양한 의미들은 바로 이러한 풍류의 뜻에서 출발했던 것이다.

(다) 우리는 '풍류'라는 말뜻에 너무 거창한 기대를 했는지도 모르겠다. 분명히 뭔가 있기는 있는데 알 수 없는 무언가로 여기지는 않았는지? 너무 본래 뜻에 집착하지는 말자. 통일 신라 말기의 최치원의 입장에서 볼 때 '풍류'는 단순히 과거에 있었던 찬란한 무언가가 아니라 위기와 냉혹한 현실에서 구현해야 할 가치였다. 현재 쓰이는 풍류의 의미가 매우 다양한 까닭도 사실 본래 풍류가 가지고 있었던 뜻이 때에 따라 확대되거나 축소되고 또 덧붙여졌기 때문일 것이다.

(라) 음악은 풍류의 '접화군생' 정신을 구현하는 데 있어 가장 좋은 방법이다. 음악이 포함된 뮤지컬, 오페라는 물론 각종 페스티벌, 홍대 부근의 작은 공연장과 길거리 공연에서도 우리는 처음 만난 다른 사람들과 같은 음악을 들으면서 함께 전율하고 감동하는 경험을 할 수 있다. 음악을 즐길수록 신비함을 느끼게 되는 이유는 여러 소리가 분명 따로 연주가 되고 있음에도 듣는 이들에게는 조화로운 하나의 작품으로 들리기 때문이다. 거기에 듣는 사람 역시 음악의 일부가 되는 듯한 묘한 일체감을 불러일으킨다. 풍류가 음악과 함께 자주 언급되는 이유는 음악이 풍류의 핵심을 구현하기에 가장 적절하기 때문이다.

(마) 음악이라는 한정된 의미를 벗어나 우리의 현실을 돌아볼 때, 되살려야 할 혹은 재해석되어야 할 풍류의 정신은 무엇일까? 우리는 이미 나와 타자, 사람과 사람, 사물과 사물, 분야와 분야 사이의 경계를 나누는 데 매우 익숙하다. 이런 우리에게 '접화군생'의 풍류 정신은 음악을 통해 '경계 짓기'를 넘어서 각자의 자리에서 개성을 유지하면서도 공존할 수 있는 가능성을 던져 주고 있다.

69

윗글의 내용과 일치하지 않는 것은?

① 풍류는 다양한 의미로 사용되어 왔다.
② 현대는 경계를 나누는 삶에 길들여져 있다.
③ 『삼국사기』에서 풍류의 기록을 찾을 수 있다.
④ 현대의 풍류는 다양한 의미를 포괄하고 있다.
⑤ 풍류는 음악의 핵심을 구현하기에 적합한 매개이다.

| 66 출제 유형 | [학술문 – 인문] 사실적 이해 – 핵심 정보

| 정답 해설 | 책의 역할은 책에서 배우고 느낀 대로 이 세상을 느끼고 즐길 수 있을 때 잠시 완성될 것이며, 책을 읽는 것은 세상을 향유하는 방식이라고 설명하고 있다. 그리고 그 깊은 향유 속에서 우리는 삶을 '만들어 간다'고 말하고 있다. 따라서 제목으로 가장 적절한 것은 ③이다.

| 오답률 줄이는 오답 해설 | ① 첫 단락에서 책을 읽고자 하는 갈망에 대해 이야기하고 있으나, 글 전체적으로는 책을 읽은 뒤에 누릴 수 있는 것들을 이야기하고 있으므로 제목으로 적절하지 않다.
② 흥미나 관심에 따라 어떤 읽기를 하는지 제시하지 않았다.
④ 현실과 세계에 대한 설명을 제시하지 않았다.
⑤ 오늘의 시대와 고전의 관계에 대해 서술하고 있지 않다.

| 67 출제 유형 | [학술문 – 인문] 사실적 이해 – 전개 방식
| 정답 해설 | 글쓴이는 '책', '책을 읽는다는 것', '책의 역할' 등에 대해 정의를 내리며 자신의 의견을 서술하고 있다.

| 68 출제 유형 | [학술문 – 인문] 추론적 이해 – 생략된 내용 추리
| 정답 해설 | 문맥상 이전보다 교양이 더 쌓인 사람으로 바뀌는 것이므로, '모양이나 모습이 달라지거나 바뀜.'이라는 의미를 지닌 '변모(變貌)'가 들어가는 것이 가장 적절하다.
| 오답률 줄이는 오답 해설 | ① 변경(變更): 다르게 바꾸어 새롭게 고침.
② 변이(變異): 같은 종에서 성별, 나이와 관계없이 모양과 성질이 다른 개체가 존재하는 현상.
③ 변동(變動): 바뀌어 달라짐.
⑤ 변용(變容): 용모가 바뀜. 또는 그렇게 바뀐 용모.

| 69 출제 유형 | [학술문 – 예술] 사실적 이해 – 정보 확인
| 정답 해설 | 풍류가 음악의 핵심을 구현하기에 적합한 매개인 것이 아니라, 음악이 풍류의 핵심을 구현하기에 적합한 매개라고 말하고 있다.

| 정답 | 66 ③ 67 ① 68 ④ 69 ⑤

70

윗글의 내용 전개 방식에 대한 설명으로 적절한 것은?

① 대상을 관찰하면서 느낀 점을 서술하고 있다.
② 질문을 제기하고 그에 대해 답하면서 내용을 전개하고 있다.
③ 내용에 대한 독자의 이해를 돕기 위해 다양한 사례를 제시하고 있다.
④ 대조적 속성을 지닌 대상을 제시하며 새로운 이론을 정립하고 있다.
⑤ 중심 화제의 장점과 단점을 병렬적으로 제시하여 글의 객관성을 높이고 있다.

71

(가)~(마)의 중심 내용으로 적절하지 않은 것은?

① (가): 풍류의 다양한 의미
② (나): 풍류가 언급된 기록
③ (다): 풍류의 의미에 대한 고찰
④ (라): 풍류로 인한 전율과 감동
⑤ (마): 풍류 정신의 현대에의 적용

[72~74] 다음 글을 읽고 물음에 답하시오.

미국 빙엄턴 뉴욕주립대 생물학과의 데이비드 슬론 윌슨 교수는 2005년, 배부르고 따뜻한 상황을 구성원들에게 널리 알리는 신호로서 웃음이 탄생했다고 주장했다. 초기 인류는 끼니를 찾기 위해 많은 시간 동안 아프리카 초원을 뒤져야 했고, 삶은 두려움으로 가득 차 있었다. 안전하고 지루한 시기는 거의 없었다. 간혹 고기를 배부르게 먹는 행운이 찾아왔다면, 먹이를 찾아 헤매지 말고 최대한 다른 일을 해야 했다. 예컨대, 새로운 지식을 쌓는 일 말이다. 윌슨 교수는 저서 『진화론의 유혹』에서 "인간의 웃음은 이런 시기를 식별해 최대한 활용하기 위한 신호로 최초에 진화했을 것"이며 "웃음은 집단 구성원들이 동일한 방법으로 동시에 느끼게 하는 데 특히 효과가 있는 메커니즘"이라고 주장했다.

두 가설처럼 메시지를 전달하는 게 웃음이 탄생한 목적이라면, 영장류의 웃음에 대해서도 비슷한 추론을 할 수 있다. 1990년대부터 오랫동안 웃음을 연구해 온 미국 메릴랜드주립대 심리학과 로버트 프로바인 교수는 어린아이들이나 영장류 새끼들이 뒤엉켜 싸우는 듯한 놀이를 할 때 내는 소리를 웃음의 기원으로 봤다. 싸움 놀이가 안전한 놀이로 끝나려면, (㉠). 즉 영장류가 놀이 과정에서 웃는 소리는, 지금 이 행동이 진짜로 공격하는 것처럼 보이지만 사실은 가짜이고 별다른 피해도 주지 않는 순수한 놀이라는 것을 상대방과 주변의 다른 개체들에게 전달하는 신호로 진화했다는 것이다.

이후 웃음은 생존과 번식에 유리한 영향을 주면서 자연 선택됐다. 진화심리학자인 전중환 경희대 후마니타스칼리지 교수는 저서 『오래된 연장통』에 다음과 같이 적었다. "인간의 진화 역사에서 많이 웃은 사람들에게는 복(福)이 왔다. 오래 살아서 자손을 많이 남기는 복 말이다."

웃음이 가져온 복 가운데 하나는 바로 성 선택이다. 진화심리학 연구에 따르면, 여자들은 유머 감각이 뛰어난 남자를 배우자로 선호한다. 미국 뉴멕시코대 진화심리학자 제프리 밀러 교수는 "위트가 넘치는 말을 하는 유머 생산 능력은 창조성이 뛰어나다는 사실과 복잡한 인지 기능에 손상이 없다는 사실, 즉 좋은 유전자를 가졌음을 알려 주는 표지"라고 주장했다. 허재원 선임연구원도 "술자리 등에서 서열이 높은 남자가 큰 소리로 말하고 웃으면서 여성에게 어필하듯, 침팬지가 크게 웃는 행동은 이성에게 어필하는 측면이 있을 것"이라고 말했다.

웃음은 지금도 계속 진화하는 중이다. 웃음은 자연 선택을 통해 진화했지만, 현대의 웃음마저 생존과 번식의 필요에 맞춰진 건 아니다. 실제로 어떤 행태는, 전혀 다른 목적 때문에 선택된 다른 무언가의 진화적 부산물일 수 있다. 개그맨 이윤석은 저서 『웃음의 과학』에서 말한다. "우리는 진화된 웃음을 물려받았지만, 이제는 그 웃음을 창조하는 위대한 코미디언"이라고. 현대 사회에서 웃음은, 진화적 기원을 벗어나 마음껏 그 기량을 펼치는 창조의 공간인 셈이다.

72

윗글을 통해 알 수 있는 내용이 <u>아닌</u> 것은?

① 인류는 생존의 문제가 해결된 후 지식을 쌓는 일에 관심을 가졌다.
② 유머 감각이 있다는 것은 복잡한 인지 기능의 활동과 관련이 있다.
③ 유머 감각이 있는 것과 유전자와는 어떠한 상관관계가 성립하지 않는다.
④ 현대의 웃음은 생존과 번식이 아닌 다른 목적으로 선택되고 진화된 것으로 볼 수 있다.
⑤ 영장류가 놀이 과정에서 웃는 소리는 이 행동이 피해를 주지 않는 순수한 놀이라는 것을 전달하는 신호라는 가설이 있다.

73

윗글의 내용 전개 방식으로 가장 적절한 것은?

① 가설을 설정한 후 다양한 실험을 통해 이를 검증하고 있다.
② 권위자의 말과 연구를 인용하여 글쓴이의 생각을 뒷받침하고 있다.
③ 대조적 속성을 지닌 대상을 제시하여 글쓴이의 주장을 강조하고 있다.
④ 중심 화제에 대한 글쓴이의 주장과 근거를 제시하여 글의 설득력을 높이고 있다.
⑤ 글의 제재에 대한 독자의 궁금증을 유발하기 위해 묻고 답하는 형식을 사용하고 있다.

74

문맥상 ㉠에 들어갈 내용으로 가장 적절한 것은?

① 공격이라는 점을 알고 방어하는 게 중요하다
② 생존을 위한 경쟁이라는 점을 아는 게 중요하다
③ 연습에 불과하다는 사실을 인지하는 게 중요하다
④ 웃음을 만들기 위한 과정이라는 것을 알아야 한다
⑤ 에너지를 소모하지 않아도 된다는 것을 알아야 한다

---

70 출제 유형 [학술문 – 예술] 사실적 이해 – 전개 방식
정답 해설 '풍류'라는 단어의 의미를 설명하면서 최치원이 쓴 『삼국사기』의 내용, 현대 음악이 조화를 이루는 공간의 사례를 들어 독자의 이해를 돕고 있다.

오답률 줄이는 오답 해설 ① 대상을 관찰하며 느낀 점이 아니라 역사에 따른 대상의 의미 변화를 서술하고 있다.
② 질문을 제기하고 답하는 서술 방법을 사용하지 않았다.
④ 대조적 속성을 지닌 대상을 제시하며 새로운 이론을 정립하지 않았다.
⑤ 풍류의 긍정적 의미, 부정적 의미에 대해서는 서술하였으나 장점과 단점을 제시하지는 않았다.

71 출제 유형 [학술문 – 예술] 사실적 이해 – 핵심 정보
정답 해설 (라)는 풍류를 구현하는 핵심 매개체인 '음악'에 대해 이야기하고 있으므로 '음악으로 구현되는 풍류', '풍류 정신을 구현하는 매개인 음악' 등이 단락의 중심 내용으로 적절하다.

72 출제 유형 [학술문 – 사회] 사실적 이해 – 정보 확인
정답 해설 "위트가 넘치는 말을 하는 유머 생산 능력은 창조성이 뛰어나다는 사실과 복잡한 인지 기능에 손상이 없다는 사실, 즉 좋은 유전자를 가졌음을 알려 주는 표지"라고 하며 유머 감각과 유전자 간의 상관관계를 나타내고 있다.

73 출제 유형 [학술문 – 사회] 사실적 이해 – 전개 방식
정답 해설 여러 연구자의 말, 저서의 내용을 인용하여 글의 내용을 전개하고 있다.

오답률 줄이는 오답 해설 ① 실험을 통해 검증한 내용은 제시되지 않았다.
③ 대조적 속성을 지닌 대상은 제시되지 않았다.
④ 글쓴이의 주장과 이를 뒷받침하는 근거가 아니라 연구 내용을 나열하며 설명하고 있다.
⑤ 묻고 답하는 형식을 사용하고 있지 않다.

74 출제 유형 [학술문 – 사회] 추론적 이해 – 생략된 내용 추리
정답 해설 ㉠ 뒤의 문장에서 "사실은 가짜이고 별다른 피해도 주지 않는 순수한 놀이라는 것을 ~ 진화했다는 것이다."라고 하였다. 즉, 진짜 싸움이 아닌 놀이라는 점을 인지해야 한다는 것이다.

오답률 줄이는 오답 해설 ① 방어를 해야 한다는 내용이 제시되지 않았다.
② 생존을 위한 경쟁이 아닌 놀이라는 것을 웃음으로 전달했음을 명시하고 있다.
④ 웃음을 만들기 위한 과정이 아니라 웃음 소리가 놀이에서 하는 역할을 제시하였다.
⑤ 에너지를 소모하는 것과 관련이 있다는 내용이 제시되지 않았다.

정답 70 ③ 71 ④ 72 ③ 73 ② 74 ③

[75~76] 다음 글을 읽고 물음에 답하시오.

자유와 평등은 함께 간다. 반면 불평등은 부자유를 낳는다. 세계 대부분의 사람들은 지금, 우리의 허위의 인식과는 달리, 자유와 평등을 박탈당하고 있다. 지금 인류가 자유와 평등을 향해 나아가고 있다고 자신 있게 말할 수 있는가? 인간 전체의 관점에서 세계는 발전하고 있다고 확신을 갖고 말할 수 있는 것인가? 세계적 불평등의 산물인 하위 50%의 인류가 과연 어느 부분에서 얼마만큼이나 자유롭다고 말할 수 있을까? 인신, 식량, 건강, 생각, 여가, 독서, 산책, 주택, 질병, 투표, 인권……. 그들은 어느 부분에서 얼마만큼이나 자유로운가? 우린 지금 누구의 어떤 자유를 말하고 있는 것인가?

세계 시민의 절반이 빈곤과 기아에 허덕이는 세계를 우리가 정상적이거나 바람직한 세상이라고 할 수는 없을 것이다. 과장하여 말하면, 인류는 지금 근본부터 다시 시작하지 않으면 안 되는 상황에 직면해 있는 것이 틀림없어 보인다. 인류의 등장 이래 최대 최고의 재화를 창출하고 있는 지금 물량으로서의 부는, 수많은 연구들이 강조하고 있듯, 분명 충분하다. 외려 넘치고도 남는다. 그러나 동양과 서양에서 '충분하다'는 말은 애초에 '함께 도달하다', '함께 채운다'는 뜻을 갖는다. 즉, 함께 채우면 부족하지 않다. 그러면 삶은 대부분 평안하고 평화롭다. 평화 역시 "사람에게 식량을 고르게 준다."는 뜻이다.

'복지(welfare)'를 비판해 온 담론들은, 복지가 초래할 근로 의욕 저하나 나태를 우려해 이른바 '근로복지(workfare)'를 주장해 왔다. 그러나 세계의 실상은 '복지'와 '근로복지'는커녕 열심히 일을 해도 평생 먹고살기 어렵고 가난을 벗어날 수도 없는 '근로빈곤(workpoor)'이 정규화, 일상화, 생애화, 만연화, 세계화되는 시대에 진입해 있음을 보여 주고 있다.

한국의 과거 및 세계 다른 나라의 통계들과 비교할 때 오늘의 한국 사회가 부의 집중과 불평등에 관한 한 점점 더 '새 극값'으로 나아가고 있다는 점은 분명하다. 각종 공식 통계 및 국제기구 자료들이 보여 주듯 이것은 과정이 아니라 객관적 현실이다. 하나의 수치만을 언급하면, 한국은 이미 10대 기업 집단의 자산 총액이 국가 전체의 국내 총생산(GDP)의 100%를 넘었으며, 매출액 규모는 80%를 넘는, 명실상부한 기업 국가가 된 지 오래다. 갈등의 표출과 해소에 대한 동향을 정밀하게 분석할 때, 한국 사회가 OECD 최고 수준의 갈등 국가라는 점이 이토록 극심한 불평등과 직결되어 있고, 그것을 해결할 합당한 국가 관리·정치 경제 제도를 갖고 있지 못하기 때문이라는 점은 ⓐ의심의 여지가 없는 것이다.

75

윗글의 내용과 일치하지 않는 것은?

① 아직도 많은 이들이 빈곤과 기아에 시달리고 있는 것이 현실이다.
② 지금 인류는 인류의 등장 이래 값나가는 물건을 가장 많이 만들어 내고 있다.
③ '복지'는 과할 경우 근로자들의 의욕을 저하시키고 나태함을 유발할 수도 있다.
④ 한국이 경제적으로 불평등한 것은 사회 안의 갈등을 일으키는 데 영향을 미친다.
⑤ 세계는 현재 '근로복지'를 넘어 '복지'가 일상화되고 만연화된 시대에 도달해 있다.

76

㉠의 상황에 어울리는 한자 성어로 가장 적절한 것은?

① 온고지신(溫故知新)
② 타산지석(他山之石)
③ 명약관화(明若觀火)
④ 고식지계(姑息之計)
⑤ 명재경각(命在頃刻)

[77~78] 다음 글을 읽고 물음에 답하시오.

우리나라에만 있는 독창적 발명품, 김치냉장고와 전기장판이라 생각한다. 한국 문화를 이해하지 못하면 이들 물건의 가치는 반감되고 만다. 하지만 어떠랴. 김치냉장고와 전기장판이 있어 든든한 한국인들이다. 우리 집에서 1년 내내 사용 빈도가 높은 물건 가운데 으뜸이 이 둘이다. 김치를 저장하기 위해 만든 김치냉장고의 용도는 사용자들이 더 잘 안다. 과일은 물론 맥주를 넣어 두면 더 맛있고 여기에 와인 셀러의 필요를 제안한 것도 이들이다. 전기장판도 잠잘 때만 사용하지 않는다. 내 의자 밑에는 늦가을에서 봄까지 전기방석이 깔려 있다. 뜨듯한 온돌의 기억을 잊지 못하는 한, 전기장판의 파생상품은 계속 만들어질 것이다.

㉠전기장판의 진화는 놀랍다. 발열 코일을 둘러놓은 판에서 시작된 원시형은 이제 황토에 숯, 옥돌도 모자라 은사, 금사까지 두른 호화판이 되었다. 한겨울에도 러닝셔츠만 입고 돌아다니는 아파트 생활에서도 없으면 아쉬운 보온 용품은 누가 뭐래도 전기장판이다.

난 전기장판을 우리만 사용하는 줄 알았다. 아니었다. 러시아 블라디보스토크를 찾았을 때 잤던 낡은 아파트의 침대 밑엔 한글이 선명한 우리나라의 전기장판이 깔려 있었다. 혹한의 울란바토르 시내 곳곳의 집에서도 똑같은 장면을 보았다. 미국 뉴욕으로 시집가 살고 있는 조카가 출국 때 가장 먼저 챙긴 물건도 전기장판이었다.

사용하던 전기장판이 고장나서 새로 샀다. 몇 년의 시차를 두고 만들어진 물건은 완성도가 더 높아졌다. 장판 밑에서 나던 미세한 전기 흐름의 소음도 없고 전자파 차단 효과도 느껴진다. 자고 나면 머리가 개운하지 못했던 이유가 전기장판에서 나오는 전자파 때문이라던가.

건강지상주의자들의 유해파 위험론에 수긍한다. 하지만 부슬부슬한 이불 속 한기를 느끼는 것보다는 당장 증상이 나타나지 않는 유해파를 끌어안고 사는 편이 낫다. 유해파의 폐해는 내일의 일이고 추운 것을 해결하는 일은 바로 지금의 문제이기 때문이다. 내 집을 짓고 온돌을 깔지 않는 한 난 전기장판을 포기하지 않을 듯싶다.

77

윗글의 제목으로 가장 적절한 것은?

① 진정 요긴한 물건은 바로 이런 것
② 전기장판 하나로 월동 준비하는 법
③ 편리한 만큼 안전 관리에 신경을 쓰자
④ 전자파로부터 벗어난 전기장판을 만나다
⑤ 전기장판의 전기 절약 팁을 알려 드립니다

78

㉠의 상황에 어울리는 한자 성어는?

① 읍참마속(泣斬馬謖)   ② 다기망양(多岐亡羊)
③ 간담상조(肝膽相照)   ④ 괄목상대(刮目相對)
⑤ 고립무원(孤立無援)

79

다음 글을 읽고 보인 반응으로 적절하지 <u>않은</u> 것은?

[환불 제도 변경 안내]

바로 환불제: 고객님의 불편함을 최소화하기 위해 반송장이 등록되면 바로 환불해 드립니다. 환불 접수 후 1일 이내, 늦어도 3일 이내 더욱 빠르게 환불받으실 수 있습니다.

기존 환불 진행 절차		바로 환불 진행 절차	
1	환불 접수	1	환불 접수
2	반품 수거(반송장 등록)	2	반품 수거(반송장 등록) 당일 자동 환불 처리 * 반송장이 등록되지 않은 경우에도, 환불 접수 후 3일 이내에 바로 환불이 진행됩니다.
3	반품 배송		
4	판매자 확인		
5	환불 처리		

* 유의 사항
- 환불 후 상품 미수거, 상품 파손 등의 고객 귀책 사유가 확인될 경우 재입금 또는 반송(왕복 배송비 발생)이 진행될 수 있습니다.
- 귀사 지정 택배 수거/업체 자체 수거/편의점 반품 시에는 반송장 번호가 자동으로 등록되나, 고객 임의 반품 시에는 '마이페이지'에 반송장 번호를 직접 등록하셔야 빠른 처리가 가능합니다(단, 업체 자체 수거의 경우, 업체가 직접 반송장 번호를 등록해야 하므로 환불 처리가 늦어질 수 있습니다).

① 이제부터는 판매자가 반품된 물건을 확인해야 환불이 처리되겠구나.
② 월요일에 환불 접수를 하면 목요일 안으로는 환불을 받을 수 있겠네.
③ 업체 자체 수거도 되고 편의점 반품도 돼서 반품이 그리 번거롭지 않겠네.
④ 꼭 반송장을 등록하지 않아도 환불 접수만 하면 환불이 진행된다니 놀라운데?
⑤ 환불을 빨리 진행하려면 업체 자체 수거보다는 편의점 반품을 이용하는 편이 낫겠어.

80

다음 안내문의 내용을 잘못 이해한 것은?

〈 양평 펜션 예약 및 이용 안내 〉

1. 예약 안내
- 전화 문의 후 3일 안에 예약금을 입금하겠다는 확정 통보가 가예약입니다.
  (※ 단순 문의나 통보는 가예약이 아닙니다.)
- 봄·가을의 금요일, 토요일에는 전화로 예약 바랍니다.
- 기준 인원 초과 시 1인당 성인 10,000원, 아동 10,000원, 유아 10,000원의 요금이 추가됩니다.
- 입금 대기 시간: 가예약 후 72시간 내로 예약금 전액을 입금하셔야 예약이 완료되며, 72시간이 경과되면 가예약 신청이 자동 취소됩니다.
- 입금은 반드시 예약자명으로 해 주시고 입금자명이 예약자명과 다른 경우 펜션으로 따로 연락을 주셔야 합니다(단, 당일 예약과 하루 전 예약은 예약 후 3시간 내에 결제를 완료해 주셔야 합니다).
- 입금 시 성함 또는 회사명에 오시는 날짜를 붙여서 입금해 주시면 입금 확인 전화를 안 주셔도 됩니다(예시: 홍길동 5/10).

2. 이용 안내
- 입실 시간: 15시~22시
- 오후 10시 이후의 입실은 사전에 반드시 연락을 주시기 바랍니다.
- 취사 도구는 구비되어 있으나, 일회용품(나무젓가락, 종이컵, 일회용 접시)을 가져오시면 편합니다.
- 보호자를 동반하지 않은 미성년자는 어떠한 경우에도 입실하실 수 없습니다.
- 반려동물은 부득이 타 객실 및 손님을 위해 입실을 금하오니 양해 바랍니다.
- 객실 내에서는 금연입니다. 흡연하시는 분은 객실 테라스에 예쁜 재떨이가 비치되어 있으니 꼭 그곳에서 흡연을 해 주십시오.
- 취사 가능하나, 화재 및 냄새로 인한 타 손님 배려 차원에서 객실 내 돼지고기, 생선, 청국장의 조리를 금하오니 실외 지정된 장소 및 자연과 벗한 바비큐장을 이용하시기를 부탁드립니다.

- 오후 11시 이후의 바비큐장 이용 및 고성방가는 타 객실 손님을 위하여 금하오니 양해 바랍니다.
- 집기 파손 시에는 펜션지기에게 알려 주시기 바랍니다.
- 퇴실 시 음식물을 비롯한 모든 쓰레기는 분리수거해 주시고, 사용하신 주방 기구는 세척해 주시기 바랍니다.
- 객실 정리가 끝나시면 펜션지기에게 연락하시어 퇴실 점검을 받으시기 바랍니다.

① 밤늦게 큰 소리로 떠들거나 노래를 부르는 것은 유의해야 한다.
② 돼지고기, 생선, 청국장 외의 경우에는 객실 내에서 조리를 해도 무방하다.
③ 기준 인원보다 몇 명이 추가되더라도 추가 요금은 1번, 10,000원만 내면 된다.
④ 가예약을 하기 위해서는 예약금을 입금하겠다는 확정 통보를 확실하게 해야 한다.
⑤ 가예약 후 3일이 지난 후에는 이용 요금 전액을 입금하더라도 예약이 자동 취소된다.

81

다음 자료를 이해한 내용으로 가장 적절한 것은?

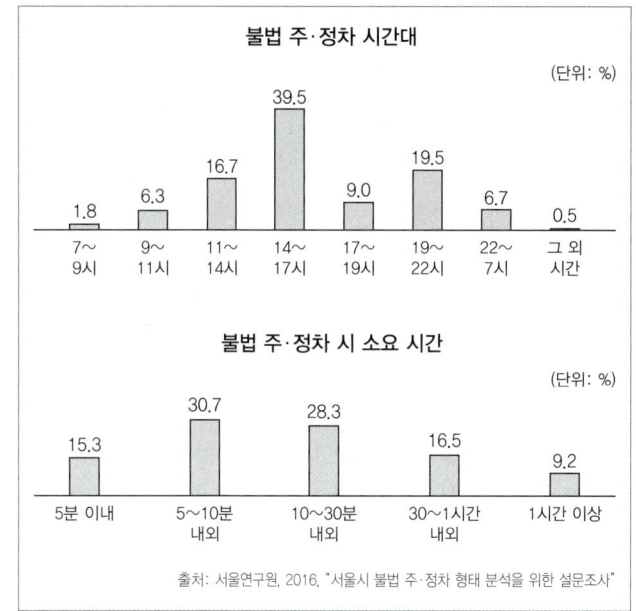

① 불법 주·정차 시 소요 시간은 '5분 이내'가 가장 많은 비중을 차지했다.
② 불법 주·정차는 오전 7~9시와 오후 5~7시에 가장 많이 하는 것으로 나타났다.
③ 불법 주·정차 시 소요 시간은 '5분 이내'가 '1시간 이상'의 2배 이상으로 나타났다.
④ 불법 주·정차를 가장 많이 하는 시간대는 오후 2시에서 5시 사이인 것으로 나타났다.
⑤ 불법 주·정차를 '1시간 이상' 하는 비중은 전체 조사 항목에서 두 번째로 낮은 비중을 차지했다.

---

79 출제 유형 [실용문 – 설명서] 비판적 이해 – 반응 및 수용
정답 해설 판매자가 반품된 물건을 받지 못했더라도, 고객이 환불을 접수하고 반송장이 등록되면 환불이 진행된다고 설명하고 있다.

80 출제 유형 [실용문 – 안내문] 사실적 이해 – 정보 확인
정답 해설 '1인당'이라고 했으므로 기준 인원에 따라 추가 요금을 다르게 납부해야 하는 셈이다.

81 출제 유형 [실용문 – 자료] 사실적 이해 – 정보 확인
정답 해설 불법 주차와 정차를 가장 많이 하는 시간대는 14~17시, 즉 오후 2시에서 5시 사이가 가장 많은 것을 알 수 있다.

정답 79 ① 80 ③ 81 ④

[82~84] 다음 글을 읽고 물음에 답하시오.

농부의 아들인 스토너는 농사 기술을 배우기 위해 농과대에 진학한다. 하지만 교양 과목으로 들은 문학 수업이 그의 인생을 바꿔 놓는다. 문학이 그의 마음을 통째로 뒤흔들어 놓은 것이다. 내게도 그런 순간이 있었다. 사회학을 전공하리라 마음먹고 진학한 대학이었으나, 실제 나를 가장 (㉠) 건 문학 수업이었다. 인간이 갑자기 벌레가 되거나, 마구 벽으로 드나드는 이야기를 읽는데 정신을 차리지 못하고 빨려 들었다.

문학을 공부하는 삶은 특별하다고 믿었다. 문학은 정답을 찾으려 하지 않고, 인간을 설명하려 들지 않기 때문이다. 게다가 문학을 공부한다는 건 창작이나 비평 작업과 달리, 유명해지고 싶다는 욕망과도 어느 정도 거리를 둔다. 그 거리가 멀수록 진짜 내 삶을 위한 공간이 넓어지는 것이다. 문학을 좋아하는 독자들이 『스토너』를 읽으며 감동받는 지점도 여기에 있다고 생각한다.

스토너는 자신이 어떤 사람인지 규정하지 않으며, 그의 삶을 방해하는 자들을 이기려 들지 않는다. 뭐든 막무가내로 구는 아내 이디스도, 사사건건 그를 좌절시키려 드는 동료 교수 로맥스도 그는 있는 그대로 받아들인다. 진정한 사랑이라고 믿었던 캐서린과의 이별이나 사랑하는 딸 그레이스의 불행 역시 마찬가지다. 그는 어떤 큰일 앞에서도 문제 규정과 해결이라는 로직을 따르지 않는다. 이처럼 욕망과 의지가 부족한 인물이 주인공이다 보니 소설은 다소 심심하다. 문장도 이야기도 눈에 띄는 게 별로 없는 소설이 이렇게 많은 사람들의 사랑을 받는 게 이해가 되는가?

나는 그것이 문학의 힘이라고 믿는다. 『스토너』는 한마디로 문학을 전혀 모르던 자가 우연한 기회에 문학을 만나고, 문학을 공부하고, 마침내 스스로 문학의 일부가 되어 버리는 삶을 그린다. 그의 삶을 따라가다 보면, 내 삶의 조그만 성취와 조그만 좌절이 객관화되고, 한편으로는 그런 객관화와는 별개로 그 조그만 성취와 좌절에 따뜻한 애정이 생긴다. 문학을 공부하는 스토너의 삶만큼이나 문학 공부를 포기한 나의 삶 역시 문학이 될 수 있음을 알기 때문이다.

모든 독자가 이 작품을 사랑할 순 없겠지만, 문학을 좋아하고 한때 문학을 꿈꿨던 사람이라면 스토너의 삶을 통해 정말 기대해야 할 것을 기대하게 될 것이다. 이 작품이 나를 포함한 모든 독자에게 그런 소용이 있기를 바란다.

82

윗글을 통해 알 수 있는 내용이 <u>아닌</u> 것은?

① 글쓴이는 문학을 공부하고 꿈꿨던 적이 있었다.
② 스토너의 주변에는 그의 삶을 어렵게 하는 이들이 존재했다.
③ 스토너는 문학을 전공하지 않았으나 문학에 많은 영향을 받았다.
④ 소설의 주인공인 스토너는 문학에 빠진 후 삶에 좌절감을 느꼈다.
⑤ 『스토너』라는 소설은 자극적이지 않은 내용이지만 많은 독자들이 읽은 작품이다.

83

윗글에 사용된 서술 방식에 대한 설명으로 적절한 것은?

① 가설을 설정한 후 다양한 실험을 통해 이를 검증하고 있다.
② 특정한 결과에 대한 논리적 원인을 규명하여 제시하고 있다.
③ 대립적 견해를 대비시켜 설명하려는 대상의 의미를 부각시키고 있다.
④ 중심 화제에 대한 글쓴이의 주장과 근거를 제시하여 글의 설득력을 높이고 있다.
⑤ 독자가 글의 내용에 쉽게 공감할 수 있도록 평이한 어휘와 표현을 사용하고 있다.

84

문맥상 ㉠에 들어갈 수 있는 말로 적절하지 <u>않은</u> 것은?

① 흥분시킨 ② 유인한 ③ 미혹시킨
④ 집중시킨 ⑤ 매혹한

85

다음 글을 읽고 수신자가 취해야 할 행동으로 적절하지 <u>않은</u> 것은?

재단법인 ○○여성가족재단

수신자: ○○지역 내 지역아동돌봄기관장
제 목: ○○지역 내 지역아동돌봄기관 종사자 대상 아동돌봄제공기관 종사자 일자리 실태 조사 관련 업무 협조 요청

---

1. 귀 기관의 무궁한 발전을 기원합니다.
2. ○○여성가족재단에서는 「아동돌봄제공기관 종사자 일자리 실태 조사」를 진행하고 있습니다. 저희는 본 조사를 통해 관련 정책 수립에 기초가 될 통계 데이터를 수집하여 ○○지역 내 지역아동돌봄기관 및 종사자(강사)들을 위한 개선 방안을 마련하고자 합니다.
3. 이와 관련하여 각 기관 종사자들이 적극적으로 응답하고 작성할 수 있도록 아래와 같이 협조를 요청드립니다.
   *협조 요청 사항: 설문 조사를 위한 강사 연락처 혹은 e-mail 제공, url 전송, 기관 게시판 게시 등
   가. 조사 제목: 아동돌봄제공기관 종사자 일자리 실태 조사
   나. 조사 기간: 2022년 1월 17일~2월 17일 예정
   다. 조사 대상: ○○지역 내 지역아동돌봄기관 종사자
      *각 기관에서 활동 경험이 있는 모든 강사 대상(현재 활동하지 않아도 활동 이력이 있는 경우 조사 대상)
   라. 조사 방법: 구조화된 질문지에 기반한 설문 조사(전화, 온라인·모바일, 팩스 등)
   마. 조사 내용: 일자리 진입 동기 및 경로, 일자리 현황, 일자리에 대한 인식 등

○○여성가족재단 대표

---

① 지역 내 아동돌봄기관 종사자를 확인한다.
② 발신자에게 아동돌봄기관 종사자의 연락처를 제공한다.
③ 아동돌봄기관의 관련 정책 수립을 위한 데이터 수집에 협조한다.
④ 아동돌봄기관 종사자의 일자리 진입 동기를 조사한 결과를 게시판에 게시한다.
⑤ 현재는 활동하지 않으나 이전에 활동한 아동돌봄기관 강사의 연락처도 발신자에게 제공한다.

[86~87] 다음 글을 읽고 물음에 답하시오.

'보이스 피싱 차단' 신형 메시지 도입…
통합 신고 시스템도 구축
원천 차단 위한 백신 기술 개발…
불법 사금융 처벌 강화·불법 다단계 신고 포상금 확대도

기획재정부는 2일 홍남기 부총리 겸 기재부 장관 주재로 비상경제 중앙대책본부 회의를 열고 이러한 내용을 담은 보이스 피싱 예방 등 3대 분야 대책을 발표했다.

◆ 보이스 피싱

먼저, 메시지 서비스의 신뢰성 확보 방안을 마련했다. 의심 전화·악성 앱 등을 휴대폰 자체 기능으로 1차 차단하고, 앱 등 추가 설치를 통해 2차 차단하는 보이스 피싱 백신을 개발한다. 휴대폰 단말 자체 인공 지능 기반 분석을 통해 실시간으로 보이스 피싱을 자동 탐지·신고하는 기술을 개발하고, 민간이 보이스 피싱 방지 프로그램을 자율적으로 개발할 수 있도록 데이터 공개, 민간 개발 앱 구입·활용 등을 추진한다. 아울러, 보안성이 약한 비밀번호를 대체하기 위한 생체 인증 개발, 휴대폰 내 저장된 비밀번호·개인 정보 등 보호 기술도 개발한다.

또한, 대면 편취형 보이스 피싱 전화번호, 스미싱 문자를 보낸 번호도 이용 중지 대상에 포함될 수 있도록 법·제도 개선을 추진해, 단기적으로는 통신 사업자 약관 개정 대상 사업자를 확대하고 중장기적으로는 법 개정 등을 통해 이용 중지 근거를 명확히 한다. 이와 함께, 금융·비금융에 걸친 모든 이슈에 적시 대응할 수 있도록 범부처 협의체의 총괄 기능을 강화해 TF의 정책 조정 및 실무 협의 기능 등 측면 지원을 위해 기재부 등 참여 부처를 확대한다. 아울러, 관계 부처 간 상시적인 정보 공유 체계를 구축해 범부처 합동으로 보이스 피싱 피해 현황 통계 등을 관리하고 보이스 피싱 범죄 정보를 경찰청·금융위·과기부 등 관계 부처 간 공유를 활성화한다.

◆ 불법 사금융

취약 계층 피해 구제 지원을 위한 채무자 대리인 무료 지원 사업을 내년 예산 11억4,000만 원으로 늘리고, 다수의 서민 피해자들이 조직화·합동 대응할 수 있도록 동일 불법 사금융업자 대상 피해자의 결집 및 공동 소송을 지원한다. 또한, 부당 이득 취득 제한, 처벌 강화, 이용자 보호 등 대부업법 개정안의 조속한 국회 통과를 위해 입법 절차를 적극 지원하고, 취약 계층 불법 사금융 이용 방지를 위한 제도 개선 및 정책, 서민 금융 공급을 내년 10조 원대로 확대도 추진한다.

이와 함께, 경찰청 집중 단속 등 불법 사금융 집중 신고·단속 기간을 운영하고, 고령층에 대한 피해 방지 교육 강화를 위해 장기요양기관에서 노인요양보호사와 함께 교육 동영상을 시청하는 등의 방안을 적극 검토한다. 신종 불법 사금융 수법에 대해 그간 접수된 사례 중심으로 홍보를 추진하고, 특히, 신종 수법의 경우 피해자가 대출로 인식하기 어려운 데 더해 피해자가 불법 범죄 가담자로 오히려 처벌받을 가능성을 강조한다.

◆ 불법 다단계

다단계 업체 정보 공개 때 공정위 신고 포상금 제도를 적극 안내하고 불법 다단계 예방 홍보·교육 때 신고 포상금 관련 내용을 추가하며, 공제 조합이 운영하는 신고 포상금을 늘린다. 또한, 신종 수법을 중심으로 특별 신고·단속 기간(2022년 1~2월 예정)을 지정해 공정위·경찰청이 집중적인 단속을 벌이고, 최근 사례 중심으로 불법 다단계 소비자 피해 주의보를 발령한다. 아울러, SNS를 통한 다단계 홍보, 부업이나 플랫폼 마케팅을 빙자한 판매원 모집 등 최근 사례를 중심으로 특화된 안내 메시지를 제작해 대중교통 등 노출 빈도가 높은 매체를 적극 활용하는 한편, 유튜브, SNS, 공제 조합 사이트 등을 통한 온라인 홍보도 강화한다.

86

윗글에 대한 설명으로 적절하지 않은 것은?

① 관계 부처 간에 보이스 피싱 피해 현황을 관리할 수 있도록 할 것이다.
② 보이스 피싱 예방을 위한 단기적·중장기적 목표를 정해 대응할 예정이다.
③ 정부는 개정된 대부업법을 적극적으로 홍보하여 불법 사금융으로 인한 피해를 막는다.
④ 동일한 불법 사금융업자에게 피해를 입은 사람들은 정부 지원을 받아 함께 소송을 할 수 있다.
⑤ 고령층에 대한 불법 사금융 피해 방지 교육을 강화하기 위해 고령층을 돌보는 인력에게도 교육을 실시한다.

87

윗글을 통해 알 수 있는 내용으로 적절하지 <u>않은</u> 것은?

① 불법적인 다단계 정보를 공정위에 신고하면 포상금을 받을 수 있는 정책이 있었군.
② 부업이나 플랫폼 마케팅을 미끼로 한 불법적인 다단계 소비자 피해가 증가하고 있나 보군.
③ 불법 사금융의 신종 수법에 당하면 피해에 대해 호소하는 것 자체가 불가능할 수도 있겠군.
④ 근래에 불법적인 다단계 업체가 대중교통 등 노출 빈도가 높은 매체를 활용해 홍보를 했군.
⑤ 불법적인 사금융으로 피해를 입은 취약 계층을 위한 채무자 대리인 무료 지원 사업이 있었군.

[88~89] 다음 글을 읽고 물음에 답하시오.

공공아이핀 사용하세요? 4월 말까지 재인증 꼭 받으세요!
― 재인증 제도 도입 등 공공아이핀 안전관리 대책 본격 추진 ―

■ 공공아이핀 사용자는 늦어도 4월 말까지는 재인증을 받아야 공공아이핀을 계속 사용할 수 있다.
■ 행정자치부는 오는 30일까지 공공아이핀 사용자를 대상으로 재인증 절차를 진행한다.
   ○ 기존에는 공공아이핀을 한번 발급받으면 평생 쓸 수 있었으나, 공공아이핀의 부정 발급과 도용 방지 등을 위해 작년 5월 1일 재인증 제도*를 도입하여 시행 중에 있다.
   * 공공아이핀은 최소한 1년에 한 번 패스워드 변경 등 재인증을 통해 보안 강화(온라인 발급이 어려운 정보화 취약 계층 대상의 주민센터 방문 발급은 3년)
■ 재인증은 공공아이핀 누리집 또는 지역별 주민센터를 방문하면 쉽게 받을 수 있다.
   ○ 재인증 절차는 공공아이핀 누리집을 방문해 '아이핀 재인증' 메뉴에서 공인인증서로 본인 확인을 한 후, 패스워드를 변경하면 완료된다.
   ○ 공인인증서가 없어 온라인 발급이 어려운 이들은 가까운 주민센터를 방문해 본인의 신분증*을 제시하면 재인증을 할 수 있다.
   * 주민등록증, 운전면허증, 여권, 청소년증, 장애인등록증
   ○ 주민센터 방문이 번거로운 사람은 공공아이핀 누리집에서 공인인증서 대신 본인과 동일세대원*의 주민등록증 발급 일자를 입력하면 재인증이 가능하다.
   * 본인 주민등록증 분실 등에 따른 도용 방지를 위해 동일세대원의 주민등록증 발급 일자의 확인도 필요
■ 아울러, 행자부는 지난해 3월 공공아이핀 부정 발급 사고를 계기로 마련한 「공공아이핀 부정 발급 재발 방지 종합대책」을 차질 없이 추진 중이라고 밝혔다.
   ○ 먼저, 부정 발급된 80만여 건의 공공아이핀은 사고 발생 즉시 모두 삭제 조치했으며, 부정 발급된 아이핀을 이용한 사용 내역도 관련 기관의 협조를 받아 필요한 조치를 하였다.
   ○ 사고의 원인이 되었던 공공아이핀 시스템상의 취약점을 보완하였고, 성능이 떨어지는 노후 장비도 모두 교체 완료하였다.
   ○ 과도한 발급 시도 등 부정 발급 징후나 과도한 인증 시도 등의 도용 징후에 대한 조기경보체제를 도입하는 등 관제를 강화하였다.
   ○ 작년에 실시한 시스템 정밀 진단 결과를 바탕으로 금년 중 부정사용방지시스템(FDS)*을 도입해 사용자 보호를 한층 강화할 계획이다.
   * 부정사용방지시스템(Fraud Detection System): 단말기 정보와 접속 정보 등을 수집·분석하여 도용 등으로 의심되는 경우 서비스 정지 등의 방법으로 사용자를 보호하는 조치

88

윗글을 읽고 보인 반응으로 가장 적절한 것은?

① 공공아이핀의 패스워드를 몇 년에 한 번 정도 변경해야 좋은 건지 모르겠군.
② 시스템상의 취약점 보완이 재인증 절차를 진행하는 것보다 먼저가 아닌가 싶군.
③ 재인증은 공공아이핀 누리집에서만 가능하니 부모님의 재인증은 도와드려야겠군.
④ 작년에 도입된 부정사용방지시스템이 사용자들의 정보를 제대로 보호해 주지 못했군.
⑤ 주민센터를 방문해서 공공아이핀 재인증을 받아야 하는데 운전면허증이 어디 있나 찾아 봐야겠군.

89

윗글을 읽고 제기할 수 있는 질문으로 볼 수 없는 것은?

① 주민센터에서 신분증으로 본인을 확인한다고 되어 있는데, 확인하는 절차가 너무 단순한 것은 아닌가?
② 부정 발급된 공공아이핀과 관련된 구체적인 피해 사례를 일반 사용자들에게 알려 줘야 하는 것 아닌가?
③ 공공아이핀 로그인을 시도했는데 비밀번호 찾기가 되지 않고 계속 로그인 실패라고 나올 때는 어떻게 해결해야 하는가?
④ 부정사용방지시스템은 각 기관에서 운영하는 것인가, 아니면 사용자가 별도의 사용 요금을 지불해야 하는 개인 혜택 시스템인가?
⑤ 주민센터에 갈 수 없어 누리집에서 공공아이핀 재인증을 받으려고 하는데 공인인증서도 없고 주민등록증도 분실한 경우에는 어떻게 재인증을 받을 수 있는가?

90

다음 글을 이해한 내용으로 적절하지 <u>않은</u> 것은?

 국토교통부

국제선 항공기, 음료수 들고 탈 수 있다!
항공기 음료수, 환승객 액체류 휴대 완화……

■ 앞으로는 국제선 항공기에 탑승할 때 보안검색 완료구역* 내에서 구입한 음료수는 들고 탈 수 있게 된다. 지금까지는 국제선 액체류 반입 제한에 따라 승객이 구입한 음료수를 탑승 전에 폐기해야 했다.
  * 보안검색 완료구역: 공항 내 출국장 보안검색대부터 항공기까지 일반인 출입 및 금지물품 반입이 엄격히 통제된 구역

■ 국토교통부는 국제선 음료수 반입 허용과 환승객 액체류 휴대 완화를 주요 내용으로 하는 「액체·겔류 등 항공기 내 반입금지 물질」 고시 개정안을 4.12.(화)부터 시행한다.
  ○ 그간 항공기 내 액체류 통제는 액체폭탄을 사용한 항공기 테러 시도* 후 전 세계적으로 강화된 액체류 통제 정책에 따라, 휴대 반입이 가능한 액체류를 100㎖ 이하 용기에 담긴 소량의 생활용품과 면세점에서 구입한 주류·화장품 등으로 제한하여 왔다.
    * '2006년 8월, 파키스탄 출신 무슬림이 9·11테러 5주년을 맞아 음료로 위장한 액체폭탄으로 영국발 미국행 항공기를 폭파하려다 영·미 정보당국에 체포
  ○ 이러한 액체류에 대한 엄격한 통제로 인해 승객이 보안검색 완료구역 내에서 구매한 물, 주스 등 음료의 경우에도 항공기 탑승 전에 폐기하도록 하여 승객의 불편이 있어 왔다.

■ 이번 국제선 항공기 액체류 통제 완화 조치는 공항 반입 과정에서 철저한 보안검색을 거쳐 이미 안전이 확보된 음료수를 기내에 반입할 수 있도록 허용하는 것으로 미국, 캐나다, 영국 등 외국 주요 공항에서도 이미 시행 중에 있다.
  ○ 다만, 보안검색 시(보안검색대 통과 시) 실시하는 액체류 통제는 예전과 마찬가지로 엄격히 시행한다.

■ 또한, 환승객이 외국에서 구매한 주류·화장품 등이 국제민간항공기구(ICAO)의 액체류 보안봉투가 아닌 규격에 맞지 않는 유사봉투 등에 담겨져 있는 경우 환승 검색 시 전량 압수·폐기*하여 승객들의 불만이 빈발하였는데, 이를 개선하여 '액체폭발물 탐지장비'로 보안검색을 다시 실시한 후 이상이 없는 경우 보안봉투로 재포장하여 휴대가 가능하도록 하였다.

  * 인천공항 환승검색과정에서 일일 평균 10여 건의 폐기 사례 발생

○ 이러한 개선 방안들은 국제민간항공기구(ICAO)가 권고하는 원스톱 보안(One-stop Security)* 정책에 부합하는 것으로서 승객 불편 해소 차원에서 마련된 것이다.

  * 원스톱 보안(One-stop Security): 출발지에서 경유지를 거쳐 목적지까지 보안 검색 및 통제가 지속적으로 이루어져 보안이 확보되는 경우 경유지에서 중복적인 보안 조치 완화

① 기존에는 항공기 내 휴대 반입이 가능한 액체류의 용량과 종류에 제한이 있었다.
② 규격에 맞지 않는 유사봉투 등에 담겨져 있는 경우 재검사와 재포장이 가능하다.
③ 이제부터는 보안검색 시 모든 음료수와 액체류는 통제 대상에 포함되지 않는다.
④ 기존에는 보안검색 완료구역 내에서 음료수를 구매했더라도 탑승 전에 버려야 했다.
⑤ 이미 여러 나라에서 안전이 확보된 음료수는 기내에 반입할 수 있도록 허용하고 있다.

| 88 출제 유형 | [실용문 – 보도 자료] 비판적 이해 – 반응 및 수용
| 정답 해설 | 공인인증서가 없어 온라인 발급이 어려운 이들은 가까운 주민센터를 방문해 본인의 신분증을 제시하면 된다고 하였고, 신분증으로는 '주민등록증, 운전면허증, 여권, 청소년증, 장애인등록증'이 있으므로, 운전면허증을 찾아 보겠다는 반응은 적절하다.

| 오답률 줄이는 오답 해설 | ① 최소한 1년에 한 번 패스워드 변경 등 재인증을 통해 보안을 강화해야 한다고 제시되어 있다.
② 사고의 원인이 되었던 공공아이핀 시스템상의 취약점을 보완하였고, 성능이 떨어지는 노후 장비도 모두 교체 완료하였다고 설명하고 있다.
③ 재인증은 공공아이핀 누리집 또는 지역별 주민센터를 방문하면 쉽게 받을 수 있다.
④ 작년에 실시한 시스템 정밀 진단 결과를 바탕으로 금년 중 부정사용방지시스템(FDS)을 도입할 계획이라고 하였다.

| 89 출제 유형 | [실용문 – 보도 자료] 비판적 이해 – 반응 및 수용
| 정답 해설 | 공공아이핀의 재인증에 대한 내용을 다루고 있을 뿐, 공공아이핀의 로그인 시 발생하는 문제점 등에 대해서는 다루고 있지 않으므로 적절한 질문이라고 볼 수 없다.

| 오답률 줄이는 오답 해설 | ① 주민센터 방문 시 신분증으로 본인 인증을 실시한다고 하였으므로, 확인 절차의 허술함에 대한 질문을 제기할 수 있다.
② 부정 발급 사례가 80만여 건이라고 하였으나 어떠한 사고가 발생했는지 그 사례가 충분히 제시되지 않았으므로 질문을 제기할 수 있다.
④ 부정사용방지시스템에 대한 안내가 제시되었으나, 공공아이핀 사용자가 어떤 방법으로 시스템의 혜택을 받을 수 있는 것인지는 구체적으로 설명되어 있지 않으므로, 질문을 제기할 수 있다.
⑤ 공공아이핀 누리집에서 공인인증서 대신 본인과 동일세대원의 주민등록증 발급 일자를 입력하는 방법만 나와 있고, 그 외의 방법은 명시되어 있지 않으므로 질문을 제기할 수 있다.

| 90 출제 유형 | [실용문 – 보도 자료] 사실적 이해 – 정보 확인
| 정답 해설 | 보안검색 시(보안검색대 통과 시) 실시하는 액체류 통제는 예전과 마찬가지로 엄격히 시행한다고 명시되어 있다.

| 정답 | 88 ⑤ 89 ③ 90 ③

읽기 취약유형 체크표

문항번호	정답	유형	맞고틀림
01	④	[현대시] 작품의 이해와 감상	
02	①	[현대시] 시어의 의미와 기능	
03	③	[현대 소설] 서술상의 특징 및 효과	
04	④	[현대 소설] 작품의 이해와 감상	
05	④	[현대 소설] 작품의 이해와 감상	
06	②	[학술문-인문] 사실적 이해-핵심 정보	
07	④	[학술문-인문] 사실적 이해-전개 방식	
08	⑤	[학술문-인문] 추론적 이해	
09	①	[학술문-예술] 사실적 이해-정보 확인	
10	④	[학술문-예술] 사실적 이해-전개 방식	
11	④	[학술문-예술] 추론적 이해-생략된 내용 추리	
12	③	[학술문-과학] 사실적 이해-정보 확인	
13	②	[학술문-과학] 사실적 이해-전개 방식	
14	②	[학술문-과학] 추론적 이해-생략된 내용 추리	
15	⑤	[학술문-사회] 사실적 이해-정보 확인	
16	①	[학술문-사회] 사실적 이해-정보 확인	
17	④	[학술문-사회] 추론적 이해-생략된 내용 추리	
18	⑤	[학술문-인문] 추론적 이해	
19	②	[학술문-인문] 추론적 이해	
20	⑤	[실용문-전자 문서] 비판적 이해-반응 및 수용	
21	①	[실용문-전자 문서] 비판적 이해-반응 및 수용	
22	③	[실용문-교술] 사실적 이해-정보 확인	
23	②	[실용문-교술] 추론적 이해-생략된 내용 추리	
24	⑤	[실용문-교술] 추론적 이해-글쓴이의 심리 및 태도	
25	①	[실용문-안내문] 사실적 이해-정보 확인	
26	③	[실용문-보도 자료] 사실적 이해-정보 확인	
27	①	[실용문-보도 자료] 비판적 이해-반응 및 수용	
28	③	[실용문-보도 자료] 사실적 이해-정보 확인	
29	③	[실용문-보도 자료] 비판적 이해-반응 및 수용	
30	①	[실용문-보도 자료] 사실적 이해-정보 확인	
31	④	[현대시] 작품의 이해와 감상	
32	③	[현대시] 시어의 의미와 기능	
33	①	[현대 소설] 서술상의 특징 및 효과	
34	⑤	[현대 소설] 작품의 이해와 감상	
35	②	[현대 소설] 작품의 이해와 감상	
36	④	[학술문-인문] 사실적 이해-정보 확인	
37	①	[학술문-인문] 추론적 이해-전제 및 근거 추리	
38	⑤	[학술문-인문] 추론적 이해-생략된 내용 추리	
39	②	[학술문-인문] 사실적 이해-핵심 정보	
40	③	[학술문-인문] 사실적 이해-전개 방식	
41	③	[학술문-인문] 추론적 이해-생략된 내용 추리	
42	③	[학술문-과학] 사실적 이해-정보 확인	
43	④	[학술문-과학] 사실적 이해-전개 방식	
44	②	[학술문-과학] 사실적 이해-전개 방식	
45	①	[학술문-과학] 추론적 이해	
46	④	[실용문-교술] 사실적 이해-핵심 정보	
47	④	[실용문-교술] 사실적 이해-전개 방식	
48	①	[학술문-예술] 사실적 이해-정보 확인	
49	④	[학술문-예술] 추론적 이해-생략된 내용 추리	
50	④	[실용문-전자 문서] 비판적 이해-반응 및 수용	
51	⑤	[실용문-전자 문서] 비판적 이해-반응 및 수용	
52	⑤	[실용문-교술] 사실적 이해-정보 확인	
53	②	[실용문-교술] 사실적 이해-전개 방식	
54	④	[실용문-교술] 추론적 이해-생략된 내용 추리	
55	④	[실용문-설명서] 비판적 이해-반응 및 수용	
56	④	[실용문-안내문] 비판적 이해-반응 및 수용	
57	⑤	[실용문-안내문] 사실적 이해-정보 확인	
58	③	[실용문-보도 자료] 사실적 이해-정보 확인	
59	④	[실용문-보도 자료] 비판적 이해-반응 및 수용	
60	⑤	[실용문-보도 자료] 사실적 이해-정보 확인	
61	②	[현대시] 작품의 이해와 감상	
62	④	[현대시] 시어의 의미와 기능	
63	⑤	[현대 소설] 서술상의 특징 및 효과	
64	②	[현대 소설] 인물의 심리 및 태도	
65	③	[현대 소설] 작품의 이해와 감상	
66	③	[학술문-인문] 사실적 이해-핵심 정보	
67	①	[학술문-인문] 사실적 이해-전개 방식	
68	④	[학술문-인문] 추론적 이해-생략된 내용 추리	
69	⑤	[학술문-예술] 사실적 이해-정보 확인	
70	③	[학술문-예술] 사실적 이해-전개 방식	
71	④	[학술문-예술] 사실적 이해-핵심 정보	
72	③	[학술문-사회] 사실적 이해-정보 확인	
73	②	[학술문-사회] 사실적 이해-전개 방식	
74	③	[학술문-사회] 추론적 이해-생략된 내용 추리	
75	⑤	[학술문-사회] 사실적 이해-정보 확인	
76	③	[학술문-사회] 추론적 이해	

77	①	[실용문 – 교술] 사실적 이해 – 핵심 정보	
78	④	[실용문 – 교술] 추론적 이해	
79	①	[실용문 – 설명서] 비판적 이해 – 반응 및 수용	
80	③	[실용문 – 안내문] 사실적 이해 – 정보 확인	
81	④	[실용문 – 자료] 사실적 이해 – 정보 확인	
82	④	[실용문 – 교술] 사실적 이해 – 정보 확인	
83	⑤	[실용문 – 교술] 사실적 이해 – 전개 방식	
84	②	[실용문 – 교술] 추론적 이해 – 생략된 내용 추리	
85	④	[실용문 – 전자 문서] 비판적 이해 – 반응 및 수용	
86	③	[실용문 – 보도 자료] 비판적 이해 – 반응 및 수용	
87	④	[실용문 – 보도 자료] 비판적 이해 – 반응 및 수용	
88	⑤	[실용문 – 보도 자료] 비판적 이해 – 반응 및 수용	
89	③	[실용문 – 보도 자료] 비판적 이해 – 반응 및 수용	
90	③	[실용문 – 보도 자료] 사실적 이해 – 정보 확인	

PART VI

국어 문화

출제비중 **10%**

공략TIP

국어문화 영역은 어휘·어법 영역과 같이 정답률이 낮고, 출제 범위를 예측하기 어려운 영역이다. 하지만 남북한 언어의 공통점을 중심으로 접근한 북한 어휘의 이해 문항이나 국어 순화와 관련된 유형은 대다수의 수험생에게 생소한 내용인 것을 감안하여 문항 텍스트 속 단서에 집중하면 쉽게 답을 찾을 수 있다.

VI. 국어문화 기출변형 문제

1세트

01
다음 중 〈보기〉의 밑줄 친 음운 변동이 일어나지 <u>않는</u> 단어는?

| 보기 |

자음 동화는 하나의 자음이 다른 자음으로부터 영향을 받아 그와 동일하거나 공통점이 많은 다른 자음으로 동화하는 것이다. 이 중 대표적인 음운 현상으로 <u>일정한 음운론적 환경에서 'ㄴ'이 유음 'ㄹ'의 영향을 받아 유음 'ㄹ'로 동화되는 것</u>을 꼽을 수 있다. 이때 유음은 혀끝을 잇몸에 가볍게 닿게 한 후 떼거나, 혀의 끝 부분을 윗잇몸에 댄 채 공기가 양옆으로 흘러가며 발음하게 된다.

① 진리   ② 신라
③ 찰나   ④ 물난리
⑤ 이원론

02
다음은 국립국어원의 '한국 수어 사전'에 실린 자료이다. 다음 수어가 나타내는 의미는?

① 감다   ② 뜨다
③ 울다   ④ 쉬다
⑤ 자다

03
〈보기〉의 ㉠~㉣에 쓰인 선어말 어미 '-었-'에 대한 설명으로 적절한 것은?

| 보기 |

㉠ 철수는 이미 밥을 먹었다.
㉡ 코스모스가 활짝 피었구나.
㉢ 간밤의 비로 강물이 많이 불었다.
㉣ 날씨가 이렇게 가무니 올해 농사는 다 지었다.

① ㉠, ㉡은 어떤 행위가 지속됨을 나타낸다.
② ㉠, ㉢은 미래의 사건이 정해진 양 말할 때 쓰인다.
③ ㉠, ㉣은 어떠한 상태가 지속되는 의미를 담고 있다.
④ ㉡, ㉢은 말하는 시점에서 완료된 것의 지속을 표현한다.
⑤ ㉡, ㉣은 말하는 시점에서 사건이 일어났음을 표현한다.

04
〈보기〉의 설명을 참고할 때, ㉠과 ㉡에 들어갈 단어로 적절한 것은?

| 보기 |

중세 국어에서 관형격 조사는 단어의 의미와 음운 환경에 따라 '이/의'와 'ㅅ'을 사용했다. '이/의'는 앞에 오는 명사가 사람이나 동물일 때 사용했는데, 앞말의 끝음절 모음이 양성 모음일 때는 '이'를, 음성 모음일 때는 '의'를 사용했다. 'ㅅ'은 앞에 오는 명사가 사람이면서 높임의 대상이거나, 사람도 아니고 동물도 아닐 때 사용했다.

[중세 국어] 거붑 ㉠ 터리 곧고
[현대 국어] 거북의 털과 같고

[중세 국어] 하늘 ㉡ 光明이 믄득 번ㅎ거늘
[현대 국어] 하늘의 광명이 믄득 훤하거늘

	㉠	㉡		㉠	㉡
①	의	ㅅ	②	이	이
③	의	이	④	이	ㅅ
⑤	의	의			

05

〈보기〉에서 설명하고 있는 문학적 아름다움은?

| 보기 |

    자연을 바라보는 '나'가 자연의 조화라는 가치에 순응하는 태도를 보임으로써 고전적인 기품과 멋을 드러내는 미의식을 말한다.

① 골계미　　　　② 비장미
③ 우아미　　　　④ 숭고미
⑤ 순수미

06

〈보기〉에서 설명하고 있는 문학 작품은?

| 보기 |

    이규보가 지은 《동국이상국집》에 수록된 수필로, '나'와 '손'의 대화를 통해 내용을 전개하고 있다. 개를 죽이는 것은 참혹하지만 이를 죽이는 것은 아무렇지도 않다는 '손'에게 '나'는 크고 육중한 짐승이나 미물이나 죽기 싫어하기는 마찬가지라고 하며, 선입관을 버리고 사물의 본질을 올바르게 파악해야 한다는 교훈을 전달하고 있다.

① 〈경설〉　　　　② 〈주뢰설〉
③ 〈이옥설〉　　　④ 〈차마설〉
⑤ 〈슬견설〉

---

01 출제 유형 국어학 – 문법
정답 해설 밑줄 친 내용은 유음화에 관한 설명이다. '이원론'은 유음화가 실현될 음운론적 환경을 갖추었으나 예외적으로 유음화를 적용하지 않는 단어로, 'ㄹ'을 'ㄴ'으로 발음한다. 따라서 [이:원논]이 올바른 발음이다.
오답률 줄이는 오답 해설 ① 진리[질리]
② 신라[실라]
③ 찰나[찰라]
④ 물난리[물랄리]

02 출제 유형 한국 수어
정답 해설 오른 주먹의 1·5지를 펴서 붙여 오른쪽 눈앞에서 떼는 수형으로 '뜨다'를 표현한다.
오답률 줄이는 오답 해설 ① (눈을) '감다'의 수형: 양 쪽 주먹의 1·5지를 펴서 눈앞에서 끝을 맞댄다.
③ '울다'의 수형: 양 주먹의 1·5지 끝을 맞대어 양 눈 밑에서 아래로 두 번 내린다.
④ '쉬다'의 수형: 두 손을 펴서 손끝이 위로 향하게 하여 가슴 앞에서 밖으로 내려 손바닥이 위로 향하게 한다.
⑤ '자다'의 수형: 오른 주먹의 1·2지를 펴서 끝이 눈으로 향하게 하여 왼쪽에서 오른쪽으로 옮기면서 두 번 구부린다.

03 출제 유형 국어학 – 문법
정답 해설 ⓒ, ⓔ의 '-었-'은 '이야기하는 시점에서 볼 때 완료되어 현재까지 지속되거나 현재에도 영향을 미치는 상황을 나타내는 어미.'로 사용되었다.

04 출제 유형 국어학 – 중세 국어
정답 해설 '거붑(거북)'은 동물이며 끝음절 모음이 음성 모음이므로 '의'가 결합하고, '하놀'은 사람도 아니고 동물도 아니므로 'ㅅ'이 결합한다.

05 출제 유형 국문학 – 문학적 아름다움
정답 해설 제시된 설명은 문학적 아름다움 중 우아미에 관한 설명이다.
오답률 줄이는 오답 해설 ① 골계미는 풍자나 해학의 수법으로 상황이나 인간상을 그려 내는 것에서 느끼는 아름다움이다. 기존의 권위나 이치를 의미 있는 것으로 존중하지 않고 추락시킴으로써 발생하는 문학적 아름다움이다.
② 비장미는 현실 세계를 비극적으로 인식하며 이에 타협하지 않고 저항하는 것에서 느끼는 아름다움이다.
④ 숭고미는 인간이 아무리 노력해도 도달할 수 없는 높은 경지에서 느끼는 아름다움이다.
⑤ 순수미는 대상 그 자체에 전혀 이질적인 것의 섞임이 없이 깨끗한 아름다움을 말한다.
참 순수미는 문학적 아름다움의 네 가지 범주(골계미, 비장미, 숭고미, 우아미)에는 포함되지 않음.

06 출제 유형 국문학 – 고전 문학
정답 해설 〈슬견설〉은 '이(虱)와 개(犬)의 이야기'라는 뜻으로, 고려 중기의 대표적 문신이자 문인인 이규보의 작품이다. '손'과 '나'의 대화를 통해 선입관에서 벗어나 사물의 본질을 볼 수 있는 안목을 갖추어야 한다는 교훈을 전달하고 있다.

오답률 줄이는 오답 해설
① 〈경설〉은 이규보의 수필이다. 흐릿한 거울을 그대로 사용하는 '거사'의 이야기를 통해 사물의 본질을 볼 수 있는 통찰력과 올바른 처세의 필요성을 강조하고 있다.
② 〈주뢰설〉은 이규보의 수필이다. 배를 타고 강을 건넌 경험을 통해 뇌물을 주고 벼슬을 얻는 불의한 현실 세태를 비판하고 있다.
③ 〈이옥설〉은 이규보의 수필이다. 퇴락한 행랑채를 수리한 실생활의 경험에 빗대어 잘못을 미리 알고 즉시 고쳐 나가는 태도의 중요성을 강조하며 인간과 나라의 정치에 대한 이치를 알리고 있다.
④ 〈차마설〉은 이곡의 작품이다. 말을 빌려 타는 경험을 통해 모든 것은 자신의 소유가 아님에 대한 깨달음을 제시하고 있다.

정답 01 ⑤　02 ②　03 ④　04 ①　05 ③　06 ⑤

07

<보기>에서 설명하고 있는 작가는?

| 보기 |

1919년 최초의 문학 동인지 『창조(創造)』를 발간하는 한편 첫 작품 「약한 자의 슬픔」을 발표하고 귀국하였으나, 출판법 위반 혐의로 일제에 체포·구금되어 4개월간 투옥되었다. 출옥 후 「목숨」(1921), 「배따라기」(1921), 「감자」(1925), 「광염(狂炎) 소나타」(1929) 등의 단편 소설을 통하여 간결하고 현대적인 문체로 문장 혁신에 공헌하였다.

① 나도향
② 김동인
③ 주요한
④ 김동리
⑤ 이상화

08

<보기>에서 설명하고 있는 문학 작품은?

| 보기 |

1960년 1월부터 7월까지 《사상계》에 연재된 후 단행본으로 출간된 장편 소설이다. 한국 전쟁 이후 휴전의 시대에 극한 상황에서 젊은이들이 느끼는 정신적인 방황과 상처 입은 내면을 섬세하게 그려 냈다. 작가는 이 작품을 통해 어느 시대에나 존재할 수 있는 인간 내면의 순수성과 외부 세계의 혼탁함의 충돌의 비극으로 인한 상처를 감싸고자 했다.

① 한강, 〈소년이 온다〉
② 김소진, 〈자전거 도둑〉
③ 성석제, 〈오렌지 맛 오렌지〉
④ 황순원, 〈나무들 비탈에 서다〉
⑤ 박완서, 〈세상에서 제일 무거운 틀니〉

09

<보기>에서 설명하고 있는 시나리오 용어는?

| 보기 |

이 영화 촬영 기법은 영화사 초기에 주로 초자연적인 정신 세계를 그려 내는 데에 이용되었다. 예를 들어 A가 B를 보고 있는 장면에 A와 B가 포옹하는 장면을 얹어 A의 내적 심리를 드러내는 식이다. 이와 같은 방식을 사용하면 자막 등으로 주인공의 심리를 설명하지 않아도 된다.

① 컷백
② 몽타주
③ 디졸브
④ 클로즈업
⑤ 이중 노출

10

<보기>는 북한의 교과서에 실린 글이다. ㉠~㉤에 대한 이해로 적절하지 않은 것은?

| 보기 |

옛날도 아주 오랜 ㉠옛날이였습니다. 어느 날 동산에서는 짐승들이 모여 ㉡힘 겨루기를 하고 있었습니다. 이때 호랑이가 불쑥 나타났습니다.
"힘내기는 해 보나 마나 내가 일등이야. 자, 누가 나와 맞설 텐가, 응?"
몸집이 큰 ㉢메돼지도 감히 맞설 생각을 못 하고 슬금슬금 뒷걸음을 쳤습니다.
이때였습니다.
"가만, 이기고 지는 건 해보아야 알지 말만 가지고는 알 수 없어."
고슴도치가 공처럼 통 튀여 올라 야무진 소리로 내쏘았습니다.
"눈에도 잘 안 보이는 ㉣쪼꼬만게 나와 맞서겠다구? 나한테 ㉤혼쌀나려구?"

① ㉠: 남한에서는 북한과 달리 '옛날이었습니다'로 표기해야 겠군.
② ㉡: 남한에서는 북한과 달리 '힘겨루기'로 붙여 쓰는 것이 맞겠군.
③ ㉢: 북한에서는 남한과 달리 합성어를 만들 때 사이시옷을 쓰지 않는군.
④ ㉣: 북한에서는 남한과 달리 의존 명사 '게'를 앞말과 붙여 표기하고 있군.
⑤ ㉤: 남한에서는 북한과 달리 경음이 없는 '혼살'로 표기하는 것이 맞겠군.

2세트

11

다음 중 〈보기〉에서 설명하는 음운 변동이 나타나지 **않는** 단어는?

― 보기 ―

두음 법칙은 특정 음운이 어두에서 나타나지 않거나 다른 소리로 발음되는 현상이다. 언어학적으로 단어 혹은 어절의 시작 위치에서 자음 음소의 분포에 제약이 있는 것을 말한다. 예를 들어 우리말 단어에서 모음이 'ㅣ, ㅑ, ㅕ, ㅛ, ㅠ'일 때 'ㄹ'과 'ㄴ'은 첫소리에 나타나지 못한다. 몇몇 외래어나 새로 생긴 말 중에는 첫소리에 'ㄹ'을 쓰기도 하지만 이것은 우리말의 일반적 발음 법칙으로 볼 때 비정상적인 현상이다. 즉 단어 첫소리에 'ㄹ', 'ㄴ'이 오지 않도록 하며 몇몇 외래어나 새로 생긴 말 중 일부만 단어 첫소리에 'ㄹ'이 온다.

① 노인(老人) ② 양심(良心)
③ 역사(歷史) ④ 양지(陽地)
⑤ 익명(匿名)

| 07 출제 유형 | 국문학 – 작가
| 정답 해설 | '김동인'에 대한 설명이다. 「배따라기」, 「감자」, 「광염 소나타」, 「발가락이 닮았다」 등이 대표적인 작품이다.

| 08 출제 유형 | 국문학 – 현대 문학
| 정답 해설 | 황순원은 〈나무들 비탈에 서다〉를 통해 전쟁이라는 상황이 빚는 죄악과 그로 인한 죄의식이 빚는 인간의 파멸 과정을 대립적 인간상을 통하여 그려 냈다.
| 오답률 줄이는 오답 해설 | ① 〈소년이 온다〉는 광주 민주화 운동 당시의 상황과 그 이후의 삶을 살아가는 사람들의 이야기를 그려 낸 장편 소설이다.
② 〈자전거 도둑〉은 '서미혜'가 '나'의 자전거를 훔쳐가는 사건으로 인해 두 사람의 어두운 과거를 회상하며 유년 시절의 가슴 아픈 상처를 그려냈다.
③ 〈오렌지 맛 오렌지〉는 자기 주장이 강하고 체면을 중시하지만 조금 미숙한 사람을 유머로 포용하는 동료들을 통해 동료애의 중요성을 느끼게 하는 단편 소설이다.
⑤ 〈세상에서 제일 무거운 틀니〉는 주인공이 잇몸에 맞지 않는 틀니 때문에 심한 고통을 겪는 과정을 통해 특정한 시대의 사람들이 겪었던 고통을 그려 낸 소설이다.

| 09 출제 유형 | 국문학 – 시나리오
| 정답 해설 | '이중 노출'은 한 화면에 다른 화면이 포개어지는 것이다. 주로 심리 묘사나 회상 등에 사용된다. 사진에서 시작된 기법이 영화에 도입된 것으로, 특히 무성 영화 시절에 자주 쓰였다.
| 오답률 줄이는 오답 해설 | ① '컷백'은 연속된 장면 가운데 갑자기 다른 장면이 나왔다가 다시 원래의 장면으로 돌아가는 기법이다.
② '몽타주'는 따로따로 촬영한 화면을 적절하게 떼어 붙여 편집하는 것이다.
③ '디졸브'는 앞의 장면이 페이드 아웃되는 동시에 다음 장면이 페이드 인되면서 화면이 바뀌는 것이다.
④ '클로즈업'은 어떤 대상이나 인물이 두드러지게 화면에 확대되는 것이다.

| 10 출제 유형 | 국어학 – 문화어(북한어)
| 정답 해설 | 북한어 '혼쌀'은 '혼'을 강조하여 이르는 북한어이며, 남한에서는 '혼쭐, 혼쭐나다'로 사용한다. 따라서 경음의 표기를 평음으로 바꾸는 것이 아니라, '혼쭐'로 적어야 옳다.
참 문화어는 합성어를 만들 때 사이시옷을 표기하지 않는다는 것, 두음 법칙을 적용하지 않는다는 것을 함께 기억하자.

| 11 출제 유형 | 국어학 – 문법
| 정답 해설 | 〈보기〉에서 설명하고 있는 음운 변동은 두음 법칙이다. '양지'의 '양'은 본음을 그대로 적은 것으로, 두음 법칙이 적용되지 않는다.
| 오답률 줄이는 오답 해설 |
① 노인(老人)은 '로'를 두음 법칙에 따라 '노'로 적었다.
② 양심(良心)은 '량'을 두음 법칙에 따라 '양'으로 적었다.
③ 역사(歷史)는 '력'을 두음 법칙에 따라 '역'으로 적었다.
⑤ 익명(匿名)은 '닉'을 두음 법칙에 따라 '익'으로 적었다.

정답 07 ② 08 ④ 09 ⑤ 10 ⑤ 11 ④

12

다음은 국립국어원의 '한국 수어 사전'에 실린 자료이다. 다음의 수어가 나타내는 의미는?

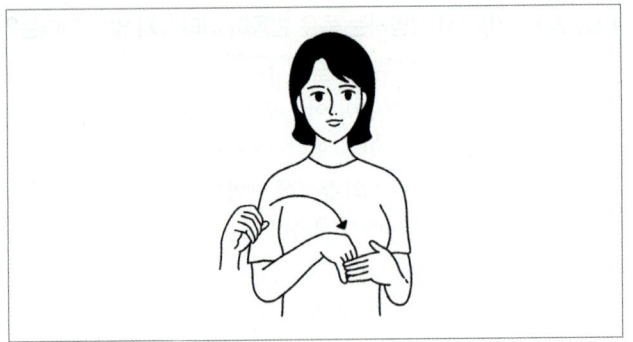

① 차다
② 뜨다
③ 넣다
④ 드러눕다
⑤ 들어가다

13

〈보기〉를 바탕으로 할 때 점자 표기의 연결이 적절하지 않은 것은?

| 보기 |

[자음]

자음	ㄱ	ㄹ	ㅅ
초성			
종성			

[모음]

ㅏ	ㅗ	ㅣ	ㅐ

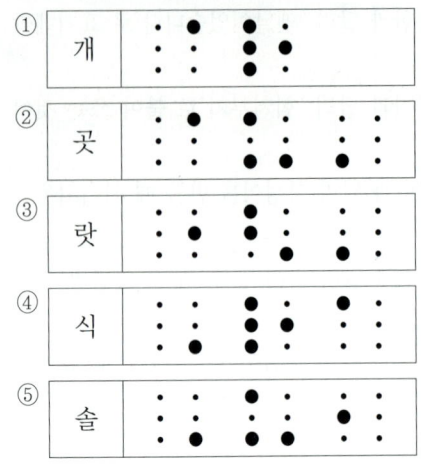

14

〈보기〉를 바탕으로 중세 국어의 특징을 탐구한 내용으로 적절하지 않은 것은?

| 보기 |

[중세 국어] ᄆᆞ당 ㉠앐 ㉡보ᄆᆡ 플와 나모뿐
[현대 국어] 마당 안의 봄에 풀과 나무만

[중세 국어] 烽火ㅣ ㉢넉ᄃᆞ를 ㉣니ᅀᅦ시니
[현대 국어] 봉화가 넉 달을 이어지니

[중세 국어] 긑소리를 ㉤ᄡᅳᄂᆞ니라
[현대 국어] 끝소리를 쓰느니라

① ㉠을 보니 'ㅅ'은 현대 국어의 '의'에 해당하는 관형격 조사로 쓰였군.
② ㉡을 보니 체언과 조사를 구분하여 그 형태를 밝혀 적었군.
③ ㉢을 보니 'ᄃᆞ를'은 현대 국어 '달을'과 달리 모음 조화를 지켜 표기하였군.
④ ㉣을 보니 현대 국어에서 쓰이지 않는 자음을 사용하였군.
⑤ ㉤을 보니 첫음절의 초성에 서로 다른 자음을 가로로 나란히 붙여 썼군.

15

<보기>에서 설명하고 있는 문학적 아름다움은?

| 보기 |

인간의 보통 이해력으로는 알 수 없는 경이, 외경, 위대함 따위의 느낌을 주며, 자연을 인식하는 '나'가 자연의 조화를 추구하고 실현하고자 하는 태도를 보임으로써 나타난다.

① 숭고미
② 비장미
③ 골계미
④ 우아미
⑤ 순수미

16

<보기>에서 설명하고 있는 문학 작품은?

| 보기 |

조선 전기에 김시습이 지은 단편 소설집 《금오신화(金鰲新話)》에 실려 있는 몽유 구조의 소설이다. 불교를 믿지 않던 '박생(朴生)'이 꿈속에서 지옥에 다녀온 일을 중심으로 내용이 전개되며 작자의 철학 사상이 집약적으로 표현되어 있는 작품이다.

① 〈사씨남정기〉
② 〈용궁부연록〉
③ 〈이생규장전〉
④ 〈인현왕후전〉
⑤ 〈남염부주지〉

---

12 출제 유형 한국 수어
| 정답 해설 | 손끝이 오른쪽으로 향하게 세운 왼손의 1·5지 사이에 손끝이 아래로 향하게 편 오른손을 넣는 수형으로 '넣다'를 표현한다.
| 오답률 줄이는 오답 해설 | ① '(사람을) 차다'의 수형: 왼 주먹의 5지를 펴서 바닥이 밖으로 향하게 세우고, 그 뒤에서 오른 주먹의 1지를 튕겨 왼손을 밖으로 내민다.
② '(눈을) 뜨다'의 수형: 오른 주먹의 1·5지를 펴서 붙여 오른쪽 눈앞에서 뗀다.
④ '드러눕다'의 수형: 손바닥이 위로 향하게 편 왼 손바닥에 오른 주먹의 1·2지를 펴서 등을 댄다.
⑤ '들어가다'의 수형: 왼손을 펴서 손바닥이 오른쪽으로 향하게 비스듬히 세우고, 그 오른쪽 뒤에서 오른 주먹의 1지를 펴서 끝이 밖으로 향하게 하여 왼 손바닥 오른쪽으로 밀어 넣는다.

13 출제 유형 한글 점자
| 정답 해설 | 제시된 점자는 '색'을 의미하는 점자이다. '식'은 아래와 같이 표기한다.

14 출제 유형 국어학 – 중세 국어
| 정답 해설 | '보미'는 '봄 + 이'로, 현대어로 그대로 옮겨 적을 경우 '보메'가 된다. 이는 체언과 조사를 구분하지 않은 것이다.

15 출제 유형 국문학 – 문학적 아름다움
| 정답 해설 | 문학적 아름다움의 범주 중 숭고미에 관한 설명이다.

16 출제 유형 국문학 – 고전 문학
| 정답 해설 | 〈남염부주지〉는 한국 최초의 한문 단편 소설 가운데 하나로서 김시습의 소설집 《금오신화(金鰲新話)》에 실려 있다. 꿈속에서 '박생'이 남염부주(지옥)에 가서 남염부주 왕과 나눈 문답식 토론을 통해 선비들이 지녀야 할 올바른 정신적 자세와 당대 현실에 대한 비판을 제시하고 있다.
| 오답률 줄이는 오답 해설 | ① 〈사씨남정기〉는 조선 숙종 때 김만중이 지은 고전 소설로, 처첩 간의 갈등을 다룬 우리나라 최초의 가정 소설이다.
② 〈용궁부연록〉은 조선 전기에 김시습이 지은 한문 소설로, '한생'이 꿈속에서 용궁의 잔치에 초대되어 겪은 일을 그린 몽유 소설이다.
③ 〈이생규장전〉은 조선 시대 김시습이 지은 한문 소설로 생사를 초월한 남녀 간의 영원한 사랑을 다룬 애정 소설이다.
④ 〈인현왕후전〉은 조선 후기 작자 미상의 전기체 소설로 인현왕후의 생애를 다룬 고전 소설이다.

정답 12 ③ 13 ④ 14 ② 15 ① 16 ⑤

17

<보기>에서 설명하고 있는 작가는?

| 보기 |

일제 강점기에 끝까지 민족의 양심을 지키며 일제에 항거한 시인이다. 「청포도(靑葡萄)」, 「교목(喬木)」 등과 같은 작품들을 통해 목가적이면서도 웅혼한 필치로 민족의 의지를 노래했다. 그의 시는 독립에 대한 의지와 항일 투쟁에 대한 내용을 담고 있지만, 이를 직설적으로 표현하기보다는 언어적 정제를 통해 화려한 상징과 은유를 사용함으로써 정신적 의지를 드러낸다. 또한, 베이징 유학 시절에 받은 중국 문학의 영향 때문에 그의 시에는 유교적인 태도도 나타난다. 이러한 부분은 기존의 저항시들이 가지고 있었던 시적인 면모와 다른 부분이며, 한편으로는 작가가 정신적인 태도로 일관한다는 비판을 받기도 했다.

① 윤동주　② 김소월
③ 이육사　④ 김지하
⑤ 오규원

18

<보기>에서 설명하고 있는 문학 작품은?

| 보기 |

1936년 《중앙(中央)》에 발표된 단편 소설이다. 액자 소설의 형식을 통해 내부 서사의 배경과 상황을 설명해 줌으로써 내부 서사에 대한 신뢰성을 높여 주고 흥미를 유발하고 있다. 무당 '모화'와 그녀의 아들이자 기독교인인 '욱이'의 갈등과 대립을 그렸다. 애잔하며 비극적인 분위기의 내용 전개와 향토색 짙은 배경이 특징이다.

① 김동리, 〈무녀도〉
② 이태준, 〈돌다리〉
③ 최서해, 〈탈출기〉
④ 양귀자, 〈일용할 양식〉
⑤ 최일남, 〈노새 두 마리〉

19

<보기>에서 설명하고 있는 시나리오 용어는?

| 보기 |

하나의 화면이 사라짐과 동시에 다른 화면이 점차로 나타나는 장면 전환 기법이다. 화면의 밀도가 점점 감소하는 것과 동시에 다른 화면의 밀도가 높아져 장면이 전환되는 것을 말한다. 서정적인 화면일 경우 3~4초 정도의 길이로 이 기법의 편집을 하여 분위기를 고조시킬 수 있다. 어린이가 어른으로 변하는 것, 계절이 변화하는 것을 나타내고자 할 때 사용하기 적절한 기법이다.

① 인서트　② 디졸브
③ 오버 랩　④ 내레이션
⑤ 클로즈업

20

<보기>는 북한의 책에 실린 글이다. ㉠~㉣에 대한 이해로 적절하지 않은 것은?

| 보기 |

을밀대를 내려오면서 얼마간 걸으니 우측에 돌포장을 한 내리막길 모퉁이에 또 하나의 큰 누각이 보였는데 그것이 ㉠칠성문이었다. 칠성문의 누각을 ㉡받들고있는 축대가 역시 볼만 한 것이었다. 매우 정교롭게 다듬은 화강석으로 문루를 쌓고 ㉢그우에 정각을 ㉣앉히였는데 그우에 ㉤루정이 나지막하게 세워져 있었다. 루정에서 내려다보니 눈앞에 북새거리가 보였다. 아마도 준비가 이만저만이 아닌 것 같았다.

① ㉠: 북한에서는 남한과 다르게 '이었다'가 아닌 '이였다'로 표기하고 있다.
② ㉡: 남한에서는 북한과 다르게 '받들고 있는'으로 띄어서 표기하고 있다.
③ ㉢: 북한에서는 남한과 다르게 '그 위에'를 '그우에'로 표기하고 있다.
④ ㉣: 남한에서는 북한과 다르게 '앉히었는데'로 표기해야 어문 규정에 적절하다.
⑤ ㉤: 북한에서는 남한과 동일하게 두음 법칙을 적용하여 단어를 표기하고 있다.

3세트

21

다음 중 〈보기〉의 밑줄 친 ㉠과 ㉡의 음운 변동이 일어난 단어를 바르게 묶은 것은?

| 보기 |

동화는 하나의 음운이 단어 혹은 문장 안에 있는 다른 음운으로부터 영향을 받아 같은 소리로 변하거나 이와 비슷하게 되는 것이다. 이때 뒤의 음이 앞의 음의 영향을 받는 것을 ㉠순행 동화, 앞의 음이 뒤의 음의 영향을 받는 것을 ㉡역행 동화라고 부른다.

	㉠	㉡
①	종로	밥물
②	국물	밥물
③	종로	남루
④	남후	종로
⑤	밥물	종로

22

다음은 국립국어원의 '한국 수어 사전'에 실린 자료이다. 다음의 수어가 나타내는 의미는?

① 감다 ② 보다
③ 웃다 ④ 쉬다
⑤ 자다

---

17 출제 유형 국문학 – 작가
정답 해설 시인 '이육사'에 관한 설명이다.

18 출제 유형 국문학 – 현대 문학
오답률 줄이는 오답 해설 ② 〈돌다리〉는 이태준이 1943년 발표한 단편 소설로, 땅을 매도하는 문제를 둘러싼 아버지와 아들 사이의 갈등을 그렸다.
③ 〈탈출기〉는 1925년 발표된 최서해의 단편 소설로, 자신이 경험한 가난과 빈궁함 속에서 느낀 절망과 분노를 편지 형식으로 담아냈다.
④ 〈일용할 양식〉은 양귀자의 연작 소설 〈원미동 사람들〉에 포함된 작품으로, 한 동네 사람들 사이에서 벌어지는 갈등을 그려 낸 작품이다.
⑤ 〈노새 두 마리〉는 1970년대 마을을 배경으로 노새 마차를 타고 연탄을 배달하는 '아버지'와 '나'의 이야기를 통해 시대적 변화를 따라가지 못한 가난한 사람들의 힘겨운 삶을 그려 낸 소설이다.

19 출제 유형 국문학 – 시나리오
오답률 줄이는 오답 해설 ① '인서트'는 일련의 화면에 신문이나 편지 따위의 화면이 삽입되는 것이다.
③ '오버 랩'은 앞 화면의 끝과 다음 화면의 시작이 부드럽게 포개어지는 기법이다.
④ '내레이션'은 장면 밖에서 진행에 따라 그 내용이나 줄거리를 해설하는 것이다.
⑤ '클로즈업'은 어떤 대상이나 인물이 두드러지게 화면에 확대되는 것이다.

20 출제 유형 국어학 – 문화어(북한어)
정답 해설 '루정'은 '누정(樓亭)'의 문화어로, 북한에서는 두음 법칙을 표기에 반영하지 않음을 알 수 있다. 문화어와 표준어의 대표적인 차이점이 두음 법칙의 적용 여부이며, 그 외에 '이었다'가 아닌 '이였다'를 어미로 사용하는 것과, 띄어쓰기의 상이함 등이 있다. 이 외의 어문 규정 내용은 비교적 유사한 편이다.

21 출제 유형 국어학 – 문법
정답 해설 '종로'는 뒤의 음 'ㄹ'이 앞의 음인 'ㅇ'의 영향을 받아 [종노]로 발음되며, 밥물은 앞의 음 'ㅂ'이 뒤의 음인 'ㅁ'의 영향을 받아 [밤물]로 발음된다.
오답률 줄이는 오답 해설 ② 국물[궁물] → 역행 동화, 밥물[밤물] → 역행 동화
③ 종로[종노] → 순행 동화, 남루[남:누] → 순행 동화
④ 남루[남:누] → 순행 동화, 종로[종노] → 순행 동화
⑤ 밥물[밤물] → 역행 동화, 종로[종노] → 순행 동화

22 출제 유형 한국 수어
정답 해설 오른 주먹의 1·2지를 펴서 끝이 눈으로 향하게 하여 왼쪽에서 오른쪽으로 옮기면서 두 번 구부리는 수형으로 '자다'를 표현한다.
오답률 줄이는 오답 해설 ① '(눈을) 감다'의 수형: 양 쪽 주먹의 1·5지를 펴서 눈앞에서 끝을 맞댄다.
② '보다(시각)'의 수형: 두 손의 1·5지 끝을 맞대어 동그라미를 만들어 두 눈에 댔다가 약간 힘주어 밖으로 내민다.
③ '웃다'의 수형: 오른 주먹의 바닥으로 턱을 가볍게 두드린다.
④ '쉬다'의 수형: 두 손을 펴서 손끝이 위로 향하게 하여 가슴 앞에서 밖으로 내려 손바닥이 위로 향하게 한다.

정답 17 ③ 18 ① 19 ② 20 ⑤ 21 ① 22 ⑤

23

〈보기〉의 ㉠~㉣에 쓰인 의존 명사 '만큼'에 대한 설명으로 적절한 것은?

┤ 보기 ├

㉠ 시간이 이른 만큼 사람들을 좀 더 기다려 봅시다.
㉡ 까다롭게 검사하는 만큼 준비를 철저히 해야 한다.
㉢ 그녀는 얼굴이 예쁜 만큼 마음씨도 곱다.
㉣ 각자가 먹은 만큼 돈을 내는 것이 마땅하다.

① ㉠, ㉡은 '원인이나 근거'의 의미를 나타낸다.
② ㉠, ㉢은 '과거의 사건'을 표현한다.
③ ㉡, ㉢은 '상황의 가정'을 표현한다.
④ ㉡, ㉣은 '비슷한 정도나 수량'을 표현한다.
⑤ ㉢, ㉣은 '반대의 결과'의 의미를 나타내고 있다.

24

〈보기〉의 설명을 참고할 때, ㉠~㉢에 들어갈 말로 적절한 것은?

┤ 보기 ├

중세 국어의 주격 조사는 앞에 결합하는 체언의 끝소리에 따라 달라졌다. 체언의 끝소리가 자음일 때는 주격 조사 '이'가 나타났고, 체언의 끝소리가 모음 'ㅣ'도, 반모음 'ㅣ'도 아닌 모음일 때는 주격 조사 'ㅣ'가 나타났다. 그런데 체언의 끝소리가 모음 'ㅣ'이거나, 반모음 'ㅣ'일 때는 아무런 주격 조사의 형태도 나타나지 않았다.

중세 국어	현대 국어
㉠	뱀이
㉡	뿌리가
㉢	대장부가

	㉠	㉡	㉢
①	ᄇᆞ얌	불휘ㅣ	대장뷔
②	ᄇᆞ얌	불휘ㅣ	대장뷔ㅣ
③	ᄇᆞ야미	불휘	대장뷔
④	ᄇᆞ야미	불휘	대장뷔ㅣ
⑤	ᄇᆞ야미	불휘ㅣ	대장뷔

25

〈보기〉에서 설명하고 있는 문학적 아름다움은?

┤ 보기 ├

자연의 질서나 이치를 의의 있는 것으로 존중하지 않고 추락시킴으로써 나타나는 미의식이다. 풍자와 해학의 수법으로 우스꽝스러운 상황이나 인간상을 구현하며 익살을 부리는 가운데 어떤 교훈을 준다.

① 우아미 ② 골계미
③ 비장미 ④ 순수미
⑤ 숭고미

26

〈보기〉에서 설명하고 있는 문학 작품은?

┤ 보기 ├

고려 시대 이규보가 지은 가전체 작품으로 술을 의인화하여 지은 작품이다. 술과 인간 사이의 미묘한 관계와 인간이 흥하고 망하는 과정을 완곡하게 표현한 풍자적인 작품이며 술의 긍정적인 면을 드러냈다.

① 〈국순전〉 ② 〈저생전〉
③ 〈공방전〉 ④ 〈죽부인전〉
⑤ 〈국선생전〉

27

〈보기〉에서 설명하고 있는 작가는?

| 보기 |

　북간도 용정 출신으로 1942년에 유학을 위해 일본으로 건너갔으나 독립운동 혐의로 체포되어 1945년에 28세의 나이로 옥사한 저항시인이다.
　식민지 지식인의 정신적, 윤리적 고통을 섬세한 서정과 투명한 시심으로 노래하였으며, 특히 '부끄러움'의 미학을 바탕으로 도덕적 순결성의 추구와 자기희생의 의지를 주로 노래하였다.
　그는 당시 지사적 강직성만이 요구되던 풍토 속에서 자신에 대한 진지하고 내면화된 윤리적 성찰과 고백을 통하여 오히려 높은 정신사적, 시사적(詩史的) 위치를 확보하였다.

① 윤동주　　② 이육사
③ 박목월　　④ 김영랑
⑤ 박두진

28

〈보기〉에서 설명하고 있는 문학 작품은?

| 보기 |

　1946년 《문학》에 발표된 단편 소설이다. 전지적 작가 시점으로 주인공 '현'이 지식인으로서 겪는 이념적인 갈등을 그려냈다. 순수 문학을 옹호하던 주인공 '현'은 시국의 상황에 소극적이었다가 일제의 패망과 조선의 독립 소식을 듣게 되며 여러 사건을 경험하며 사회주의로 그 사상이 변모하게 되며 '김직원' 노인과 이념적 갈등을 겪게 된다.

① 최일남, 〈쑥이야기〉
② 성석제, 〈투명인간〉
③ 이태준, 〈해방 전후〉
④ 임치균, 〈검은 바람〉
⑤ 계용묵, 〈별을 헨다〉

---

23 출제 유형 국어학 – 문법
| 정답 해설 | ㉠, ㉡에 쓰인 '만큼'은 '뒤에 나오는 내용의 원인이나 근거'가 됨을 나타내고 있다.
㉢, ㉣에 쓰인 '만큼'은 '앞의 내용에 상당한 수량이나 정도'임을 나타내고 있다.

24 출제 유형 국어학 – 중세 국어
| 정답 해설 | '부얌(뱀)'은 체언의 끝소리가 자음이므로 주격 조사 '이'가 쓰여 '부야미'가 된다. '불휘(뿌리)'는 체언의 끝소리가 반모음 'ㅣ'로 끝나므로 주격 조사가 나타나지 않은 채로 쓴다. '대장부'는 체언의 끝소리가 모음 'ㅣ'도, 반모음 'ㅣ'도 아닌 모음이므로 주격 조사 'ㅣ'가 쓰여 '대장뷔'가 된다.

25 출제 유형 국문학 – 문학적 아름다움
| 정답 해설 | 〈보기〉에서 설명하고 있는 내용은 '골계미'이다. 주로 판소리계 소설이나 박지원의 한문 소설, 가면극 등에서 주로 나타나는 아름다움이다. 양반의 권위를 추락시킴으로써 당대 사람들이 추구하고자 했던 가치에 대해 이야기하고 문학을 수용하는 사람들에게 즐거움을 준다.

26 출제 유형 국문학 – 고전 문학
| 정답 해설 | 제시된 내용은 〈국선생전〉에 관한 설명이다. 〈국선생전〉은 술을 충신에 비유하여 술의 긍정적인 면을 드러냈다.
참 〈국선생전〉과 〈국순전〉은 모두 술(누룩)을 의인화한 가전체(假傳體) 소설이지만, 술을 바라보는 작가의 시각과 주제가 판이하게 다름.
| 오답률 줄이는 오답 해설 | ① 〈국순전〉은 임춘의 가전체 소설로, 인간이 술로 인해 타락하고 망신하는 형편을 풍자하였다.
② 〈저생전〉은 이첨의 가전체 소설로, 종이를 의인화하여 위정자들에게 올바른 정치를 권유하는 내용을 담았다.
③ 〈공방전〉은 임춘의 가전체 소설로, 돈을 의인화하여 돈을 우선시하는 세태를 비판하고, 재물욕을 경계해야 함을 강조하였다.
④ 〈죽부인전〉은 이곡의 가전체 소설로, 대나무를 의인화하여 남녀 관계가 문란했던 당시의 사회상을 풍자하고 사회 윤리의 부재를 비판하였다.

27 출제 유형 국문학 – 작가
| 정답 해설 | 윤동주는 부끄러움의 미학을 바탕으로 도덕적 순결성의 추구와 자기희생의 의지를 노래한 저항시인이다.

28 출제 유형 국문학 – 현대 소설
| 정답 해설 | 〈해방 전후〉는 이태준이 지은 단편 소설이다. 일제 강점기에 지조를 잃지 않기 위하여 문필 활동을 그만두고 낙향한 주인공의 생활과 광복 직후에 혼란한 상황 속에서 그가 겪는 갈등을 다루고 있는 작가의 자전적 소설이다.
| 오답률 줄이는 오답 해설 | ① 최일남의 〈쑥이야기〉는 가난한 농촌 생활의 단면을 묘사한 소설로, 고달픈 삶을 살아가는 모녀의 이야기를 통하여 빈곤의 악순환을 드러냈다.
③ 성석제의 〈투명인간〉은 전쟁과 분단, 한국의 근대화 과정을 지나는 삼대의 이야기를 주인공 '김만수'의 삶을 중심으로 다룬 소설이다.
④ 임치균의 〈검은 바람〉은 〈만복사저포기〉를 중심으로 한 〈금오신화〉, 〈원생몽유록〉, 〈운영전〉 등 한문 소설을 현대적으로 풀어낸 작품이다.
⑤ 〈별을 헨다〉는 《동아일보》에 연재되었던 계용묵의 단편 소설로, 광복 후의 어려운 시대적 혼란상을 표현하였다.

정답　23 ①　24 ③　25 ②　26 ⑤　27 ①　28 ③

29

〈보기〉에서 설명하고 있는 이야기의 형식은?

| 보기 |

 이 구성은 동일한 등장인물과 동일한 배경이 반복되면서도 각각의 이야기가 독립적으로 존재하는 것을 말한다. 예를 들어 연작 소설 《원미동 사람들》은 '원미동'이라는 같은 공간을 배경으로 하여 등장인물인 마을 사람들의 이야기를 각각 독립적으로 그리고 있다.

① 액자 구성
② 초점화 구성
③ 전기적 구성
④ 옴니버스 구성
⑤ 피카레스크식 구성

30

〈보기〉의 규정을 참고할 때, 제시된 단어의 발음이 모두 옳은 것은?

| 보기 |

[남한 표준 발음법 제2장 제5항] 'ㅑ ㅒ ㅕ ㅖ ㅘ ㅙ ㅛ ㅝ ㅞ ㅠ ㅢ'는 이중 모음으로 발음한다. 다만 '예, 례' 이외의 'ㅖ'는 [ㅔ]로도 발음한다.
[북한 문화어 발음법 제1장 제4항] 'ㄱ, ㄹ, ㅎ' 뒤에 있는 'ㅖ'는 각각 'ㅔ'로 발음한다.

	단어	남한 표준 발음	북한 문화어 발음
①	계속	[계속/게속]	[계속]
②	관계	[관계]	[관계/관게]
③	시계	[시계/시게]	[시계]
④	차례	[차례]	[차례]
⑤	공예	[공예/공에]	[공에]

---

29 출제 유형 | 국문학

오답률 줄이는 오답 해설 | ① 액자 구성은 하나의 이야기 안에 또 다른 이야기가 액자 속의 사진처럼 들어 있는 것을 말한다.
② 초점화 구성은 소설 속 누군가의 시선으로 소설의 내용을 바라보는 것을 말한다.
③ 전기적 구성은 현실적으로 믿기 어려운 신비로운 사건들이 중심이 되어 이야기가 전개되는 것을 말한다.
④ 옴니버스 구성은 사건뿐 아니라 인물과 배경이 전혀 다른 이야기를 한데 묶어 놓은 구성을 말한다. 이는 인물과 배경은 동일하지만 일어나는 사건이 각기 다른 '피카레스크식 구성'과 상이하다.

30 출제 유형 | 국어학 – 문화어(북한어)

정답 해설 | '차례'는 남한에서 [차례], 북한에서 [차레]로만 발음이 된다.
오답률 줄이는 오답 해설 | ① 북한에서는 [계속]으로만 발음할 수 있다.
② 남한에서 [관계], [관게] 두 가지로 발음할 수 있다. 북한에서는 [관계]로만 발음할 수 있다.
③ 북한에서는 [시게]로만 발음할 수 있다.
⑤ 남한과 북한에서 모두 [공예]로만 발음해야 한다.

정답 29 ⑤ 30 ④

국어문화 취약유형 체크표

문항번호	정답	유형	맞고틀림
01	⑤	국어학 – 문법	
02	②	한국 수어	
03	④	국어학 – 문법	
04	①	국어학 – 중세 국어	
05	③	국문학 – 문학적 아름다움	
06	⑤	국문학 – 고전 문학	
07	②	국문학 – 작가	
08	④	국문학 – 현대 문학	
09	⑤	국문학 – 시나리오	
10	⑤	국어학 – 문화어(북한어)	
11	④	국어학 – 문법	
12	③	한국 수어	
13	④	한글 점자	
14	②	국어학 – 중세 국어	
15	①	국문학 – 문학적 아름다움	
16	⑤	국문학 – 고전 문학	
17	③	국문학 – 작가	
18	①	국문학 – 현대 문학	
19	②	국문학 – 시나리오	
20	⑤	국어학 – 문화어(북한어)	
21	①	국어학 – 문법	
22	⑤	한국 수어	
23	①	국어학 – 문법	
24	③	국어학 – 중세 국어	
25	②	국문학 – 문학적 아름다움	
26	⑤	국문학 – 고전 문학	
27	①	국문학 – 작가	
28	③	국문학 – 현대 소설	
29	⑤	국문학	
30	④	국어학 – 문화어(북한어)	

에듀윌이
너를
지지할게
ENERGY

쉬워 보이는 일도 해 보면 어렵다.
못할 것 같은 일도 시작해 놓으면 이루어진다.

– 채근담(菜根譚)

KBS한국어능력시험 더 풀어볼 문제집

발 행 일	2022년 2월 17일 초판
편 저 자	신은재, 김지학
펴 낸 이	이중현
펴 낸 곳	(주)에듀윌
등록번호	제25100-2002-000052호
주 소	08378 서울특별시 구로구 디지털로34길 55 코오롱싸이언스밸리 2차 3층

* 이 책의 무단 인용 · 전재 · 복제를 금합니다.   ISBN 979-11-360-1543-3 (13710)

www.eduwill.net
대표전화 1600-6700

여러분의 작은 소리
에듀윌은 크게 듣겠습니다.

본 교재에 대한 여러분의 목소리를 들려주세요.
공부하시면서 어려웠던 점, 궁금한 점,
칭찬하고 싶은 점, 개선할 점, 어떤 것이라도 좋습니다.

에듀윌은 여러분께서 나누어 주신 의견을
통해 끊임없이 발전하고 있습니다.

에듀윌 도서몰 book.eduwill.net
- 부가학습자료 및 정오표: 에듀윌 도서몰 → 도서자료실
- 교재 문의: 에듀윌 도서몰 → 문의하기 → 교재(내용, 출간) / 주문 및 배송

꿈을 현실로 만드는
에듀윌

에듀윌은 고객의 꿈, 직원의 꿈,
지역사회의 꿈을 실현한다

취업, 공무원, 자격증 시험준비의 흐름을 바꾼 화제작!
에듀윌 히트교재 시리즈

에듀윌 교육출판연구소가 만든 히트교재 시리즈!
YES24, 교보문고, 알라딘, 인터파크, 영풍문고 등 전국 유명 온/오프라인 서점에서 절찬 판매 중!

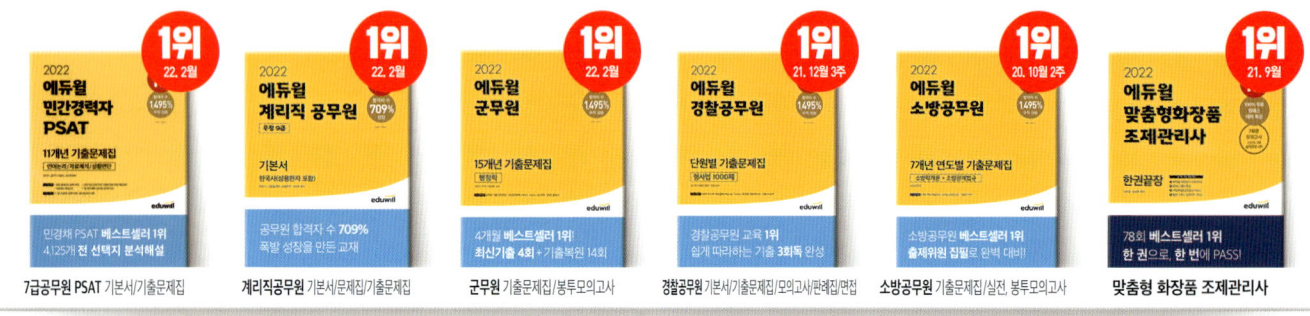

※ YES24 수험서 자격증 공인중개사 베스트셀러 1위 (2011년 12월, 2012년 1월, 12월, 2013년 1월~5월, 8월~12월, 2014년 1월~5월, 7월~8월, 12월, 2015년 2월~4월, 2016년 2월, 4월, 6월, 12월, 2017년 1월~12월, 2018년 1월~12월, 2019년 1월~12월, 2020년 1월~12월, 2021년 1월~12월, 2022년 1월~2월 월별 베스트, 매월 1위 교재는 다름)
※ YES24 국내도서 해당분야 월별, 주별 베스트 기준

| 한국사능력검정시험 기본서/2주끝장/기출/우선순위50/초등 | 조리기능사 필기/실기 | 제과제빵기능사 필기/실기 | SMAT 모듈A/B/C | ERP정보관리사 회계/인사/물류/생산(1, 2급) | 전산세무회계 기초서/기본서/기출문제집 |

| 어문회 한자 2급 | 상공회의소한자 3급 | ToKL 한권끝장/2주끝장 | KBS한국어능력시험 한권끝장/2주끝장/문제집/기출문제집 | 한국실용글쓰기 | 매경TEST 기본서/문제집/2주끝장 | TESAT 기본서/문제집/기출문제집 |

| 스포츠지도사 필기/실기구술 한권끝장 | 산업안전기사 | 산업안전산업기사 | 위험물산업기사 | 위험물기능사 | 무역영어 1급 | 국제무역사 1급 | 운전면허 1종·2종 | 컴퓨터활용능력 | 워드프로세서 |

| 월간시사상식 | 일반상식 | 월간NCS | 매1N | NCS 통합 | 모듈형 | 피듈형 | PSAT형 NCS 수문끝 | PSAT 기출완성 | 6대 출제사 찐기출문제집 | 한국철도공사 | 서울교통공사 | 부산교통공사 |

| 국민건강보험공단 | 한국전력공사 | 한수원 | 수자원 | 토지주택공사 | 행과연 | 기업은행 | 인천국제공항공사 | 대기업 인적성 통합 | GSAT | LG | SKCT | CJ | L-TAB | ROTC·학사장교 | 부사관 |

※ YES24 수험서 자격증 주택관리사 베스트셀러 1위 (2010년 12월, 2011년 3월, 9월, 12월, 2012년 1월, 3월~12월, 2013년 1월~5월, 8월~11월, 2014년 2월~8월, 10월~12월, 2015년 1월~5월, 7월~12월, 2016년 1월~12월, 2017년 1월~12월, 2018년 1월~12월, 2019년 1월~12월, 2020년 1월~7월, 9월~12월, 2021년 1월~12월, 2022년 1월~2월 월별 베스트, 매월 1위 교재는 다름)
※ YES24 국내도서 해당분야 월별, 주별 베스트 기준

꿈을 현실로 만드는 에듀윌

공무원 교육
- 선호도 1위, 인지도 1위! 브랜드만족도 1위!
- 합격자 수 1,800% 폭등시킨 독한 커리큘럼

종합출판
- 4대 온라인서점 베스트셀러 1위!
- 출제위원급 전문 교수진이 직접 집필한 합격 교재

공기업·대기업 취업 교육
- 브랜드만족도 1위!
- 공기업 NCS, 대기업 직무적성, 자소서와 면접까지 빈틈없는 온·오프라인 취업 지원

자격증 교육
- 6년간 아무도 깨지 못한 기록 합격자 수 1위
- 가장 많은 합격자를 배출한 최고의 합격 시스템

학점은행제
- 96.9%의 압도적 과목 이수율
- 14년 연속 교육부 평가 인정 기관 선정

부동산 아카데미
- 부동산 실무 교육 1위!
- 전국구 동문회 네트워크를 기반으로 한 고소득 창업 비법
- 부동산 실전 재테크 성공 비법

직영학원
- 직영학원 수 1위, 수강생 규모 1위!
- 표준화된 커리큘럼과 호텔급 시설 자랑하는 전국 50개 학원

콘텐츠 제휴·B2B 교육
- 고객 맞춤형 위탁 교육 서비스 제공
- 기업, 기관, 대학 등 각 단체에 최적화된 고객 맞춤형 교육 및 제휴 서비스

국비무료 교육
- 자격증 취득 및 취업 실무 교육
- 4차 산업, 뉴딜 맞춤형 훈련과정

에듀윌 교육서비스 **공무원 교육** 9급공무원/7급공무원/경찰공무원/소방공무원/계리직공무원/기술직공무원/군무원 **자격증 교육** 공인중개사/주택관리사/전기기사/세무사/전산세무회계/경비지도사/검정고시/소방설비기사/소방시설관리사/사회복지사1급/건축기사/토목기사/직업상담사/전기기능사/산업안전기사/위험물산업기사/위험물기능사/ERP정보관리사/재경관리사/도로교통사고감정사/유통관리사/물류관리사/행정사/한국사능력검정/한경TESAT/매경TEST/KBS한국어능력시험·실용글쓰기/IT자격증/국제무역사/무역영어 **직영학원** 공무원학원/기술직공무원 학원/군무원학원/경찰학원/소방학원/공인중개사 학원/주택관리사 학원/전기기사학원/취업아카데미 **종합출판** 공무원·자격증 수험교재 및 단행본/월간지(시사상식) **공기업·대기업 취업 교육** 공기업 NCS·전공·상식/대기업 직무적성/자소서·면접 **학점은행제** 교육부 평가인정기관 원격평생교육원(사회복지사2급/경영학/CPA)/교육부 평가인정기관 원격사회교육원(사회복지사2급/심리학) **콘텐츠 제휴·B2B 교육** 교육 콘텐츠 제휴/기업 맞춤 자격 교육/대학 취업역량 강화 교육 **부동산 아카데미** 부동산 창업CEO과정/실전 경매 과정/디벨로퍼 과정 **국비무료 교육(국비교육원)** 전기기능사/전기(산업)기사/소방설비(산업)기사/IT(빅데이터/자바프로그램/파이썬)/게임그래픽/3D프린터/실내건축디자인/웹퍼블리셔/그래픽디자인/영상편집(유튜브)디자인/온라인 쇼핑몰광고 및 제작(쿠팡, 스마트스토어)/전산세무회계/컴퓨터활용능력/ITQ/GTQ/직업상담사

교육문의 **1600-6700** www.eduwill.net

- 한국리서치 '교육기관 브랜드 인지도 조사' (2015년 8월)
- 2022 대한민국 브랜드만족도 공무원·자격증·취업·학원·부동산 실무 교육 1위 (한경비즈니스)
- 2017/2021 에듀윌 공무원 과정 최종 환급자 수 기준
- YES24 공인중개사 부문, 2022 에듀윌 공인중개사 부동산공법 체계도 (2022년 2월 월별 베스트) 그 외 다수
- 공인중개사 최다 합격자 배출 공식 인증 (KRI 한국기록원 / 2016, 2017, 2019년 인증, 2022년 현재까지 업계 최고 기록)